지리산권 동학농민혁명

이 저서는 2007년 정부(교육과학기술부)의 재원으로 한국연구재단의
지원을 받아 수행한 연구결과물임(KRF-2007-361-AM0015).

지리산권문화연구단 연구총서09
지리산권 동학농민혁명

초판 1쇄 발행 2014년 8월 30일

엮은이 국립순천대학교 지리산권문화연구원
펴낸이 윤관백
펴낸곳 도서출판 선인

등록 제5-77호(1998.11.4)
주소 서울시 마포구 마포대로4다길 4(마포동 324-1) 곳마루빌딩 1층
전화 02)718-6252 / 6257
팩스 02)718-6253
E-mail sunin72@chol.com
Homepage www.suninbook.com

정가 20,000원
ISBN 978-89-5933-754-5 93910

· 잘못된 책은 바꾸어 드립니다.

지리산권 동학농민혁명

국립순천대학교 지리산권문화연구원 엮음

머 리 말

　이번 저서는 인문한국(HK) 지리산권문화연구단 3단계 1차년도 아
젠다의 일환으로 출판되었다. 올해가 동학농민혁명 120주년을 맞는
해라 이번 동학관련 학술서 발행이 더욱 뜻깊은 일로 생각된다. 우리
연구원은 120주년을 맞아 동학농민혁명의 정신을 지역에 널리 알리기
위해 지난 4월 28일 전(前) 동학농민혁명 기념재단 이사장 이이화 선
생님을 모시고 200여 명이 청중이 참여한 채 '동학농민혁명과 순천지
역의 항쟁' 초청 강연회를 개최한 바 있다. 그리고 5월 9일에는 '지리
산권 동학농민혁명과 동학' 학술대회를 경상대학교 경남문화원과 순
천대 남도문화연구소와 함께 국내 최고 전문가들과 함께 진행하였다.
이후 시민들과 함께 지리산권 지역 동학농민혁명 사적지를 현장답사
하기도 하였다.

　그동안 상대적으로 연구가 안 된 지리산권 동학농민운동을 집중적
으로 살펴봄으로써 동학농민혁명의 연구기반을 넓히려는 데 이 책 출
판의 의의가 있다. 지리산권과 전남동부지역은 김개남 장군과 김인배
장군 등이 활동했던 지역으로서 전체 동학농민운동에서 중요한 위치
를 차지하고 있다. 특히 영호대접주 김인배 장군은 순천에 영호대도
소를 설치하여 순천, 광양, 여수, 하동, 사천, 진주 등 영호남을 아우르
면서 큰 성과를 올리기도 했다. 10만 농민군을 동원하여 진주성을 점

령하고, 여수 좌수영을 세 차례에 걸쳐 공격하고, 일본군과 직접 전투를 치루기도 하였다. 순천출신인 영호 수접주 유하덕, 영호도접주 정우형, 성찰 권병택 등이 김인배 장군을 도와 영도대도소에서 큰 역할을 했던 것은 우리 지역이 자랑할 만한 일이다.

  이번 학술서 출판을 통해 순천을 비롯한 지리산권 남부지역 동학농민운동에 대한 몇 가지 시사점을 얻을 수 있기를 기대해본다. 첫째, 전남동부지역과 경남서부지역을 포함하는 지리산권 남부지역 연구심화는 전북중심으로 진행된 기존 동학농민운동 연구의 지평을 넓히는 데 큰 기여를 할 수 있다. 둘째, 김인배 장군을 중심으로 한 지리산권 남부 동학농민운동군은 진주성을 점령하고 부산 쪽으로 나아가려 했다고 추정된다. 이 부분에 대한 연구가 더 진척되면 동학농민운동군이 서울 쪽으로만 진격하려고 했던 기존 설과 다른 동학농민운동 전체구도에 대한 새로운 해석이 가능할 수 있다. 셋째, 지리산권 남부지역 동학농민운동의 중심지인 영호대도소가 설치되었던 순천지역에 대한 지속적인 연구와 교육확산이 필요하다. 이는 우리 지역 시민과 청소년들의 지역에 대한 역사적 자부심을 키우는데 도움이 될 수 있을 것이다.

끝으로 우리 연구원의 발표와 원고 집필에 적극적으로 참여해주신 연구원 선생님들과 필자 선생님께 깊은 감사의 뜻을 전한다.

2014년 8월
국립순천대학교 지리산권문화연구원장   강 성 호

차례

지리산권 동학농민혁명

지리산권 동학농민혁명의 실상과 동아시아적 의미

박맹수 | 원광대학교

Ⅰ. 서언

지리산은 대한민국의 영산 가운데 하나이다. 신라시대 '5악'의 하나로 숭앙받아 온 지리산은 한 마디로 우리 민족사의 부침과 함께 영욕을 함께 한 산으로도 유명하다. 그중에서도 조선후기 이래의 지리산은 안팎의 도전에 직면한 지배체제가 크게 흔들려 갈 곳 없게 된 민초들이 숨어들어와 새로운 세상을 꿈꾸며 '변혁의 칼'을 벼리는 저항의 땅이 되었는데, 그 이유는 바로 지리산이 참으로 넉넉한 품을 지녔기 때문이다. 주지하듯이 지리산은 전라 좌도와 경상 우도를 품 안에 안고 있을 뿐만 아니라 백두대간과 이어지는 지리산의 산봉우리들은 이웃의 충청도로, 그리고 멀리는 강원도로 내달리고 있다. 이 같은 장대한 산봉우리들이 이어지는 지리산은 조선후기부터 근현대에 이르기까지 변혁운동에 뛰어든 민초들의 젖 줄기 역할을 하는데 조금도 손색이 없었던 것이다. 지리산은 특히 체제로부터 탄압받거나 배척당하던 민초들의 삶의 터전으로써, 그리고 새로운 세상 건설을 도모하려는 변혁 세력들의 근거지로써 그 역할을 다해 왔다.[1]

　1860년에 성립을 본 동학의 역사와 1894년에 일어난 동학농민혁명의 역사에 있어서도 지리산은 불가분의 관계에 있다.[2] 이 글의 목적은 동학 및 동학농민혁명사에 있어 지리산이 차지하고 있는 역사적 역할을 실증적으로 고찰하는 동시에 그 같은 역할 속에서 드러나는 동아시아적 의미를 조명하는 데 있다. 구체적으로 우선 1860년의 동학 성립을 전후한 시기에 지리산이 수행했던 역할을 살필 것이며, 다음으로는 '지리산의 선비' 梅泉 黃玹(1855~1910)의 동학농민혁명에 대한 인식에서 드러나는 특징을 고찰하며, 또 그 다음으로는 1894년 제2차 동학농민혁명기에 지리산 권역에서 자행된 일본군 후비보병 제19대대에 의한 동학농민군 학살 실태, 즉 일본군에 의한 제노사이드 작전의 실태를 당시 동학농민군 학살에 직접 참여했던 일본군 병사의 종군일지를 통해 검토하고자 한다. 그리고 끝으로 일본을 중심으로

---

[1] 이이화, 「지리산의 정신사와 저항사」, 『한길역사기행』 제1집, 한길사, 1986, 25~49쪽; 박현채, 「지리산과 민족운동사」, 『한길역사기행』 제1집, 51~77쪽.

[2] 우윤, 「민중의 한 서린 지리산」, 『우리교육』 제7호, 1990년 9월호; 김백일, 「동학농민군의 피로 물든 지리산」, 『역사비평』 계간19호, 1992년 겨울호; 남원시·전북역사문화학회, 『남원 동학농민혁명 연구용역』, 전북역사문화학회, 2014 등 참조.

불고 있는 동학과 동학농민혁명 연구 붐을 통해서 동학농민혁명의 동
아시아적 의미에 대해 생각해 보고자 한다.

II. '동학' 성립의 땅, 지리산

　1860년 4월 5일(음력) 경상도 경주 출신 몰락양반의 후손 水雲 崔濟
愚(1824~1864, 이하 수운)는 이른바 '天使問答'을 통해 東學을 창시하
기에 이른다. 그는 '천사문답' 이후 약 1년 여 동안 수련을 거듭한 끝
에 1861년(신유년) 6월에 자신이 각득한 '하늘님'의 가르침을 널리 펼
치는 동학의 '布德' 활동을 개시하는 동시에 그 '포덕'의 당위성을 담은
글인 「布德文」을 지어 발표하였다. 「포덕문」의 요지는 '輔國安民' 즉
"잘못되어가는 나라를 바로잡고 도탄에서 헤매는 民草들의 목숨과 삶
을 편안히 하겠다"는 것이었다.[3] 그런데 수운이 동학을 득도할 당시
의 조선왕조는 밖으로 서세동점 현상과 안으로 三政紊亂, 자연재해의
빈발, 괴질로 표현되던 전염병의 유행 등 "나쁜 병이 만연하여 민초들
이 단 하루도 편안할 날이 없던"[4] 시대였기에 그의 가르침은 민초들
마음속으로 깊이 파고들어 "사방의 어진 선비(四方賢士)"들이 물밀듯
이 경주 용담으로 몰려 왔다. 그러나 수운을 중심으로 한 민초들의 결
집은 향촌 지배층의 탄압을 불러왔고, 그 같은 탄압을 피하기 위하여
수운은 1861년 11월경에 전라도 남원으로 피신하였다.[5] 남원으로 건

---

3) 崔濟愚, 『東經大全』, 「布德文」. "我國 惡疾滿世 民無四時之安 是亦傷害之數也.
　西洋 戰勝攻取 無事不成 而天下尽滅 亦不無脣亡之歎. 輔國安民 計將安出"
4) 최제우, 위의 책, 「포덕문」. "我國 惡疾滿世 民無四時之安"
5) 1861년 11월경에 수운이 경주로부터 전라도 남원으로 피신해 오는 광경은 동학
　최초의 교단사인 『崔先生文集道源記書』에 상세하다.

너온 수운은 지리산 자락에 있는 善國寺라는 사찰의 한 작은 암자⁶⁾를 빌려 이듬해 3월까지 거처하면서, 「論學文」을 비롯한 다수의 저작을 남겼다. 남원 선국사 체재 시절에 지은 「논학문」은 일명 「東學論」이 라고도 하는데, 그 까닭은 바로 「논학문」 속에 '동학'이란 용어가 처음 으로 등장하기 때문이다.⁷⁾ 「논학문」은 한 마디로 수운 자신이 1860년 (경신년)에 각득한 진리를 '동학'이라 명명하고, 그 '동학'의 핵심 가르 침을 논리적으로 설파하고 있는 저술이다. 따라서 수운이 각득한 깨 달음은 지리산 자락의 남원 선국사에서 저술된 「논학문」을 통해 동학 이라는 이름으로 널리 퍼져 나가게 되었다. 지리산 자락이야말로 동 학 성립의 땅이었던 것이다. 그렇다면 「논학문」 속에서 드러나고 있 는 동학의 핵심 사상은 과연 무엇일까? 이하에서는 「논학문」을 중심 으로 동학사상의 요체에 대해 간략하게 서술하기로 한다.

19세기 말은 흔히 西勢東漸 시대라고 한다. 수운은 서세동점의 상 황 속에서 西學, 즉 가톨릭이라는 종교를 포함한 서양문명의 동점 현 상을 아주 깊이 의식했다.⁸⁾ 그렇지만 그는 서학에 대해 "運則一, 道則 同, 理則非"⁹⁾라 하여 동학과 서학은 하나의 時運이며 추구하는 길(道) 도 같지만, 다만 그 '理' 즉 이치만 다르다고 하였다. 여기서 수운이 말

---

6) 이 암자의 이름은 본래 德密庵이었으나, 최제우 자신은 隱寂庵이라고 했다. 현재 암자는 건물 자체는 없어지고 그 터만 남아 있다.

7) 최제우, 『동경대전』, 「논학문」. "道雖天道 學則東學"

8) 최제우가 동학을 창도할 즈음 당시 조선사회에 널리 전파되고 있던 서학을 아주 깊이 의식하고 있었다는 사실은 그가 1862년 봄에 저술한 「논학문」 속의 서학에 대한 언급에서 잘 드러나고 있다. 수운이 서학으로부터 영향을 받았다는 사실에 대해서는 도올 김용옥 선생도, 김지하 시인도 다음 글에서 일정하게 동의하고 있 다. 김용옥, 『도올심득 동경대전』, 통나무, 2004, 209~210쪽; 김지하, 『이 가문 날 에 비구름』, 동광출판사, 1988, 19쪽.

9) 최제우, 『동경대전』, 「논학문」.

한 '理'란 '道'를 실현하는 구체적 방법론이라 할 수 있다. 수운의 서학 이해에서 알 수 있는 것은 그가 서학을 무조건 배척하거나 반대했던 것이 아니라 서학이 타고난 '운(수)', 즉 근대성과 그 '도'의 보편성을 널리 인정했다. 이것을 요즘 언어로 바꾸면 수운은 종교다원주의적 관점을 지녔던 인물로서, 타 종교나 타 사상에 대해 개방적 사고를 지닌 인물이었음을 알 수 있다. 그러므로 수운의 동학을 그저 서학에 대한 대항이데올로기로 성립된 사상으로 보는 견해는 동학에 대한 정확한 이해가 아니다.

다음으로 동학사상 속에 포함되어 있는 유교와 불교, 도교적 요소 등에 대한 이해를 어떻게 할 것인가 하는 문제가 있다. 주지하듯이 동학은 儒佛道의 삼교로부터 많은 영향을 받아 성립되었다. 이른바 '包含三敎'하여 성립한 것이다. 그런데 동학은 유불도 외에도 서학까지도 포함했다. 서학뿐만 아니라 『鄭鑑錄』을 비롯한 민간신앙의 요소까지도 두루 포함하고 있다. 요컨대 동학은 19세기 중엽 우리 땅에서 유행하던 모든 사상을 다 포함하여 성립된 것이다. 그런데 동학은 기존 사상을 다 포함하면서도 그저 포함한 것이 아니었다. "우리나라에 나쁜 병들이 가득 차 민초들이 단 하루도 편안할 날이 없던"[10] 시대에 사람을 포함한 모든 생명을 살리고자 하는, 즉 '接化群生'하고자 하는 뚜렷한 목적의식 속에서 포함했다. 바로 이것이 동학의 독창적 측면이다. 예컨대 삼정문란으로 인한 가혹한 수탈과 신분제의 질곡 속에서 시달리던 민초들, 그리고 서세동점으로 일컬어지고 있던 외세의 침탈, 그리고 주기적으로 일어나고 있던 자연재해 등으로 죽어가고 있던 민초들의 생명을 살리고자 하는 뚜렷한 목적의식 속에서 유불도 삼교뿐만

---

10) 앞의 註 3)과 같음.

아니라 서학, 더 나아가 민간신앙마저 두루 포함하여 이 땅의 민초들
을 살리기 위해 '아래로부터' 새롭게 등장한 사상이 바로 동학이었다.
동학사상이 지닌 독창적 측면, 즉 민초들을 살리기 위한 사상으로서
의 측면을 이해하기 위하여 1960년, 즉 동학 창도 100돌이 되던 해에
동학의 '侍天主' 사상에서 확인되는 철학적 의미에 대해 분석한 한 범
부 김정설(1897~1966)의 「최제우론」의 일부를 소개한다.[11]

> 侍字를 侍字 內有神靈 外有氣化라 하니, 이 內는 '神의 안(內)'인 동시
> 에 곧 '人의 안(內)'인 것이고, 이 外는 '人의 밖(外)'인 동시에 '神의 밖
> (外)'인 것이다. 말하자면 天主가 안인데 인간이 밖이거나, 인간이 안인
> 데 천주가 밖이거나 그런 것이 아니라 我의 내(內)가 곧 천의 내이며, 천
> 의 外가 곧 아의 외에 森羅한 萬象이 곧 천주의 氣化라는 것이다.

범부 선생의 설명에 대해 부연하자면, '시천주'의 뜻은 모든 사람은
저마다 제 안에 하늘=우주생명을 모시고 있다는 것이다. 다시 말해
내 안에 하늘=우주생명이 이미 모셔져 있다는 것으로써, 이를 바꿔
말하면 나는 저 無限浩大하기 그지없는 우주생명과 혼연일체가 되어
있어 내가 곧 우주생명 그 자체요, 우주생명 그 자체가 곧 나라는 뜻
이 된다. 그러므로 동학이 당시의 기존사상을 포함한 것만 주목하고,
그 기존사상을 넘어서 새롭게 창조해 낸 독창적 요소에 주목하지 못
한다면 그것은 동학을 이해하는 온당한 태도가 아니다.

끝으로 동학을 제대로 이해하기 위한 세 번째 문제로 Religion(종교)
과의 관련성을 들 수 있다. 1860년에 성립된 동학은 Religion이라는 용
어, 즉 그것의 번역어인 '종교'라는 용어가 대중화되기 전에 등장한다.

---

11) 김범부, 「최제우론」, 『풍류정신』, 정음사, 1986, 93쪽.

우리나라에서 Religion의 번역어로써 '종교'라는 용어가 대중화되기 시작한 것은 1900년대로 알려지고 있는데, 『독립신문』과 『황성신문』, 『대한매일신보』 등과 같은 근대적 신문과 대한자강회, 대한학회, 호남학회 등과 같이 신문화운동을 펼치던 학회의 학회지가 속속 등장하면서 비로소 '종교'라는 말이 널리 쓰여 지기 시작했다고 한다.[12] 따라서 서양의 Religion의 번역어로서 '종교'라는 말이 대중화되기 이전에 성립된 동학을 '종교'로 파악하는 데는 문제가 있다. 동학은 '종교'가 아니다. 동학이 '종교', 즉 Religion이 아니라면 과연 무엇일까. 수운 선생에 의하면, 동학은 "道라는 측면(=보편성의 측면)에서 말하면 하늘로부터 받았기 때문에 '天道'요, '學'이라는 측면(특수성의 측면)에서 말하면 동쪽 즉 조선 땅에서 받았기 때문에 東學"[13]이라 했다. 그러므로 동학은 서양으로부터 온 '종교'가 아니라 이 땅의 오랜 전통이었던 道學을 계승하여 나온 "天道, 즉 하늘의 길을 닦아가는 우리 학문"이라고 하겠다. "동학의 선배들은 동학을 '믿는다'고 말하지 않고 '한다'고 말한다."(고딕은 필자) 바로 여기에 동학이 Religion이 아닌 까닭이 숨어 있다. "동학을 한다"는 말은 동학이야말로 어디까지나 사람이 마땅히 배워야 할 보편적 길을 지향하는 학문이요, 누구나 마땅히 제 처지에 맞게 실천해야 할 학문이라는 뜻이다. 동학은 唯一神을 전제로 일방적 믿음만을 강요하는 '종교'와는 질적으로 구분되는 것이다. 동학은 그저 믿기만 하는 신앙의 대상이 아니라 배우고 실천해 가야 할 '道'이자 '學', 즉 道學이라는 관점에서 이해하고 해석해야 한다. 서학의 장점을 두루 인정하면서도 그 문제점을 극복하여 자주적이며 주체적인 우리 학문,

---

[12] '宗敎'라는 용어는 한말개화기에 '哲學'이란 용어와 마찬가지로 일본을 통해서 수입되었다.
[13] 최제우, 『동경대전』, 「포덕문」.

우리 사상을 지향하고자 했던 것이 바로 동학인 것이다. 바로 이 같은 동학이 지리산 권역인 남원 땅을 중심으로 잉태되고 완성을 보았다는 사실은 여러 모로 주목해야 할 것이다.[14]

III. '지리산 선비' 梅泉 黃玹과 東學

지리산 자락은 예로부터 많은 선비들을 낳고 길렀다. 그 가장 대표적 선비로서 지리산 동쪽의 남명 조식(1501~1572) 선생을 꼽는데 이의가 없을 것이다. 일찍이 성호 이익이 "조선에 있어 기개와 절조의 최고봉"으로 찬사를 보냈을 정도로 남명 선생은 평생 지리산 동쪽 자락에서 재야의 처사로 살면서 '敬義' 두 글자의 독행에 일생을 바쳤다. 특히 선생은 권력에 의존하지 아니하고 민초들 곁에 살면서 독립, 자존, 자립의 의기를 함양하기 위하여 무도의 수련을 중시하였다. 즉 武士的 기상을 선비적 기품과 조화시킬 것을 강조하였던 것이다. 이 같은 선생의 학풍은 나라가 외침으로 인해 위기에 처했을 때 제자들로 하여금 국난을 타개하는 선봉장 역할을 하도록 하는 데 크게 이바지했던 것으로 알려져 있다.[15] 그렇다면 갑오년 당시 대부분의 유교적

---

14) 1861년 11월부터 이듬해 3월까지 남원 선국사 은적암에 거처하는 동안에 수운 최제우는 한편으로는 「논학문」을 비롯한 저술 활동에 힘쓰고, 다른 한편으로는 남원 일대에 동학을 布德하는데 주력하였다. 이로써 지리산 서쪽, 즉 전라좌도 일대에 동학이 뿌리내리는 계기가 되었다. 그렇다면 지리산 동쪽, 즉 경상우도 지방의 동학 포덕은 어떻게 전개되었을까? 기록에 의하면, 지리산의 동쪽에는 해월 최시형과 맞먹을 정도로 동학 초기부터 활발한 동학 포덕 활동을 펼친 申由甲이란 전설적 인물이 있었다고 한다(김지하, 앞의 책, 70~73쪽; 김준형, 「백곡지 해제」, 『경상사학』 제6집, 1990, 122쪽 등 참조). 수운과 신유갑의 관계, 신유갑의 지리산 일대의 동학 포덕활동 등에 대해서는 별고를 기약한다.

지식인들이 이른바 '동비의 난'이라고 인식했던 동학농민군의 봉기에 대해, 그리고 당대 대부분의 지식인들이 '이단사술'이라고 비판하고 있던 동학에 대해 남명 선생의 후예들, 즉 한말개화기 남명학파 지식인들은 어떤 인식과 대응을 보였을까가 몹시 궁금해진다.[16] 그러나 필자에게는 남명학파의 동학농민혁명에 대한 인식과 대응을 상세하게 논할 만한 축적된 지식이 없다. 따라서 여기서는 향후 과제로 남겨두기로 하고, 지리산 동쪽이 아닌 서쪽의 구례와 광양을 무대로 활동했던 매천 황현(이하 매천)의 동학농민혁명에 대한 인식을 살펴보는 것으로 대체하고자 한다.[17]

매천은 동학농민군 최고지도자인 전봉준과 같은 해인 1855년에 출생하였다. 그러나 두 사람의 길은 전혀 달랐다. 전봉준은 민초들을 이끌고 조선왕조의 낡은 체제를 타파하기 위한 '혁명'의 지도자가 되었고, 그와 반대로 매천은 조선왕조를 지탱하는 '綱常의 倫理(신분제도-필자)'를 부정하고, 무력으로 관아를 점령하는 전봉준을 비롯한 동학

---

[15] 김태창 구술, 야규 마코토 기록, 정지욱 옮김, 「남명 조식」, 『일본에서 일본인들에게 들려준, 한 삶과 한 마음과 한얼의 공공철학 이야기』, 모시는 사람들, 2012, 213~241쪽.

[16] 남명학파의 주 무대인 지리산 동쪽 지역 유교 지식인들의 동학에 대한 인식과 대응에 대해서는 경상대학교 김준형 교수와 순천대 김봉곤 교수의 다음과 같은 선구적 연구가 있다. 김준형, 「서부 경남지역의 동학군 봉기와 지배층의 대응」, 『경상사학』 제7·8합집, 경상대학교 사학과, 1992; 김봉곤, 「서부 경남지역의 동학농민혁명 확산과 향촌사회의 대응」, 『남명학연구』 제41집, 경상대학교 남명학연구소, 2014.

[17] 매천의 동학 및 동학농민군에 대한 인식과 대응에 대한 종래의 연구는 매우 비판적이었다는 관점이 대부분이다. 기존 연구 성과는 다음과 같다. 김창수, 「갑오평비책에 대하여-매천 황현의 동학인식」, 『남사 정재각박사 고희기념 동양학논총』, 고려원, 1984; 김용섭, 『황현의 농민전쟁 수습책』, 『고병익박사 회갑기념 사학논총: 역사와 인간의 대응』, 한울, 1985; 이이화, 「황현의 오하기문에 대한 검토-1894년 동학농민전쟁 기술을 중심으로」, 『서지학보』 제4집, 한국 서지학회, 1991.

농민군들의 행태를 붓으로 심판하는 입장을 취했다. 매천은 동학농민
군의 폭거를 도무지 용서할 수 없었던 것이다.[18] 그리하여 그는 '春秋
筆法'에 바탕한 역사서 서술을 통해 농민군의 행위를 단죄하고자 했
다. 그 같은 문제의식에서 쓴 것이 바로 『오하기문』이란 동학농민혁
명에 대한 방대한 기록이다. 그런데 『오하기문』에서 매천은 뜻밖에
동학의 '接包' 조직의 특성을 비롯하여 질서정연한 농민군들의 봉기
모습 등을 자신의 견문에 근거하여 實事求是的 입장에서 서술하고 있
다. 조금 과장해서 말한다면, 동학농민군의 봉기를 일부 '긍정적으로'
바라보고 있었던 것이다. 관련 내용을 보기로 한다.

〈사료-1〉
　관군은 행군을 하게 되면 연도에서 닥치는 대로 노략질을 하였고, 점
포를 망가뜨리고 상인들의 물건을 겁탈하는가 하면, 마을로 가득 몰려
가 닭이나 개가 남아 있는 게 없었기에 백성들은 한결같이 이를 갈면서
도 겁이나 피했다. (중략) 賊(동학농민군-인용자)은 관군의 소행과는 반
대로 하기에 힘써 백성들에게 폐를 끼치는 일은 하지 않게끔 명령을 내
려 조금도 이를 어기지 않으면서 쓰러진 보리를 일으켜 세우며 행군하
였다.[19]

〈사료-2〉
　그들(동학농민군-인용자)의 형벌에는 목을 베는 것, 목을 매는 것, 몽
둥이로 때리는 것, 회초리로 엉덩이를 때리는 것 등이 있었는데, 다만

---

18) 동학농민혁명 당시 거의 대부분의 유교지식인들은 동학농민혁명을 비판, 단죄하
　는 입장을 취했으며, 극히 일부만이 동학농민혁명을 지지하거나 그 대열에 참여
　하였다. 이 같은 사실에 대해서는 『한국근현대사연구』 제51집에 실린 특집 논문
　참조.
19) 김종익 옮김, 『번역 오하기문』, 역사비평사, 1995, 79~80쪽.

주리 트는 것을 늘상 적용하였다. 비록 큰 죄를 진 경우에도 죽이지는 않고 주리를 틀어 겁을 주면서 도인(동학농민군-인용자)은 사람을 죽이지 않는다고 했다. (중략) 그 무리들 중에서 법을 범하면 또한 서로 죽이지 않고 대개 매질로 다스리며 "도인은 동지를 아끼고 사랑한다"고 말하였다.[20]

위의 사료 외에도 매천은 "노비와 주인이 함께 入道한 경우에는 또한 서로를 '接長'이라 불러 마치 벗들이 교제하는 것 같았다. 이런 까닭에 사노비와 역참에서 일하는 사람, 무당의 서방, 백정 등과 같이 천한 사람들이 가장 좋아라 추종하였다"라든가,[21] "간혹 양반 중에는 주인과 노비가 함께 적을 추종하는 경우도 있었는데, 이들은 서로를 접장이라 부르면서 적의 법도를 따랐다"라든가,[22] 또는 "적은 서로 대하는 예가 매우 공순하였으며, 신분의 귀천이나 나이에 상관없이 평등한 예로 대하였다. 비록 접주라고 불리는 사람 중에서 남보다 뒤쳐지는 사람이 있다 하여도 도적들은 정성껏 섬겼다"라는[23] 서술 등도 남기고 있다. 이 같은 매천의 기술은 동학농민혁명 당시 일본 측이 입수한 1차 사료와 농민군 자신이 남긴 기록 등에서도 확인된다. 일본 측 사료를 보기로 하자.

동도대장이 각 부대장에게 명령을 내려 약속하여 말하기를, 매번 적을 상대할 때 우리 농민군들은 칼에 피를 묻히지 아니하고 이기는 것을 으뜸의 공으로 삼고, 어쩔 수 없이 싸우더라도 사람의 목숨만은 해치지

20) 위의 책, 131쪽.
21) 위의 책, 129쪽.
22) 위의 책, 231쪽.
23) 위의 책, 232쪽.

아니하는 것을 귀하여 여기며, 매번 행진하여 지나갈 때는 다른 사람들의 물건에 피해를 끼치지 아니하며, 효제충신하는 사람이 사는 동네 십리 안에는 주둔하지 않도록 하라고 하였다.[24]

매천은 『오하기문』에서 농민군은 "백성들에게 폐를 끼치는 일은 하지 않게끔 명령을 내려 조금도 이를 어기지 않으면서 쓰러진 보리를 일으켜 세우며 행군하였다"(위 〈사료-1〉 참조)고 하였으며, "비록 큰 죄를 진 경우에도 죽이지는 않고 주리를 틀어 겁을 주면서 道人(동학농민군-필자)은 사람을 죽이지 않는다고 했다"(위 〈사료-2〉 참조)고 서술하고 있다. 이와 같은 매천의 기술은 일본 측 사료에 있는 "매번 적을 상대할 때 우리 농민군들은 칼에 피를 묻히지 아니하고 이기는 것을 으뜸의 공으로 삼고, 어쩔 수 없이 싸우더라도 사람의 목숨만은 해치지 않는 것을 귀하게 여기며, 매번 행진하며 지나갈 때는 다른 사람의 물건에 피해를 끼치지 않았다"는[25] 내용과도 정확히 일치한다.

주지하듯이 매천은 신분제적 질서를 부정하는 농민군의 봉기를 결코 인정하지 않았다. 그렇기 때문에 매천은 농민군을 어디까지나 '적'이라고 표현했다. 그렇지만 농민군의 엄정한 규율이라든지 질서 있는 행동을 실사구시의 입장에서 객관적인 사실 그대로 기술하고 있었던 것은 주목할 만한 서술 태도라 할 만하다. 한편, 농민군 조직이 신분차별을 뛰어넘은 평등한 조직이었다는 사실에 대해서도 매천은 여러 곳에서 언급하고 있는데, 이 같은 사실은 농민군 자신이 남긴 기록에

---

24) 日本 外務省 外交史料館, 『朝鮮国東学党動静ニ関シ帝国公使館報告一件』, 文書番号 5門3類2項 4号, 「発 第63号 東学党ニ関スル続報」. "東道大將 下令於各部隊長 約束曰 每於對敵之時 兵不血刃而勝者爲首功 雖不得已戰 切勿傷命爲貴 每於行陣所過之時 切勿害人之物 孝悌忠信人所居村十里內 勿爲屯住"
25) 위와 같음.

서도 확인할 수 있다. 다음 내용이 바로 그것이다.

> 동학의 바람이 사방으로 퍼지는데 하루에 몇십 명씩 입도를 하곤 하였습니다. 마치 봄 잔디에 불붙듯이 布德이 어찌도 잘되든지 불과 一二朔 안에 瑞山 一郡이 거의 東學化가 되어버렸습니다. 그 까닭은 말할 것도 없이 (중략) 萬民平等를 표방한 까닭입니다. (중략) 첫째 입도만 하면 事人如天이라는 主義 下에서 上下 貴賤 男女 尊卑(양반과 노비-인용자) 할 것 없이 꼭꼭 맞절을 하며 경어를 쓰며 서로 존경하는 데서 모두 心悅性服이 되었고[26]

위의 내용은 1894년 2월에 충청남도 서산에서 동학에 입도한 뒤 접주 신분으로 동학농민혁명에 참가했던 洪鍾植이란 인물이 갑오년 이후에도 살아남아 1929년에 증언한 내용이다. 이 증언 속에는 갑오년 당시의 농민군 조직은 "사인여천 주의 하에서 상하 귀천 남녀 존비 할 것 없이 꼭꼭 맞절을 하며 경어를 쓰며 서로 존경하였다"고 회고하고 있는데, 홍종식의 회고 내용과 매천의 기술은 조금도 어김없이 일치하고 있다. 홍종식의 회고 내용에 비추어 볼 때 매천의 농민군에 대한 서술이 역사적 사실과 부합하는 실사구시의 서술이었음을 알 수 있다.

매천이 묘사한 것처럼, 동학(농민군)의 接包 조직에 입도한 양반과 노비는 '서로를 접장이라고 부르며 맞절을 하는' 등 신분 차별이 전혀 없는 평등한 조직이었다. 이 같은 농민군 조직 내의 신분평등은 동학 창도 초기부터 비롯되어 농민군이 봉기한 1894년에 이르기까지 줄기차게 실천되고 있었다. 창도 초기 동학 조직 내의 신분평등을 잘 보여주는 자료를 아래에 인용한다.

---

[26] 洪鍾植 口演, 春坡 記, 「70年史上의 最大活劇 東學亂實話」, 『新人間』 第34號, 1929.4, 45~46쪽.

귀천과 等位를 차별하지 않으니 백정과 술장사들이 모이고, 남녀를 차별하지 아니하고 帷薄(동학의 집회소-인용자)을 설치하니 홀아비와 과부들이 모여들고, 돈과 재물을 좋아하여 있는 사람과 없는 사람이 서로 도우니 가난하고 궁핍한 사람들이 기뻐했다.[27]

위 내용과 같이 창도 초기부터 귀천과 등위, 남녀, 빈부 차별이 없는 평등한 조직으로 출발했던 동학은 충청도 서산 출신 접주 홍종식의 회고에서 증명하고 있는 것처럼[28], 1894년 동학농민혁명기에 이르기까지 '事人如天'의 정신 아래 신분차별이 전혀 없는 평등한 공동체를 이루고 있었다. 그리하여 신분제 아래에서 신음하던 수많은 민초들은 동학(농민군) 조직에 '봄 잔디에 불붙듯이' 다투어 입도하고 있었으며, 매천은 그 같은 사실을 있는 그대로 실사구시의 입장에서 기술했다. 바로 여기에서 역사가로서의 매천의 자세와 현실을 직시하는 지식인으로서의 매천의 면모가 잘 드러나고 있다. 필자가 다른 글에서 이미 지적했듯이[29] 1894년 당시 전봉준을 비롯한 동학농민군의 시국인식과 매천을 포함한 강화학파의 시국인식 사이에는 서로 공통되거나 '유사성'이 있는 부분이 적지 않다. 이것은 동학과 유학(주자학과 양명학)과의 관계를 대립적 관계로만 보아왔던 종래의 견해가 역사적 사실과 다르다는 것을 보여준다. 실제 역사 속의 동학과 유학은 서로 만날 수 있는 가능성을 자체 내에 이미 지니고 있었다. 필자는 그 까닭을 지리산이 지닌 역사와 전통에서 찾을 수 있다고 본다. 지리산 자

27) 최승희, 「서원(유림) 세력의 동학배척 운동 소고」, 『한우근박사 정년기념 사학논총』, 지식산업사, 1981.
28) 앞의 註26)과 같음.
29) 박맹수, 「매천 황현의 동학농민군과 일본군에 대한 인식」, 『한국근현대사연구』 제55집, 한국근현대사학회, 2010.

락 한 편에는 언제나 민초들의 아픔에 다가가려고 고뇌하는 일단의 지식인 그룹이 존재하고 있었다는 사실을 우리 역사는 보여 주고 있다. 그런 지식인의 표상이 바로 지리산 동쪽에서는 남명 선생이었고, 지리산 서쪽에서는 매천 선생이었다.[30) 향후 연구의 심화가 이루어지길 기대한다.

Ⅳ. 일본군의 農民軍 虐殺과 지리산

필자는 2012년 3월에 일본 교토(京都)에서 1894년 동학농민혁명 당시 동학농민군 학살에 직접 가담했던 일본군 병사가 남긴 종군일지를 입수했다.[31) 그 개략적 내용은 이미 2013년 8월 29일자 『한겨레』 신문을 통해 널리 보도된 바 있다. 이 장에서는 그 종군일지 가운데 일본군 후비보병 제19대대 제1중대가 지리산 일대, 그중에서도 전라도 남

---

30) 매천은 당대 지방 지식인으로서는 드물게 폭넓은 교유관계를 지닌 인물이었다. 서울과 강화도, 경기도 안성과 충청도 목천, 진천 등지에는 '江華學(陽明學)'으로 연결되는 그의 지우들이, 전라도의 경우는 구례와 광양을 중심으로, 멀리는 장흥, 강진 등까지도 그와 교유하는 지식인들이 있었다. 따라서 매천의 사상과 학문이 한국 근대사에서 차지하는 위상을 제대로 조명하기 위해서는 그와 교류한 당대 지식인들과의 관계를 포함하여, 시기별로 변화해 갔을 것이 틀림없는 매천의 사상적 변화도 추적, 분석할 필요가 있다.

31) 『明治二十七年日淸交戰從軍日誌』라는 表題의 이 從軍日誌는 길이 9미터 23센티, 폭 34센티의 두루마리 문서로써, 일지에 기록된 맨 마지막 날자가 '메이지 30= 1897년 4월 1일'인 점으로 미루어보아 동학농민혁명이 종결된 지 3~4년 뒤에 기존의 일기 메모를 글씨를 잘 쓰는 인물에게 부탁하여 淨書한 후 두루마리 문서로 만들어 후세에 전하려 했던 것으로 보인다. 구스노키 비요키치(楠美代吉)가 당초 작성한 일기 메모를 1897년 이후에 정서한 인물은 구스노키 비요키치의 친척인 구스노키 마사하루(楠正治)로 확인되었다. 이 글 말미 부록 사진자료-1과 2 참조.

원 일대에서 동학농민군을 대상으로 자행한 제노사이드(대량학살)의 실태를 고발하고자 한다.[32]

1894년 5월 7일(양력 6월 10일)의 '全州和約' 이후, 동학농민군은 출신 고을로 돌아가 '都所'[33]를 설치하고, 농민군 자체의 역량에 의한 '폐정개혁' 활동을 전개하였다. 이른바 '도소체제'가 이루어지고 있었던 것이다. '도소체제' 하의 동학농민혁명은 소강상태를 보이고 있었다. 그러나 6월 21일(양력 7월 23일)에 일본군 혼성여단이 경복궁을 불법 점령하여 국왕 고종을 사실상의 포로로 삼고, 저항하는 조선정부군을 강제로 해산하는 '국난'이 일어나자[34] 각지의 농민군은 크게 동요하기 시작했다. 농민군은 이제 가장 강력한 반혁명 세력인 일본군에 맞선 대규모 항일봉기를 준비하지 않으면 안 되었다.

일본군 혼성여단이 불법으로 조선왕조의 정궁인 경복궁을 불법 점령한 바로 그날(양력 7월 23일), 시코쿠 고향[35] 땅에서 後備役[36] 병사

---

32) 일본군에 의한 동학농민군 학살, 즉 제노사이드 작전 실태에 대해서는 최근 들어 일본의 이노우에 가쓰오(井上勝生) 교수를 필두로 하여 한국에서는 강효숙 선생과 신영우 교수 등에 의해 활발히 연구되고 있다. 그러나 지리산 일대 농민군에 대한 학살 전모는 아직 연구되지 않고 있다. 井上勝生, 「日本軍による最初の東アジア民衆虐殺」, 『世界』第693号, 岩波書店, 2001; 강효숙, 「청일전쟁에 있어 일본군의 동학농민군 진압」, 『인문학연구』제6집, 원광대 인문학연구소, 2005; 「제2차 동학농민전쟁 시기 일본군의 농민군 진압」, 『한국민족운동사연구』제52집, 한국민족운동사학회, 2007; 신영우, 「1894년 일본군의 동학농민군 학살」, 『제노사이드와 한국근대』, 충남대학교 충청문화연구소, 2009; 井上勝生, 「東学農民軍包囲殲滅作戦と日本政府 大本営」, 『韓国併合100年を問う』, 岩波書店, 2011; 井上勝生, 「日本軍最初のジェノサイド作戦」, 『東学農民戦争と日本』, 高文研, 2013.
33) 종래 연구에서는 執綱所로 불렀으나 김양식, 조경달 등의 연구에 의해 '都所'로 정착되었다.
34) 일본군에 의한 경복궁 불법 점령에 관한 역사적 경과에 대해서는 나카츠카 아키라 지음, 박맹수 옮김, 『1894년, 경복궁을 점령하라』, 푸른역사, 2002 참조.
35) 쿠스노키 비요키치 상등병의 고향은 일본 도쿠시마현(德島県) 요시노카와시(吉野川市) 카모시마초(鴨島町) 치에지마(知恵島) 995번지이다.

로 소집 영장을 전달받은 쿠스노키 비요키치는 소집 영장을 받은 즉시 에히메현(愛媛県) 마쓰야마시(松山市)로 이동하여 편성 중에 있던 일본군 後備歩兵 제19대대 제1중대(중대장 松木正保 대위) 제2소대 제2분대에 배치되었다. 그리고 그에게 부여된 계급은 상등병이었다.

에히메현 마쓰야마시에서 편성을 완료한 일본군 후비보병 제19대대는 7월 말부터 10월 말까지는 시모노세키에 있는 히코시마(彦島)수비대로써 임무를 수행하고 있었다. 그러나 10월 28일(음력 9월 30일)[37] 대본영의 출동 명령에 따라 '동학당토벌대', 즉 동학농민군 학살 전담부대라는 임무를 띠고 11월 3일 시모노세키항을 출항하였으며, 11월 6일에는 인천항에 상륙하기에 이르고, 11월 8일에는 용산 만리창에 도착한다. 이어서 11월 11일에는 인천에 있던 南部兵站監部[38] 사령관으로부터 출동 명령을 하달 받아, 三路(東路, 中路, 西路)로 분진 남하하면서 동학농민군 진압에 나서게 된다. 쿠스노키 상등병이 소속된 후비보병 제19대대 제1중대는 11월 12일(음력 10월 15일)에 '東路' 즉 서울 용산에서 충주 방면으로 남하하면서 강원도와 충청도 북동부, 경상도 북동부 지역을 경유하여 남원을 중심으로 한 지리산 북서쪽 일대, 그리고 전라도 나주와 장흥, 강진, 해남까지 남하하여 동학

36) 메이지 시대 일본군 편제 가운데 現役과 予備役을 마친 병사를 後備役이라고 불렀다. 따라서 후비역 병사들의 연령은 20대 후반에서 30대 초반에 걸쳐 있었으며, 대부분 결혼을 하여 가족이 있었다.

37) 日本軍 後備歩兵 第19大隊에게 조선으로 출동 명령이 내려지기 하루 전인 10월 27일 히로시마大本營의 兵站総監 가와카미 소로쿠(川上操六) 참모차장은 "이제부터 동학당에 대한 처치는 엄렬함을 요한다. 모조리 살육하라"는 전원 살육명령을 내린 바 있다(日本 防衛省 防衛研究所図書館, 『南部兵站監部陣中日誌』, 明治27年 10月 27日条 第13項 참조). 따라서 후비보병 제19대대의 출동은 동학농민군에 대한 제노사이드 작전 실행을 위한 조치였다는 사실을 짐작할 수 있다.

38) 1894년 당시 인천의 남부병참감부는 히로시마에 있던 일본군 대본영으로부터 직접 명령을 하달 받고 있었다.

농민군 학살에 임하게 된다.

후비역 소집영장을 받고 고향을 출발한 쿠스노키 상등병은 1894년 7월 23일부터 일지를 쓰기 시작하였는데, 11월 3일 시모노세키항을 출항하여 11월 8일 용산 만리창에 도착하기까지의 과정은 물론이고, 11월 11일의 '三路 分進' 출동 명령에 따라 11월 12일 용산을 출발하여 남하하면서 매일 매일 자행된 농민군 '학살' 상황을 상세하게 기록하고 있다. 즉, 쿠스노키 상등병이 기록한 일지 속에는 동학농민군을 학살한 날짜와 장소는 말할 것도 없고, 몇 명의 농민군을 어떻게 학살했는지 그 구체적인 인원과 학살 방법까지 '생생하게' 기록하고 있다. 예를 들어, 체포한 동학농민군을 죽이는 방법으로는 현장에서 즉각 '銃殺'하는 것은 기본이었으며, '突殺(총에 대검을 착검하고 돌격하여 찔러 죽임-필자)과 '打殺(총이나 몽둥이 등으로 때려죽임-필자), 한 걸음 더 나아가 '燒殺(불에 태워 죽임-필자)마저 거리낌 없이 자행한 사실을 낱낱이 기록하고 있다. 동학농민군 학살에 동원된 이 같은 처형 방법은 역사상 그 유례를 찾아볼 수 없을 뿐만 아니라 그 잔인성에 있어서 상상을 초월하는 방법이 아닐 수 없다. 서울에서 전라도 서남해 연안까지 남하하면서 농민군 학살에 종사한 쿠스노키 상등병의 종군일지는 그가 농민군 학살을 모두 마치고, 다시 일본 에히메현 마쓰야마시로 귀환하여 소속부대인 후비보병 제19대대가 해산하는 1895년 12월 9일(음력 10월 23일)까지 이어지고 있다. 이하에서는 지리산 부근에서 자행된 동학농민군 학살 상황을 날짜별로 소개한다. (이하 고딕은 필자)

〈1894년〉

12월 19일 (음력 11월 23일) 개령 출발, 오후 3시 30분 김천 도착, 주둔하고 있던 농민군을 공격 10명 총살

12월 20일 김천 출발, 오후 2시 지례 도착

12월 21일 지례 출발, 오후 3시 신창 도착

12월 22일 신창 출발, 오후 3시 30분 거창현 도착

12월 23일 거창 출발, 오후 1시 30분 안의 도착, 촌락 수색, 농민군 잔
당 8명 체포 총살

12월 24일 안의 출발, 오후 1시 40분 함양 도착

12월 25일 (음력 11월 29일) 함양 출발, 오후 3시 운봉 도착

12월 26일 (음력 11월 30일) 운봉 출발, 토민(민보군)이 총기를 들고 보
초를 서고 있는 높은 고개를 넘어 오후 3시 50분경 남원성
에 도착함.

　　*지난 20일(11월 20일, 음력 10월 23일) 남원 동학농민군이
남원성을 점령하고 부사를 살해했으며, 시내 민가가 모두
소실되었음. 이에 운봉의 토민(박봉양이 이끄는 민보군)이
남원성을 공격하여 농민군을 격퇴. 남원성을 점령했던 농
민군은 북쪽의 龍城(교룡산성)에서 농성하던 중에 후비보병
제19대대 제1중대가 도착하자 세 길로 공격을 개시. 그러나
제1중대를 보자마자 도망가며 응사함. 이에 제1중대는 산
꼭대기(교룡산)를 향해 오르며 성벽을 넘어 가택을 수색하
였으나 농민군은 모두 도망가서 한명도 없었음. 이에 인가
에 불을 지르고 남원성으로 돌아왔는데 밤늦게까지 화광이
충천했음.

12월 27일 (음력 12월 1일) 제1중대 남원 체재

12월 28일 (음력 12월 2일) 제1중대 남원 체재

　　오후 3시 제19대대 본부 및 제3중대가 조선의 교도중대와
통위영병 1개 중대를 인솔하고 남원성으로 들어옴.

　　일기의 주인공 쿠스노키 상등병은 제3중대 병사로부터 "제
3중대가 공주 및 연산현에 농민군 수천 명이 집합해 있어서
급히 가서 격퇴하던 중 제3중대 소속의 스기노 토라키치(杉

野虎吉) 상등병이 12월 10일의 충청도 連山 전투에서 농민군의 총탄에 맞아 전사"했다는 소식에 친구를 잃은 슬픔으로 낙루함.

12월 29일 (음력 12월 3일) 제1중대 남원 체재
"동학 대장(전봉준)이 순창현에 있다"는 조선인의 밀보를 받고 曹長 1명, 병졸 2개 분대 외에 동경 경시청 순사 1명을 전봉준 포획을 위해 파견

12월 30일 제1중대 남원 체재
"지난 번(12월 26일)에 불태운 龍城山(교룡산의 산성)으로 가서 타다 남은 寺院(善国寺)과, 그 외의 가옥을 불태워 농민군이 사용 못하도록하라"는 명령에 따라 제1중대는 재차 古城山(교룡산의 산성)으로 가서 사원과 민가를 불태움

12월 31일 (음력 12월 5일) 제1중대 오전 8시 남원 출발, 오후 2시에 谷城県에 도착, 도중에 농민군 가옥 수십 호를 불태움. 곡성 도착 후에 소대장 쿠스노키노(楠野) 소위가 병졸 약간을 이끌고 척후로 나가 농민군 가택 수십 호를 불태움. 그리고 이날 밤 농민군 10명을 체포하여 조선인을 시켜서 焼殺(불태워 죽임)

〈1895년〉

1월 1일 곡성 체재

1월 2일 오전 8시 30분 곡성 출발, 오후 2시 40분에 玉果현 도착
밤에 조선인이 체포해 온 농민군 5명을 고문 후 총살, 시체는 불태움

위의 종군일지 내용을 통해서 지리산 자락의 각 고을과 함께 이 일대의 동학농민군이 얼마나 처참하게 죽임을 당하고 있는지를 '생생하게' 알 수 있을 뿐만 아니라 남원 지역 동학농민군의 주둔지였던 교룡

산성 일대가 일본군에 의해 완전 초토화되는 상황이 백일하에 드러나고 있다. 뿐만 아니라 남원 일대는 1894년 11월 30일(양력 12월 26일)부터 12월 5일(양력 12월 31일)까지 거의 1주일 동안이나 일본군에 의해 장악 당했다는 사실도 함께 드러나고 있다. 그뿐만이 아니다. 일본군이 자행한 행위는 동학농민군 학살에만 그쳤던 것이 아니라 일반 민초들이 살고 있던 마을과 그 가옥들, 심지어 일본군이 지나가거나 주둔하고 있는 지역 관내에 있는 사찰까지도 서슴없이 불태우는 '야만적인 행위'를 서슴없이 자행하고 있음을 확인할 수 있다. 이 같은 사실은 제2차 세계대전 당시 중국에서 악명 높았던 일본군의 야만적 행위의 원형이 바로 동학농민군에 대한 일본군의 제노사이드 작전에 있음을 증명해 주는 것이다.[39]

V. 결언: 동학농민혁명이 지닌 동아시아적 의미

주지하듯이 동학 및 동학농민혁명에 대한 연구는 동학농민혁명 1백 주년이 되던 1994년을 전후하여 괄목할 만한 진전을 이루었다. 동학의 '시천주'와 '보국안민', '有無相資', '다시 開闢(=後天開闢)' 사상 등이

---

39) 쿠스노키 비요키치 상등병의 종군일지는 일본군 후비보병 제19대대 제1중대에 의한 제노사이드 작전 실태를 보여주는 자료이다. 동 대대의 제2중대와 제3중대에 의한 제노사이드 작전 실태, 그리고 서울수비대인 후비보병 제18대대로부터 파견된 1개 중대 및 부산수비대로부터 파견되었던 후비보병 제10연대 제1대대에 의한 농민군 전원 살육작전(제노사이드) 실태 규명은 향후 과제로 남겨 둔다. 그 중에서도 특히 부산수비대에서 파견된 스즈키 야스타미(鈴木安民) 대위가 이끌던 중대가 부산에서 지리산 동쪽의 진주와 하동을 거쳐 지리산 서쪽의 광양과 순천, 보성, 장흥까지 가면서 농민군을 학살한 구체적 실태 규명은 시급히 이루어져야 할 과제임을 명기해 둔다.

혁명의 사상적 기반이 되었다는 사실이 실증적으로 밝혀졌으며, 전라
도뿐만 아니라 경상도와 충청도, 경기도, 강원도, 황해도 등 조선 각
지에서 수백만 민중이 동학의 接包 조직을 기반으로 봉기한, 전국적
차원의 민중 대봉기였다는 사실도 지역별 사례연구를 통해 역사적 사
실로 밝혀지게 되었다. 뿐만 아니라 "잘못되어 가는 나라를 바로잡고,
도탄에서 헤매는 민초들을 편안하게 하고자(輔國安民)" 봉기했던 농
민군을 불법으로 대량학살한 군대가 바로 '후비보병 제19대대'를 필두
로 한 일본군이었다는 사실도 한일 역사가들의 공동연구를 통해 드러
났다.

일본군에 의한 동학농민군 학살, 즉 제노사이드 작전과 관련하여
특히 주목할 만한 사실은 '후비보병 제19대대' 대대장 미나미 고시로
(南小四郎) 소좌가 동학농민혁명 당시 수집하여 일본으로 반출해 갔
던 동학문서 및 후비보병 제19대대와 동학농민군 간의 전투상황을 기
록한「東学党征討経歴書」등의 사료가 동학농민혁명이 있은 지 118년
만인 2012년 4월에 전라북도 정읍시에 있는 동학농민혁명기념관이 마
련한 특별기획전시회를 통해 전면 공개되었다.[40] 뿐만 아니라 미나미
고시로의 동학문서 공개의 뒤를 이어 2013년 8월 29일에는 최전선에
서 농민군 학살에 가담했던 '후비보병 제19대대' 제1중대 제2소대 제2
분대에 소속되어 있던 쿠스노키 비요키치 상등병이 쓴『메이지27년
일청교전 종군일지』도『한겨레』신문 보도를 통해 전면 공개되었다는
점이다.

이 같은 한국 국내외의 연구의 진전과 새로운 사료 공개에 힘입어
일본에서는 최근 한국의 동학과 동학농민혁명에 대해 종래와는 다른

---

[40] 동학농민혁명기념재단,『동학농민혁명기념관 특별전 도록: 동학농민혁명의 진실
을 찾아가다』, 동학농민혁명기념관, 2012.

시각으로 새롭게 이해하려는 움직임이 눈에 띄게 증가하고 있다. 이 글에서는 필자가 아는 범위 안에서 몇 가지 사례를 소개함으로써 동학농민혁명의 동아시아적 위상에 대해 생각해 보고자 한다.

일본에서 이루어지고 있는 동학 연구 붐의 대표적 사례로써 가장 먼저 소개할 만한 것으로는 '일본의 양심'이라고 불리는 나카쓰카 아키라(中塚明) 奈良女子大学 명예교수가 중심이 되어 매년 시행하고 있는 '한일 시민이 함께하는, 동학농민군 역사를 찾아가는 여행'이란 답사여행이다. 이 답사여행은 2001년 5월에 전북 전주시에서 개최된 '동학농민혁명 국제학술대회'에 학자, 시민운동가, 대학원생 등을 포함한 일본인 약 1백여 명이 참가한 것이 계기가 되어 2002년 여름에 처음으로 시행되었다. 첫 답사여행은 일본 나라현 역사교육자협의회가 주축이 되었는데, 그 당시 동학농민군 전적지 답사에 참가했던 일본인 참가자들의 반응이 예상 외로 뜨거웠다. 그리하여 2002년 답사여행에 참가했던 나카쓰카 교수는 도쿄의 후지국제여행사(富士国際旅行社) 측에게 해외 답사여행 프로그램의 하나로 '한국의 동학농민군 역사를 찾아가는 여행'을 제안하기에 이르렀고, 여행사 측에서도 나카쓰카 교수의 제안을 흔쾌히 받아들임으로써 2006년부터 정례화되었다. 이 답사여행은 2013년까지 총 8회 실시되었고, 참가한 일본인들이 170여 명에 이르고 있다. 이 답사여행은 올해도 어김없이 10월 중순경에 부산, 경주, 대구, 남원, 전주 등지를 무대로 실시될 예정이다.

나카쓰카 교수와 후지국제여행사가 함께 하고 있는 '한국 동학농민군 역사를 찾아가는 여행' 외에 동학농민군 전적지 답사와 관련하여 주목할 만한 업적이 또 하나 있다. 간사이(関西) 고베시(神戸市)에 자리하고 있는 고베학생청년센타 내에는 '무쿠게 모임(무쿠게는 무궁화

의 일본식 발음-필자)'이라는 시민단체가 있다. 이 단체는 약 30여 년
부터 일본인들과 재일동포들이 중심이 되어 매월 연구모임을 개최해
하면서 한국의 역사와 문화를 공부하고 연구해 온 시민단체이다. 그
런데 이 '무쿠게 모임' 회원인 노부나카 세이기(信長正義)는 2010년 5
월에 전라남북도의 동학농민혁명 전적지와 충청도 공주 우금치 전적
지 등을 직접 답사한 뒤에 그 답사기를『동학농민혁명 유적지를 찾아
서』(2010년 9월)라는 제목으로 간행함으로써 동학농민혁명에 조금이
라도 관심이 있는 일본인이라면 누구나 손쉽게 한국의 동학농민군 전
적지답사를 할 수 있도록 안내하고 있다.

　동학농민혁명에 대한 일본인들의 관심이 점차 증가하는 현상에 호응
이라도 하듯이 일본의 유력 일간지인『아사히신문』(朝日新聞)도「동
아시아를 만든 열 가지 사건」이라는 기획 특집(2007년 6월~2008년 3
월)을 통해 일본의 대표적 일간지로서는 처음으로 한국의 동학농민혁
명에 대한 심층취재 기사를 게재한 바 있다.[41] 일본의 대안언론매체
의 하나인『未来共創新聞』도『아사히신문』의 뒤를 이어 2013년 11월
호 특집을 통해 한국의 동학사상과 동학농민혁명을 비롯하여 동학의
현대적 계승을 자처하고 있는 현대 한국의 '한살림 운동'에 이르기까
지 한국현지 취재에 바탕한 심층적 보도를 한 바 있다.[42]

　이처럼 최근 일본사회에 불고 있는 동학과 동학농민혁명 붐은 학술 분
야도 예외는 아니다. 예를 들면 국내에도 이미 번역 소개된 나카쓰카 교
수의 역저『역사의 위조를 밝힌다』,[43] 조경달 교수의『이단의 민중반란-

---

[41]『朝日新聞』 2007.7.31, 22面.
[42]『未来共創新聞』 2013.11.30, 1~8面.
[43] 일본어판은 1997년에 東京의 高文研 출판사에서 간행되었으며, 한국어판은 필자
　　 가 번역하여『1894년, 경복궁을 점령하라』제목으로 2002년 푸른역사 출판사에
　　 서 간행되었다.

동학과 갑오농민전쟁-』,[44] 홋카이도대학의 이노우에 가쓰오(井上勝生) 명예교수의 일련의 연구(「제2차 동학농민전쟁과 탄압 일본군, 농민대학살」, 「동학농민군 포위섬멸작전과 일본정부, 대본영」, 「후비보병 제19대대 대대장 미나미 고시로 문서」 등), 근대 일본의 민중운동 가운데 가장 주목할 만한 민중운동인 '치치부농민전쟁(秩父農民戰爭)'과 동학농민혁명을 비교 연구한 카와타 히로시(河田宏)의 『민란의 시대-秩父농민전쟁과 東學농민전쟁-』, 동학농민군 진압 전담부대였던 후비보병 제19대대의 출정 및 귀향 과정을 추적한 오노우에 마모루(尾上守)의 「카이난신문(海南新聞)에서 보는 동학농민전쟁」 등이 대표적이다. 그러나 이상의 연구를 더욱 빛나게 한 결정적 연구는 金文子 선생의 「전봉준의 사진과 무라카미 텐신(村上天眞)-동학지도자를 촬영한 일본인 사진사-」이라 하지 않을 수 없다.[45]

일본 내에 남아 있는 동학농민혁명 관련 1차 사료도 속속 발견, 공개되고 있다. 1차 사료 가운데 주목되는 것 하나만 소개한다면, 외무성 산하 외교사료관에 소장되어 있는 『조선국 동학당 동정에 관한 보고일건』, 방위성 산하 방위연구소 도서관에 소장되어 있는 『남부병참감부 진중일지』를 들 수 있다. 전자에는 동학의 남북접이 제1차 동학농민혁명 때부터 함께 싸웠다는 내용이 들어 있고, 후자에는 농민군에 대한 불법적인 '전원 살육' 명령을 내린 주체는 조선 정부가 아니라 일본의 대본영 병참총감 가와카미 소로쿠(川上操六) 참모차장이었다는 사실이 기록되어 있다.

---

44) 일본어판은 1998년에 東京 岩波書店에서, 한국어판은 필자의 번역으로 역사비평사에서 2007년에 간행되었다.

45) 김문자, 「전봉준의 사진과 무라카미 텐신(村上天眞)-동학지도자를 촬영한 일본인 사진사」, 『한국사연구』 제154집, 한국사연구회, 2011.

  이상과 같이 한국의 동학농민혁명에 대한 일본사회의 이해 및 평가는
시민운동, 학술 분야, 저널리즘 분야 등 다양한 분야에서 큰 진전을 보
이고 있는데, 동학농민혁명 당시 사상적으로 그리고 조직적으로 그 기
반을 제공했던 동학사상에 대한 관심과 이해도 깊어지고 있다. 그 구체
적 사례가 바로 일본의 세계적 학술운동단체인 '교토포럼' 주최 「공공철
학 교토포럼」이다. '교토포럼'에서는 2009년 8월과 11월에 개최한 두 차
례 포럼의 주제를 한국의 동학사상으로 삼았다. 그렇다면 최근 일본사
회에 불고 있는 동학사상과 동학농민혁명 붐은 무엇을 말해 주는 것일
까? 그것은 바로 1894년의 동학농민봉기를 주도했던 혁명지도부가 내걸
었던 혁명이념이 역사적으로 정당했음을 말해 주는 동시에 그 혁명이념
이 누구나 공감할 만한 세계사적 보편성을 지닌 것이었음을 증명해 준
다 할 것이다. 향후 동학사상과 동학농민혁명에 대한 연구는 바로 이 같
은 세계사적 보편성을 널리 드러내는 일에 초점이 맞춰져야 하지 않을
까 한다.

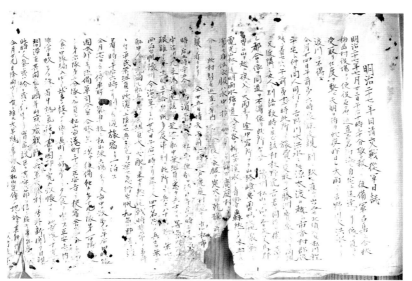

〈부록-1〉『明治二十七年日淸交戰從軍日誌』의 表紙

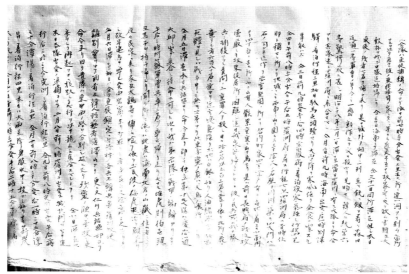

〈부록-2〉 "동학농민군 7명을 총에 대검을 착검하고 돌격하여 찔러죽였다"는
내용이 쓰여 있는 종군일지(1895년 1월 31일, 해남)

▌참고문헌

1. 자료

『東經大全』,『梧下記聞』,『崔先生文集道源記書』
『南部兵站監部 陣中日誌』,『明治二十七年 日淸交戰 從軍日誌』
『朝鮮国東学党動静二関シ帝国公使館報告一件』

2. 연구논저

김범부,「풍류정신」, 정음사, 1986.
김용옥,『도올심득 동경대전』, 통나무, 2004.
김지하,『이 가문 날에 비구름』, 동광출판사, 1988.
김태창 구술, 야규 마코토 기록, 정지욱 옮김,『일본에서 일본인에게 들려준, 한 삶과 한 마음과 한얼의 공공철학』, 모시는 사람들, 2012.
나카츠카 아키라 지음, 박맹수 옮김,『1894년 경복궁을 점령하라』, 푸른역사, 2002.
동학농민혁명기념재단,『동학농민혁명기념관 특별전 도록: 동학농민혁명의 진실을 찾아가다』, 동학농민혁명기념관, 2012.
전북역사문화학회,『남원 동학농민혁명 연구용역』, 남원시, 2014.
조경달 지음, 박맹수 옮김,『이단의 민중반란』, 역사비평사, 2007.
황현 지음, 김종익 옮김,『번역 오하기문』, 역사비평사, 1995.

김문자,「전봉준의 사진과 무라카미 텐신(村上天真)-동학지도자를 촬영한 일본인 사진사-」,『한국사연구』제154집, 한국사연구회, 2011.
김봉곤,「서부 경남지역의 동학농민혁명 확산과 향촌사회의 대응」,『남명학연구』제41집, 경상대학교 남명학연구소, 2014.
김준형,「서부 경남지역의 동학군 봉기와 지배층의 대응」,『경상사학』제7·8합집, 경상대학교 사학과, 1992.
박맹수,「매천 황현의 동학농민군과 일본군에 대한 인식」,『한국근현대사연구』제55집, 한국근현대사학회, 2010.

井上勝生,「日本軍による最初の東アジア民衆虐殺」,『世界』 第693号, 岩波書店, 2001.

井上勝生,「日本軍最初のジェノサイド作戦」,『東学農民戦争と日本』, 高文研, 2013.

최승희, 「서원(유림)세력의 동학배척 운동 소고」, 『한우근박사 정년기념 사학논총』, 지식산업사, 1981.

■「지리산권 동학농민혁명의 실상과 동아시아적 의미」,『남도문화연구』제26집, 순천대 남도문화연구소, 2014. 6.

지리산권 동남부지역 동학농민혁명의 전개와 특징

김양식 | 충북발전연구원

Ⅰ. 머리말

동학농민혁명은 시기와 정도의 차이가 있을지언정 전국적으로 전개되었는데, 지리산권 동남부지역 역시 예외가 아니었다. 지리산권 동남부지역, 즉 전남의 순천·광양과 경남의 하동·진주·산청은 섬진강을 경계로 이웃하고 있지만, 서로 비슷하면서도 다른 양상으로 동학농민혁명이 전개되었다.

그러한 차이는 기본적으로 전라도와 경상도라는 공간과 경계에 따른 것이다. 전주화약 이후 전주성을 빠져나온 동학농민군 지도자들은 전라도 각 군현을 순행하고 투쟁본부인 大都所를 설치하였는데, 순행 지역과 대도소 설치지역이 전라도에 국한되었다.

실제 1894년 6월 순천에 설치된 동학농민군의 대도소는 嶺湖大都所였다. 영호대도소는 순천과 광양을 지역기반으로 그 외연을 주변지역으로 확대하고자 하였으나, 섬진강을 넘어 경상도지역으로 진출하는 데는 여러 어려움이 뒤따랐다. 경상도지역은 전라도에서 일어난 동학 농민혁명의 직접적인 영향을 받지 않았다.

특히 영호대도소는 동학농민군 주체, 활동지역, 활동시기 등이 분명하고 상대적으로 자료도 많이 남아 있기 때문에 동학농민군의 투쟁 조직체인 도소의 실체를 규명하는데 좋은 사례이다. 더욱이 영호대도소는 지리산 남부권을 장악하였던 지역 특성 외에 섬진강을 건너 하동·진주에 이르는 경남 서부지역으로 끊임없이 진출하고자 하였고, 최종 공격대상도 부산에 있는 일본세력이었던 만큼 동학농민혁명의 전체상을 파악하는 데 중요하다.

그러나 영호대도소의 실체 규명을 비롯하여 지리산권 동남부권 동학농민혁명의 실상에 관한 연구는 매우 부진한 실정이다. 영호대도소에 관한 지금까지의 연구는 극소수이며,[1] 경남 서남부지역 동학농민혁명에 관한 학술연구 역시 극히 부족한 실정이다.[2]

이 글에서는 기존의 연구성과를 바탕으로 영호대도소를 중심으로 지

1) 김양식,『근대한국의 사회변동과 동학농민혁명』, 신서원, 1998, 259~290쪽; 이이화·우윤,『대접주 김인배, 동학농민혁명의 선두에 서다』, 푸른역사, 2004.
2) 김준형,「서부경남지역의 동학군 봉기와 지배층의 대응」,『慶尙史學』7·8, 경상 대학교 사학과, 1992; 金梵壽,「西部慶南東學運動硏究」,『경남향토사총서』2, 경남향토사연구협의회, 1992.

리산권 동남부지역에서 전개된 동학농민혁명 실체에 접근하고자 한다.[3]
더 나아가 지리산권 동남부지역이라는 공간개념을 적용하여 보다 거시
적인 시공간 위에서 순천과 광양을 기반으로 활동하던 영호대도소와 그
지역적 성격을 규명하고자 한다. 아울러 서부 경남지역과의 비교를 통해
섬진강을 경계로 한 동남부 전남지역과 서남부 경남지역의 동학농민혁
명 차이를 해명하는 데 초점을 맞출까 한다.

II. 1894년 9월 이전 동학농민혁명의 전개

1. 지리산 남부지역

지리산 남부지역에 속한 순천과 광양지역은 1894년 3월 동학농민혁
명이 발발하기 이전부터 주민들의 저항 움직임이 있었다. 특히 전라
좌수영이 있던 순천과, 섬진강을 끼고 영남으로 통하던 광양은 예로
부터 물산이 풍부하고 인적 물적 왕래가 잦던 교통 중심지였다. 그 때
문에 이들 지역은 관의 수탈이 많을 수밖에 없었고, 이에 저항하는 농
민사회의 전통이 흐르고 있었다. 이는 동학의 확산과 1869년 광양 변
란, 1889년 광양 민란, 1894년 2월 순천 민란으로 표출되었다.[4]

이런 상황에서 1894년 3월 전라도 무장 기포를 시작으로 동학농민
혁명이 발발하자 순천의 朴洛陽은 순천지역 농민들을 이끌고 참여하

---

3) 영호대도소의 서부 경남 진출과 패퇴하는 일련의 과정(3장)은 기본적으로 필자
   의 위의 책 서술내용을 따르면서, 새로 발굴된 자료를 바탕으로 수정·보완하였
   음을 미리 밝혀둔다.
4) 김양식, 앞의 책, 260~262쪽 참조.

였다. 그는 1893년 보은집회 때도 동학도를 이끌고 참여하였던 인물로서, 軍長이란 직함을 가지고 동학농민군에 가담하여 활동하였다.[5]

전주화약 뒤 박낙양이 이끄는 순천지역 동학농민군은 다른 지역의 동학농민군과 마찬가지로 귀향하였을 것으로 보인다. 그 무렵 금구 출신의 金仁培(1870~1894)[6]는 전봉준이 5월 10일 태인에 도착할 무렵 金開南을 따라 순창을 거쳐 남원으로 내려간 뒤 순천으로 향하였다.[7]

김개남과 김인배가 각각 남원과 순천을 투쟁 근거지로 삼은 것은 동학농민군 지도자들 사이에 사전 협의에 따른 것으로 보인다. 실제 전주성 철수 이후 집강소가 운영되던 5월부터 8월까지 전봉준은 전주, 손화중은 광주, 김개남은 남원, 김인배는 순천을 근거지로 삼았고 9월 이후 대일항전을 전개하였다. 이는 전라도 전역을 4개 권역으로 분점한 뒤 전라도 전체를 동학농민군이 통제하는 전략이었다.

김개남이 남원을 근거지로 삼은 뒤 당시 25살 밖에 안 되는 김인배로 하여금 순천을 장악하도록 한 것은 순천이 영남과 통하는 길목이었기 때문이다. 김인배가 살던 금구 봉서마을(현 김제시 봉남면 화봉리)은 김개남이 살던 지금실마을과 산 하나를 두고 이웃한 데다 원평장을 같이 이용하는 하나의 생활권에 속해 있었기 때문에 친분이 두터웠을 것으로 보인다.[8]

순천에 도착한 김인배는 순천부를 장악한 뒤 영호대도소를 설치하였다. 이때가 1894년 6월이었다.[9] 영호대도소의 인적 기반은 두 계열

---

5) 吳知泳, 『東學史』(초고본), 報恩會集과 京城會集, 檄文. 오지영의 『東學史』(초고본, 再度擧義)에 9월 재봉기 때 박낙양이 5천군을 거느리고 순천에서 진을 쳤다고 기록된 것으로 보아, 그가 1893~1894년 순천지역 동학도의 최고 지도자였던 것으로 보인다. 그러나 다른 기록이 없어 구체적인 활동상은 알 수 없다.

6) 김인배에 관해서는 이이화·우윤, 앞의 책, 40~71쪽 참조.

7) 『兩湖電記』, 5월 21일 전보; 이이화·우윤, 위의 책, 135쪽 참조.

8) 이이화·우윤, 앞의 책, 48~49쪽.

9) 「巡撫先鋒陣謄錄」, 『東學亂記錄』 상, 680쪽.

영호대도소가 있었
던 순천부 관아터
(사진-동학농민혁
명기념재단)

로 추측할 수 있다.

　하나는 토착 동학을 기반으로 한 박낙양 계열과 외지에서 온 김인
배와 그를 따르던 동학농민군세력이었다. 박낙양과 김인배의 관계는
알 수 없으나, 두 사람의 관계는 동학 연원 또는 노선 차이가 있었던
것으로 보인다. 천도교 관련 문서에는 박낙양이 순천을 대표하는 인
물로 등장한다.[10] 그는 1893년 3월 보은집회, 동학농민혁명기 3월과 9
월 기포 모두 순천지역 동학도를 인솔하여 참여한 것으로 되어 있다.
반면에 김인배와 영호대도소에 관한 기록은 한 줄도 찾아볼 수 없다.
그것은 천도교 쪽에서 김인배와 영호대도소를 의도적으로 배제시켰
기 때문인데, 이는 천도교 쪽 자료가 거의 모두 전봉준 중심으로 서술
되어 있고 김개남 등은 의도적으로 기록에서 제외시킨 것과 맥락을
같이 하는 것으로 보인다.

　따라서 순천지역의 동학농민군의 인적 기반은 박낙영이 이끄는 동
학 계열과 김인배가 이끄는 동학농민군 계열로 나눌 수 있으며, 후자

10) 『東學史』, 『甲午東學亂』, 『天道敎書』 등.

의 경우 주로 김인배를 따라 들어온 외부세력과 영호대도소의 외연을
주변지역으로 확대하면서 조직화된 세력이다. 그렇지만 두 세력은 이
렇다 할 갈등과 대립은 없었다. 박낙영은 그와 관련된 활동 기록이 전
무한 것으로 보아, 영호대도소에 적극 참여하지 않았지만, 김인배의
활동에는 동조한 것으로 보인다.

이렇게 설치된 영호대도소는 1894년 6월부터 전남 동남부지역에서
활동한 동학농민군의 구심점 역할을 하였다. 순천의 통치권은 사실상
영호대도소의 수중에 놓여 있었다. 신임 순천부사 李秀弘이 8월에 부
임하였을 때 이미 김인배 등이 邑權을 장악하고 있었다.[11] 영호대도
소 소속 동학농민군은 좀 과장된 표현이긴 하나 10만여 명이나 되었
다는 기록이 있을 정도로 대단히 큰 규모였다.[12] 영향권 하에 있었던
지역도 순천과 광양을 중심으로 낙안·승주를 비롯해 멀리 영남의 하
동에까지 미치었다.[13]

2. 지리산 동부지역

지리산권 동남부지역에 속한 섬진강 동쪽 하동·진주·산청 등 서
부 경남지역은 1862년 이래로 변혁운동의 선구적인 역할을 하였다.[14]
그러므로 동학농민혁명기의 상황은 매우 중요하다.

진주를 비롯한 서부 경남지역 역시 개항 이후 가뭄과 수탈에 시달
렸지만, 1893년까지 이렇다 할 농민항쟁은 일어나지 않았다. 실제 개

11) 黃玹, 『梧下記聞』 3, 갑오 10월조, 21~22쪽.
12) 「순무선봉진등록」, 『동학란기록』 상, 680쪽.
13) 영호대도소의 조직과 활동에 관해서는 김양식, 앞의 책, 263~269쪽 참조.
14) 김준형, 앞의 논문, 75쪽.

항 이후부터 1893년까지 큰 규모의 농민항쟁만 전국에서 54건이 일어
났는데, 그 가운데 경상도에서 일어난 항쟁은 9건(16.7%)이고 그 가운
데 1892년 남해 외엔 모두 서부 경남지역 밖에서 발발하였다.[15]

그러나 1894년에 들어와서는 상황이 역전되었다. 전라도에서 고부
농민항쟁이 전개되던 1월 12일 함안을 시작으로 1월 16 · 17일 사천, 3
월 말경 김해에서 농민항쟁이 일어나는 등 서부 경남지역도 1894년
초에 크게 동요하였다.[16]

그러나 동학조직은 크게 움직인 것으로 보이지 않는다. 1893년 3월 보
은집회에 하동접 50여 명과 진주접 60여 명이 참여한 것으로 보아,[17]
1894년 이전 서부 경남지역도 동학조직이 확산된 것만은 사실이다.

서부 경남지역의 동학은 白樂道(白道弘)를 중심으로 확대되었다.
백낙도는 해월 최시형의 명을 받아[18] 진주에서 孫雄狗 · 高萬俊 · 林正
龍 · 林末龍 등을 비롯한 수천 명에게 동학을 전파하였는데, 보은집회
이후 진주 덕산을 거점으로 활동하였다. 그밖에도 지리산 기슭의 三
壯 · 矢川 · 沙月 · 靑巖面 등지도 동학도들이 주로 활동하였다고 한다.
그래서 정부는 1894년 3, 4월 호남 외에 지례 및 진주 덕산 등지에 모
여 있는 불온세력을 엄단하도록 하였다. 그에 따라 진주 영장 朴熙房
은 4월 중순 3백 명을 인솔하여 덕산 근거지를 급습, 백낙도를 비롯한
5, 6명을 잡아 죽이고 근거지를 모두 불태웠다.[19] 나머지 동학도들은
진주성내에서 일시 농성을 하기도 하지만 곧 진정되었다.

이렇게 덕산을 근거지로 한 진주지역 동학세력이 타격을 입은 뒤

15) 김양식, 앞의 책, 22쪽 〈표-1〉 참조.
16) 김준형, 앞의 논문, 75쪽.
17) 「聚語」, 『동학란기록』 상, 宣撫使再次狀啓.
18) 『天道敎書』, 제2편 해월신사.
19) 『栢谷誌』, 當宇 甲午.

서부 경남지역은 다소 안정을 회복한 듯하였다.[20] 그 때문에 6, 7월 영호대도소는 섬진강을 건너 하동으로 끊임없이 진출하고자 하였으나, 화개 부호들이 조직한 민보군과 관군에게 번번이 제지되었다. 그 결과 8월까지 영호대도소의 영향력은 섬진강을 넘지 못하였다.[21]

전라도에서 동학농민군의 전라좌우대도소가 치안권을 장악한 뒤 집강소를 운영하는 등 일정한 폐정개혁 활동이 이루어질 무렵, 이웃한 서부 경남지역이 상대적으로 기존 질서와 체제를 유지할 수 있었던 것은 두 가지 힘이 작동하고 있었기 때문이다. 하나는 전체적으로 행정권력이 제도적 힘을 행사하고 있었던 데다가, 또 하나는 양반지배층이 아직 기존의 향촌사회질서와 규율을 장악하고 있었기 때문이다.

그렇지만 서부 경남지역 역시 시간이 흐를수록 곳곳에서 군현단위로 농민항쟁이 일어나고 동학도들이 개별적으로 활동하는 등 사회 분위기는 점점 저항의 물결에 휘말리는 상황이었다.[22] 그리하여 9월에 들어와 기존의 체제질서는 급격히 무너졌다.

Ⅲ. 1894년 9월 이후 동학농민혁명의 전개

1. 영호대도소의 출정

8월 25일경에 개최된 남원 동학농민군대회는 사실상 7, 8월 유지되던 집강소체제의 붕괴일 뿐 아니라 더 이상 전봉준의 지도노선이 다

---

[20] 김준형, 위의 논문, 81~82쪽 참조.
[21] 김양식, 위의 책, 266~267쪽 참조.
[22] 김준형, 앞의 논문, 83~89쪽 참조.

른 동학농민군 지도자들에게 받아들여지지 않았음을 의미한다. 그것
은 곧 정부와 맺은 관민상화의 약속을 깨고 일본과 친일정부를 상대
로 한 무력투쟁의 출발을 의미한다.

이에 따라 남원의 김개남 영향권 하에 있었던 순천의 영호대도소는
9월 1일 하동을 공격하였다. 이는 곧 본격적인 첫 대일항전이 시작된
것이다. 영호대도소 동학농민군부대는 총대장 김인배와 부대장 유하
덕이 직접 말을 타고 인솔하였다. 그 규모는 수천 내지 수만 명에 달
하였다. 총검으로 무장한 이들은 흰색 또는 누런 수건을 머리에 동여
매고 輔國安民이라 쓴 붉은 큰 깃발을 앞세우고 나팔을 불며 섬진강
에 당도하였다.[23)]

그러나 섬진강에 당도한 영호대도소 동학농민군은 하동의 엄한 방
비를 두려워하여 渡江을 주저하였다. 그러자 김인배는 동학농민군대
장으로서 동학농민군의 사기를 올릴 필요성이 있었다. 김인배는 부적
을 붙인 수탉을 1백 보 밖에 놓고 포졸로 하여금 맞추게 한 뒤, "닭은
맞지 않는다. 여러 接長들은 내 부적을 믿으시오"라고 하였다. 실제 3
발 모두 맞지 않았다. 그 결과 동학농민군은 힘을 얻어 부적을 몸에
붙이고, 한 부대는 蟾津에서 하동부 북쪽으로, 한 부대는 望德에서 하
동부의 남쪽으로 섬진강을 건너 하동 민포군과 대치하였다.

다음날 새벽 사기가 오른 동학농민군은 일제히 총공격을 개시하여
하동부를 손쉽게 점령하였다. 관아를 점령한 동학농민군은 도소를 설
치한 뒤 동학농민군에 비협조적이었던 민가 수십 호를 소각하고 아전을
처형하였다. 이 과정에서 성이 모두 타버렸다.[24)] 그리고 일부 부대를

---

23) 영호대도소의 하동 점령과정은 황현, 『오하기문』2, 갑오 9월조 100~102쪽; 『駐韓
日本公使館記錄』2, 72쪽에서 정리하였다.
24) 『羅巖隨錄』, 甲午十月.

광양과 하동을 잇는 섬진나루. 김인배가 이끄는 동학농민군은 이곳을 건너
하동을 공격하였다(사진-동학농민혁명기념재단)

그동안 민포군을 조직하고 동학농민군의 요구를 거부한 화개로 보내
초토화하였다.

2. 진주지역 동학농민군과의 연합과 대일항전

하동지역을 장악한 영호대도소 동학농민군의 일부는 순천·광양으
로 다시 되돌아갔고 일부는 인근지역으로 흩어졌다. 그리고 김인배가
이끄는 주력부대는 5, 6일 동안 하동에 머문 뒤 진주방면으로 계속 진
격하였다. 9월 15일 곤양을 점령한 김인배부대는 이 지역에서 봉기한
동학농민군과 진주와의 경계인 완사역 등지에서 합류해 진주로 향하
였다. 이때는 이미 진주·사천·남해·고성 등지의 농민들도 영호대
도소의 출병에 호응하여 봉기하였다.[25] 특히 진주의 경우는 9월 1일

---

25) 『古文書』 2, 서울대학교 도서관, 1987, 404~407쪽.

부터 농민들과 동학도들이 조직적으로 봉기하여, 8일에는 73개 面民의 대집회를 읍내 장터에서 가진 뒤 忠慶大都所를 설치하고 폐정개혁과 일본 및 친일개화파정권의 축출을 선언하기에 이르렀다.[26]

이러한 상황에서 9월 17일 영호대도소 선봉부대 수천 명이 하동으로부터 진주를 점령해 들어왔고, 18일에는 영호대접주 김인배가 이끄는 동학농민군 천여 명이 입성하였다. 진주병사 민준호는 매우 겁이 나서 소와 술로 영접하고 진주성문을 열어 동학농민군을 맞이하였다.[27] 이들은 좁은 황색의 포로 만든 띠를 머리에 두르거나 어깨부터 등까지 걸치고 가슴엔 부적을 매달았으며, 무기는 화승총을 소지하고 일부는 창과 칼로 무장하였다.[28]

9월 17~18일 수천 명에 달하는 동학농민군이 진주성에 들어온 상황은 장관이었다. 이들은 각 부대별로 19일부터 24일 사이에 진주 성내를 모두 빠져나왔다. 이 과정에서 영호대도소 동학농민군과 현지에서 봉기한 동학농민군들은 公穀을 탈취하고 죄수를 석방하며 무기를 탈취하고 관장을 脅制하는 등 지방권력을 완전히 장악하였고, 그 기세도 대단하였다.[29] 이들의 일부는 각지로 흩어져 지역활동(악덕관리와 토호 징치나 군수품 확보 등)에 들어가고[30] 주력부대는 창원·김해·남해 등지로 향할 계획이었다.[31] 김인배가 이끄는 동학농민군 주력부대가 김해방면으로 진격방향을 잡은 것은 개항 이후 많은 일본인들이 거주하고 일본 영

26) 김준형, 앞의 논문, 90~91쪽 참조.
27) 韓若愚, 『柏谷誌』, 兵荒三之四.
28) 『大阪朝日新聞』.
29) 위의 책, 407쪽.
30) 김준형, 위의 논문, 94~95쪽.
31) 『韓國東學黨蜂起一件(拔萃)』, 機密第75號 別紙 甲號; 『주한일본공사관기록』 2, 72
　　쪽; 『大阪每日新聞』 1894.10.27.

사관과 병참부가 있는 부산을 공격 목표지점으로 삼은 것으로 보인다.[32]

　이러한 영호대도소 연합 동학농민군의 움직임이 있자 일본은 대단한 위협으로 받아들였다. 그러자 부산에 있던 일본 영사관과 병참부는 신속히 대응태세를 갖추었다. 일본은 진주지역 동학농민군 토벌차 9월 5일 이전에 이미 부산에 있던 일본군 1개 중대를 파견한 상태였고,[33] 9월 14일에는 동학농민군의 하동 점령 소식을 접한 부산 영사관에서 헌병순사를 파견하여 정찰하였다.[34] 9월 25에는 부산에서 일본군 3개 소대가 증파되었다.[35] 정부 역시 9월 25일 大邱判官 池錫永을 討捕使로 임명, 관군을 이끌고 진주·하동으로 가서 일본군과 협력해 동학농민군을 진압하도록 하였다.

　이러한 일본의 대응은 필연적으로 동학농민군과의 군사적 충돌을 야기하였다. 동학농민군은 9월 29일부터 10월 22일까지 하동·진주 일대에서 일본군 및 관군과 수차에 걸친 치열한 전투를 벌였다.

　9월 25일 부산에서 배편으로 창원 마산포에 내린 일본군 1개 소대는 29일 하동에 도착하였다. 아마도 진주 일대에 있던 영호대도소 동학농민군의 후방을 공격하여 중간을 차단하려는 전략으로 보인다. 하동에 남아 있던 동학농민군은 하동 광평동에서 일본군과 전투를 벌였으나, 전력에 밀려 섬진강을 건너 광양으로 후퇴하였다.

　10월 10일 하동 접주 여장협이 이끄는 동학농민군 400여 명은 곤양 금오산 정상 시루봉에 진을 치고 있었다. 일본군은 10월 10일 새벽 두 부대로 나누어 공격하였다. 이 과정에서 동학농민군 70여 명이 전사하였다.

---

32) 『大阪每日新聞』 1894.10.28.
33) 『주한일본공사관기록』 3, 279쪽.
34) 위의 책 3, 352쪽.
35) 위의 책 1, 135쪽.

고성산 동학혁명군위령탑(사진–동학농민혁명기념재단)

　　10월 14일 진주 18개 包에서 모여든 십만여 명은 백곡평에서 3일 동
안 머문 뒤 수곡촌 고승당산성(현 하동군 옥종면 고성산성)에서 일본
군과 접전, 500~600명이 전사하였다.[36] 그 무렵 영호대접주 김인배 역
시 진주 근처 합천군 삼가에서 패한 뒤 순천으로 퇴각하였다.[37]

　　10월 19일에서 22일경에는 진주에서 후퇴한 동학농민군과 스즈키
(鈴木) 대위가 이끄는 140명의 일본군 및 토포사 지석영이 이끄는 104
명의 포군 사이에, 섬진강 주변의 하동과 광양 섬거역 일대에서 치열
한 산발적인 전투가 벌어졌다.[38] 이때 김인배가 이끄는 동학농민군부

---

36) 韓若愚, 『柏谷誌』, 兵荒三之四; 『大阪每日新聞』 1894.12.5. 참조.
37) 황현, 『오하기문』 3, 갑오 10월조, 19쪽.
38) 이 때의 전투상황은 『고문서』 2, 416~419쪽에 상세하며, 그 밖에 『大阪每日新聞』
　　1894.11.26., 29. 참조.

대도 참여하였다.

순천에서 전열을 가다듬은 김인배는 하동·광양에 남아 있던 동학 농민군의 요청에 따라 광양으로 재차 출전, 광양 成阜驛에 진을 친 뒤 섬진과 망덕 두 방향으로 동학농민군을 나누어 진격시켰다. 그러자 지석영이 이끄는 포군과 일본군은 세 방향으로 섬진강을 건너 동학농 민군을 포위공격하였다. 이 전투에서 동학농민군은 크게 패하여 광양 쪽으로 퇴각하였다. 영호대접주 김인배도 야밤에 광양으로 후퇴, 흩 어진 동학농민군을 불러모아 유하덕과 함께 순천으로 되돌아왔다.[39]

오지영의 『동학사』에 의하면, 이때 섬진강에 빠져죽은 동학농민군 수가 3천 명에 이르렀다고 한다. 당시 동학농민군 피해가 어느 정도 였는지 짐작할 수 있다. 이 전투를 끝으로 영호대도소 동학농민군은 순천으로 퇴각하고, 스즈키 대위가 이끄는 일본군과 지석영이 이끄는 관군은 10월 24일 하동을 떠나 진주로 철수하였다. 이로써 섬진강을 사이에 둔 양쪽의 대치국면은 소강상태에 들어가게 되었다.

3. 영호대도소의 붕괴

여수 좌수영은 김철규 좌수사가 부임한 이래 영호대도소의 위협이 되었다. 그래서 김인배가 영남으로 출정한 이후 후방의 안전을 위해 잔여 동학농민군이 좌수영을 공격하였지만 실패하였다.[40]

이런 상황에서 영남으로의 진출에 실패하고 순천으로 퇴각한 영호 대접주 김인배는 11월에 여러 차례 좌수영을 공격하였지만, 일본 쓰 꾸바군함의 지원을 받은 좌수영군을 제압할 수 없었다.

---

39) 황현, 『오하기문』 3, 갑오 10월조, 19~20쪽.
40) 김양식, 앞의 책, 279~280쪽 참조.

12월에 들어와 전세는 역전되었다. 좌수영 공격에서 패하고 순천·광양으로 후퇴한 동학농민군은 위기를 맞고 있었다. 김인배가 이끄는 동학농민군 주력부대는 좌수영 점령에 실패하고 광양으로 후퇴하였다. 하동에는 관군이 진을 치고 있어 섬진강을 건널 수도 없었다. 섬진강을 경계로 두 진영이 대치하였다.[41]

이런 상황에서 12월 5일 부산을 출항한 쓰쿠바군함은 다음날 여수 좌수영 앞바다에 도착하였다. 그 무렵 일본군 大軍이 공격해 온다는 소문이 퍼지면서 일반인은 물론 동학농민군 내부도 크게 동요하였다. 일부 동학농민군은 이탈하고 일부는 일본군이 오기 전에 귀순하려는 움직임도 나타났다.[42]

그리하여 12월 6일 새벽 4시 한때 동학농민군편에 가담했던 순천 성내의 아전들과 일부 주민들은 영호대도소 본부를 기습해 무수한 동학농민군을 체포·처형하였다. 주동인물은 아전인 成庸熙·李榮柱, 교졸인 李宗甲·金彦燦, 出身인 千士成·尹成涉 등이었다.[43]

게다가 순천에 온 좌수영 군대는 보복이나 하듯 동학농민군을 닥치는 대로 죽였다. 12월 8일 領官 李周會는 500여 명을 인솔하여 순천으로 오는 도중 9일 오전 砂項里 山上에서 동학농민군과 교전하여 41명을 죽였고,[44] 11일 순천에 와서는 동학농민군과 내통한 혐의가 조금만 있어도 체포·연행하여 처형하였다.

영호대도소 도집강 정우형은 6일 총살되었고, 성찰 권병택, 서면 접주 김영구, 별량면 접주 金永友, 월등면 접주 南正日 등은 좌수영군에 의해

---

41) 『召募日記』, 갑오 12월.
42) 『大阪朝日新聞』 1895.1.15.
43) 「巡撫先鋒陣謄錄」, 『동학란기록』 상, 을미 정월 13일조, 681쪽.
44) 『주한일본공사관기록』 6, 14쪽.

김인배의 목이 걸린 광양객사 터(사진–동학농민혁명기념재단)

12일 총살되거나 효수되었다. 이름을 알 수 없는 94명은 맞아 죽었다.[45]

　이와 같이 순천의 영호대도소 기반이 붕괴될 무렵 김인배가 이끄는 동학농민군 주력부대는 광양에 있었다. 점점 전세는 광양에 집결해 있는 동학농민군에 불리해지기 시작했다. 그러자 동학농민군에서 이탈하는 자가 속출하였고, 급기야는 12월 7일 순천의 경우처럼 아전들과 일부 주민들이 동학농민군 본진을 습격하였다. 그 주동인물은 전에 군수를 역임했던 金碩夏(후에 정부로부터 포상을 받음)였다.[46]

　이와 같이 12월 7일 일부 광양 주민들의 배신행위로 광양읍에 있던 동학농민군 주력부대는 돌이킬 수 없는 타격을 입었다. 이날 영호대도소

---

[45] 「甲午十二月 日 順天府捕捉東徒姓名成冊」, 『잡책철』.
[46] 『주한일본공사관기록』 6, 5쪽; 「순무선봉진등록」, 『동학란기록』 상, 을미 정월 3일조, 656쪽.

대접주이자 전라경상도 都統領 김인배는 효수되어 객사(현재 광양군수
관사)에 목이 걸리었고 봉강 접주 박홍서 외 20명은 총살되었다. 다음날
8일에는 영호대도소 수접주이자 전라경상도 副統領 유하덕이 효수되고
인덕 접주 성석하 외 8명은 총살되었다. 그리고 10일에는 5명이, 11일에
는 47명이 연이어 총살되었다.[47] 이 사실을 전해들은 쓰쿠바군함은 9일
급히 여수 앞바다에서 광양으로 회항, 1개 분대를 파견하였다.

  그러자 한때 동학농민군에 가담하였던 일부 관리와 주민들은 농악
대를 보내 일본군을 환영하며 성안으로 인도한 뒤 김인배와 유하덕의
수급과 30여 명의 동학농민군 시체를 일본군 앞으로 가져와 귀순의
뜻을 보였다. 또한 민보군 1,600명을 모집하여 하동과 인접한 월하포
로 보내 흩어진 동학농민군을 추격하도록 하였다.[48] 이로써 영호대도
소의 조직과 휘하 동학농민군은 사실상 붕괴되었다.

  한편 순천을 초토화한 좌수영군 1백여 명은 中軍 申椀과 中哨營將
郭景煥의 인솔하에 南海島를 거쳐 9일 하동 橋場터에 이르러 부산에
서 온 스즈키 대위가 이끄는 일본군 1개 중대와 합세하였다.[49] 이 일
본군 스즈키 대위는 한반도 남부지역 동학농민군을 토벌하는 데 중심
적인 역할을 하던 인물이었다. 이들 부대는 10일 하동에서 광양으로
건너와 多鴨面과 月浦面에 있던 동학농민군 잔여부대를 공격하였다.
일본 쓰꾸바군함도 10일 광양 下浦로 분견대를 파견해 동학농민군 정
찰과 수색 임무를 담당하였다.[50] 일본군은 조직적으로 광양지역 동학
농민군을 토벌하는 데 앞장을 섰다.

[47] 「甲午十二月 日 光陽縣捕捉東徒姓名成册」, 『잡책철』.
[48] 『大阪每日新聞』 1895.1.8.;『大阪朝日新聞』 1895.1.5.;『二六新報』 1895.1.15.
[49] 『주한일본공사관기록』 6, 14쪽.
[50] 위의 책 6, 5~6쪽.

또한 하동 민보군도 10일 광양지역으로 건너왔다. 이들은 玉龍에서 동학농민군 31명을 체포해 좌수영군에 넘겨주었을 뿐만 아니라 보복이나 하듯 동학농민군을 닥치는 대로 살륙하였고 민가에도 무차별적으로 방화하여 소각된 집이 천여호에 이를 정도였다. 더욱이 동학농민군이 백운산으로 숨자 하동 민보군들은 불을 질러 동학농민군을 소탕하였다.[51]

12월 10일 다압면과 월포면에서 동학농민군을 크게 격퇴시킨 일본군과 좌수영군은 오후 4시 섬거역에 집결해 있던 동학농민군을 공격하였다. 섬거역은 동학농민혁명 당시 대장이 살던 곳이었고 모든 마을 사람들이 그를 따르던 곳이었다.[52] 이곳에서의 전투가 광양지역 마지막 전투였다. 이날 체포돼 효수 내지 총살된 자는 도접주 김갑이와 도집강 정홍섭을 비롯 27명이었다.[53]

섬거역에 있던 동학농민군을 철저히 진압한 일본군과 좌수영병은 12월 11일 광양읍내로 들어와 잔여 동학농민군을 수색해 90여 명을 또 총살하였다. 이로써 광양에 있던 동학농민군은 일망타진되었고, 효수되거나 총살 내지 타살된 자는 자료에 나타난 자만 해도 최소한 240여 명에서 천여 명에 이르렀다.[54] 이밖에도 천여 호의 민가가 불타고 무고한 많은 일반인도 죽었다.[55]

이렇게 광양을 초토화한 일본군과 좌수영병은 12월 12일 순천으로 들어와 동학농민군을 수색하였으나, 이미 순천 민보군과 영관 이주회가 이끄는 좌수영병이 많은 동학농민군을 색출·처형해 400여 구의 시체가 성안에 버려져 있었으며 나머지 생존 동학농민군들은 장흥이

---

51) 위의 책 6, 15~16쪽.
52) 위와 같음.
53) 「甲午十二月初十日 光陽蟾溪驛捕捉東徒姓名成冊」, 『잡책철』.
54) 이상 12월 7일 이후 광양 상황은 『주한일본공사관기록』 6, 5~6, 14~16쪽 참조.
55) 황현, 『오하기문』 3, 갑오 12월조, 51쪽 참조.

나 흥양지방으로 퇴각한 상태였다.[56] 그 뒤 이주회가 인솔한 50여 명
의 좌수영병과 스즈키 대위가 이끄는 일본군은 12월 14일 이후 낙
안·보성으로 향하였고,[57] 동학농민군은 전라도 남단 장흥·강진지역
으로 내몰려 포위되고 있었다. 이것은 일본군의 포위전략이기도 하였다.

Ⅳ. 동학농민군의 조직과 참여층

1. 영호대도소의 조직과 참여층

　1894년 6월부터 12월까지 순천·광양을 지역기반으로 활동한 영호
대도소는 외부세력과 재지세력의 연합이지만, 기본적으로 순천·광양
지역 동학 접주를 인적 기반으로 운영되었다.

　〈표 1〉에서 영호대도소 대접주와 수접주는 김인배와 유하덕이 담
당하였다. 이들은 진주지역 출정 때에도 '전라경상도 도통령과 부통
령'을 각각 맡아 동학농민군을 지휘하였다. 이는 외부세력과 재지세력
의 절묘한 연대를 의미하는 것으로, 어느 자료에서도 두 세력 사이에
갈등·대립이 있었다는 기록을 찾아볼 수 없다. 이는 김인배가 외지
출신이고 나이도 25살밖에 되지 않았지만, 탁월한 지도력을 발휘하고
신망이 두터웠기 때문에 가능하였다.

　특히 영호대도소의 인적 기반은 〈표 1〉에서 볼 수 있는 것처럼 순
천·광양 동학 접주들이었다. 그럼에도 불구하고 김인배는 영호대도
소를 조직적으로 운영하였을 뿐 아니라 동학농민군을 대대적으로 동

---

56) 『주한일본공사관기록』 6, 50쪽; 『二六新報』 1895.1.25.
57) 『주한일본공사관기록』 6, 14~15쪽; 『二六新報』, 1895.2.10.

〈표 1〉영호대도소 조직구성

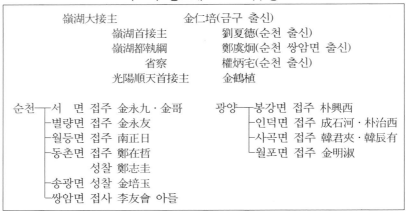

嶺湖大接主	金仁培(금구 출신)
嶺湖首接主	劉夏德(순천 출신)
嶺湖都執綱	鄭虞炯(순천 쌍암면 출신)
省察	權炳宅(순천 출신)
光陽順天首接主	金鶴植

순천
—서 면 접주 金永九·金哥
—별량면 접주 金永友
—월등면 접주 南正日
—동촌면 접주 鄭在哲
　성찰 鄭志圭
—송광면 성찰 金培玉
—쌍암면 접사 李友會 아들

광양
—봉강면 접주 朴興西
—인덕면 접주 成石河·朴治西
—사곡면 접주 韓君夾·韓辰有
—월포면 접주 金明淑

*자료: 「甲午十二月 日 光陽縣捕捉東徒姓名成册·順天府捕捉東徒姓名成册·光陽蟾溪驛捕捉
東徒姓名成册」, 『雜冊綴』.

원하여 대일항전에 임할 수 있었다.

더욱이 김인배는 9월 1일 이후 서부 경남지역으로 출정하면서 휘하 동학농민군이 10만여 명에 이르렀다 할 정도로 부대규모를 확대하였는데, 이 과정에서 동학농민군을 군사조직으로 개편하고 순천·광양 외의 지역에서 합류한 동학농민군을 참여시켰다. 실제 김인배가 지휘한 동학농민군부대는 도통장·중군장·우선봉장·후군장 등의 명칭이 있는 것으로 보아 전통적인 군사조직으로 편제되어 있었다. 아울러 하동포·단성포·남원포 등의 단위부대가 있는 것으로 보아, 동학농민군의 조직적 토대인 동학의 包接制가 그것을 뒷받침하면서 이원적으로 구성되었다.

그리고 김인배가 지휘한 동학농민군부대는 통일적인 단일조직체가 아니라 인적·지역적 연합체였다. 그것은 각각의 포가 개별 부대로 움직이면서 때로는 독자적으로, 때로는 실질적인 총대장인 영호대접주 김인배의 지휘를 따르고 있는 데서 알 수 있다. 이러한 조직적 특성은 광범한 지역의 동학농민들이 봉기해 참여할 수 있었고 급속히 지역적·조직적 팽창을 꾀한 측면도 있으나, 실제 전투과정에서는 개별 분산화되어 전력의 한계를 노출할 수밖에 없었다.

동학농민군으로 참여한 층은 다양한 부류가 참여한 것으로 보인다. 특히 영호대도소가 통치권을 장악한 무렵에는 관리와 양반지주·부호부터 하천민에 이르기까지 대다수의 지역민이 참여하였다. 예를 들어 순천 주암면 용촌에 살던 조귀성은 부자였는데, 동학농민혁명 당시 접주로 크게 활동하였다. 순천 송광면 낙수동에 사는 이사계 역시 부호로서 접주로 활동하였다.[58] 부호들의 참여가 확인된다.

부호층의 참여 외에 동학농민군 가운데는 부자나 형제 등 가족이 함께 참여하는 경우가 많았다. 예를 들어 河聖基는 형제들과 함께 1894년 9월 8일 경남 진주 광탄진대회와 하동 고승당산전투에 참전한 뒤 사천으로 피신하였다. 陸相奎는 아들 육병명과 함께 동학농민군으로 참여하여 1894년 10월 하동 고승당산전투에서 사망하였다. 申寬梧는 동생 신관준과 함께 1894년 10월 고승당산전투에 참여하여 다리에 관통상을 입고 피신하였고, 梁台煥은 하동 출신으로 동생 양기환과 함께 고승당산전투에 참여한 뒤 체포되었다가 고문을 당한 후 풀려났으나 돌아오는 길에 사망하였고 동생 양기환은 후유증으로 1906년에 사망하였다. 尹相善은 큰 형인 윤상준과 함께 의논을 한 후 친지 집에 다녀온다는 말을 남기고 집을 떠나 하동 옥종면 북방 고승당산전투에 참여한 일이 있었다. 특히 趙升鉉은 영호대접주 김인배가 매형이었는데, 김인배와 함께 고부봉기부터 참여하였고 전주입성 후 순천, 하동,

---

58) 『廉記』.

진주 등 영호남을 아우르며 활약하였다.

동학농민군 가운데는 처음부터 영호대도소 소속이 아니라 주요 전투를 옮겨다닌 경우도 많았다. 예를 들어 鄭完石은 김개남의 明査員으로 활동하다가 전라도 순천에서 관군에게 체포된 뒤 1894년 12월 전라도 장흥에서 처형되어 머리가 장흥 시장가에 묻히었다고 한다. 李守喜는 동학농민혁명에 참여하여 김개남과 함께 충청도 청주를 공격하였다가 김인배와 함께 순천 좌수영을 공격한 뒤 1894년 12월 25일 전라도 낙안에서 체포되어 처형되었다. 이수희의 사례에서 알 수 있듯이 김개남과 김인배는 긴밀한 관계에 있었음을 알 수 있다.

그밖에 梁河一은 동학농민군 지도자로서 전라도 금구, 남원 동학농민군과 합세하여 전라도 순천, 낙안에서 활동하다가 1894년 12월 순천에서 민보군에게 체포되어 처형되었다. 朴玄同은 省察로서 광주에서 동학농민혁명에 참여하였다가 1894년 12월 순천에서 체포되어 타살되기도 하였다. 金商奎는 三南都省察로서 익산에서 동학농민혁명에 참여하였다가 1894년 11월 12일 진주에서 관군에게 체포되어 다음날 처형되었다. 劉壽德(異名 : 水德)은 접주로서 광양에서 동학농민혁명에 참여하여 전주를 점령한 뒤 충청도 홍성전투에서 패한 후 체포되었다. 柳泰洪은 동생 류시도와 함께 남원성 점령에 참여하였으며, 11월 동학농민군을 이끌고 순천지역에서 활동하였다고 한다.

이들 사례에서 알 수 있듯이 당시 동학농민군의 활동범위는 매우 광범위하였던 것으로 보인다. 이는 동학농민혁명의 전국성을 보여주는 것 외에 전투력 상승의 한 요인으로 작용하였다. 또한 동학농민군 도소의 횡적·종적 관계의 긴밀성을 보여주는 사례이기도 하다.

이와 같이 지리산권 남동부지역에서 동학농민혁명이 전이되는 과정에서, 동학농민군이 끊임없이 지역 내 또는 지역 밖에서 충원되는 특징을 찾아볼 수 있다. 이는 동학농민군 조직과 참여층의 다양성과 역동성을 잘 보여주고 있다. 즉, 동학농민군이 특정 지역과 조직에 고정된 것이 아니라 상호 유동성이 높았다는 증거이다.

2. 서부 경남지역 동학농민군의 조직과 참여층

서부 경남지역의 동학 근거지였던 덕산이 1894년 4월 초토화된 이후 진주지역 동학도인들은 사태를 관망하다 영호대도소의 하동 공격에 발맞춰 본격적으로 움직이기 시작하였다. 그들은 9월 1일 진주에 방을 붙여, 8일 각 리(면)마다 13명씩 3일의 식량을 가지고 평거 광탄진으로 일제히 모일 것이며, 불참 시 의당 조치하겠다고 하였다. 실제 그 결과 9월 8일 진주 73개 면의 주민들이 각 면마다 100명씩 죽창을 들고 읍내 장터로 모여들었다. 이곳에서 집회를 가진 뒤 충경대도소를 설치하였다.[59]

충경대도소는 다시 각 리마다 '再次私通'을 보내, 각 里洞의 里任·洞掌들은 자기 지역의 민폐를 교정할 것과 큰 마을 50명, 중간 마을 30명, 작은 마을 20명씩 9월 11일 오전 부흥 대우치로 모일 것, 불응하는 리임과 동장 집은 탕진할 것이라고 통고하였다. 또한 '慶右의 各邑 邑村에 사는 大小民들에게'라는 동학도 방을 붙여, 왜적의 침입을 징벌하고자 진주에서 대회를 가졌다는 것과, 동학도에 호의적인 지금의 병사 대신 왜와의 조약에 따라 새로운 병사가 부임할 것이니 이를 막을 것, 그리고 사사로이 토색하는 자는 대도소로 신고할 것을 널리 알렸다.[60]

---

59) 김준형, 앞의 논문, 90~91쪽.
60) 김준형, 위의 논문, 91쪽.

　이렇게 동학도인들은 진주 인민을 동원하여 충경대도소를 설치한 뒤, 9월 14일 진주성을 점령하고 뒤이어 영호대도소 소속 동학농민군이 9월 17일 진주성내로 입성하였다.

　이와 같은 진주지역 동학농민군 동원방식은 철저히 농민항쟁의 방식을 따른 것으로, 통문을 동원수단으로 활용한 점, 면리조직을 이용한 점, 리임과 동장에게 동원의 책임을 물은 점 등은 군현 단위의 농민봉기에서 흔히 볼 수 있는 양상이다.[61) 이는 동학 포접조직이 미약한 상황에서 기존의 면리조직을 동원수단으로 삼은 것이다. 이것이 가능하였던 것은 영호대도소의 서부 경남지역 출정으로 급격히 동학농민군에게 유리한 방향으로 힘의 불균형이 초래되면서 면리조직이 동원 가능하였기 때문이다.

　그런데 충경대도소는 면리조직을 통해 동원한 농민들을 동학농민군으로 편제하면서 동학의 포접조직을 활용하였다. 왜냐하면 10월 14일 고승당산전투에 참여한 동학농민군이 모두 18개 包 십만여 명이었다는 기록으로 보아,[62) 고승당산전투에 참여한 동학농민군은 포단위로 조직이 일시에 재편된 것으로 볼 수 있다.

　그 때문에 고승당산전투에 참여한 동학농민군의 조직 강도와 역량은 허약할 수밖에 없었고, 그 결과는 5, 6백 명의 죽음으로 끝날 수밖에 없었다. 고승당산전투 이후 진주지역 동학농민군은 급속히 해산하여 귀가한 것이 그것을 증명한다.

　한편 서부 경남지역 동학농민군은 주로 평민, 천민, 노비, 관속의 下輩, 몰락양반 등이었을 것이다.[63) 그리고 순천 · 광양지역에 비해

---

61) 김양식, 앞의 책, 44~48쪽 참조.
62) 韓若愚, 『柏谷誌』, 兵荒三之四; 『大阪每日新聞』 1894.12.5. 참조.
63) 『駐韓日本公使館記錄』 1, 170~171쪽.

양반지주와 부호들의 참여는 미약하였을 것으로 보인다.

3. 동학농민혁명 이후 참여 동학농민군의 동향

1894년 12월 지리산권 동남부지역은 피로 얼룩진 겨울을 보낼 수밖에 없었다. 진주 고승당산전투에서 500명, 순천에서 최소 90명, 광양에서 최소 210명의 동학농민군이 일시에 죽음을 맞이하였다. 그 결과 1894년 10월부터 12월 사이 진주·하동·광양·순천 등지서 죽은 동학농민군이 적어도 3,000~4,000명에 이르렀다.[64]

다행히 살아남은 동학농민군은 정든 고향을 등진 채 다른 곳으로 피신하거나, 아니면 고향에서 역적으로 몰려 억압과 불편한 삶을 영위할 수밖에 없었다. 이것이 일반적인 상황이었을 것이다.

그런데 자료가 남아 있는 순천지역을 살펴보면, 일부 동학농민군이 동학농민혁명 이후 어떠한 모습을 보였는지 엿볼 수 있다.

예를 들어 순천 주암면 용촌에 살던 조귀성 부자는 동학농민혁명 당시 접주로 크게 활동하였다. 이들 부자는 살아남아 고향에 살면서 기회를 엿보던 중 1900년 봄에 동지들에게 통문을 보내 여러 차례 봉기하려 하였다. 이와 같은 사례로 보아 동학농민혁명은 비록 1894년에 끝났지만, 그 여진은 그 이후에도 지속되었음을 알 수 있다.

더욱이 순천지역은 영호대도소에 거의 모든 주민이 가담하였기 때문에 비록 1894년 12월 수많은 사람들이 처형되었을지라도, 가담자에 대한 징계가 미온적일 수밖에 없었다. 이는 동학농민혁명 이후에도 사회 불안 요인으로 작용하였다.

---

[64] 이이화·우윤, 앞의 책, 203쪽.

예를 들어 순천 남문 밖에 살던 서백원은 접주를 핑계 삼아 재물을 많이 토색질하였으나, 동학농민혁명 이후에도 살아남아 원성을 사고 있었다. 또 순천 송광면 낙수동에 사는 이사계 부자는 본래 부자이나, 동학농민혁명 당시 접주로 활동하면서 재산을 모아 더욱 부유해졌다. 이 때문에 그와 같은 사실을 알고 있는 주민들로부터 원성을 샀다. 순천 별량면에 살던 심능관 역시 동학농민혁명 당시 '거괴(巨魁)'로 큰 부자가 되었으나, 동학농민혁명 이후 불법으로 사채를 받아내는 등 주민들과 마찰을 빚었다. 여수 화양면 봉오동에 사는 심송학은 동학 농민혁명 당시 도집강으로서 수천 명을 모아 고진·방진·봉화 3곳의 군기를 탈취하고 하동 공격 때 민간의 돈과 곡식을 무수히 탈취하였으나, 동학농민혁명 이후에도 살아남아 다른 주민들과 갈등을 초래하였다. 또 순천 서면 歇池에 사는 박주학 역시 동학농민혁명 당시 '거괴'로 활동하면서 수천 금을 모았으나, 원 주인에게 되돌려주지 않았다. 또 구례에 살던 강기형은 그의 사촌에게 경제적으로 손해를 보자, 그의 사촌이 동학에 가담하였던 사실을 핑계 삼아 죄를 날조하여 사촌에게 복수하였다.[65]

이와 같이 동학농민혁명을 거치면서 순천지역의 사회 갈등은 더욱 심화되었다. 1894년 6월부터 12월 지리산 남부권은 순천에 본부를 둔 영호대도소가 사실상 권력을 장악한 해방구나 다름없었다. 그 때문에 영호대도소에는 순수한 동학농민군도 있었지만, 목숨을 건지고자 동학농민군에 가담하거나 묵시적으로 동조하였던 관리 및 지역 부호와 토호들도 있었다. 이는 지역의 힘이 영호대도소로 쏠리면서 나타난 비대칭 불균형 상황이었다. 그 과정에서 기존 질서와 체제 및 권위는

---

65) 이상의 사례는 『廉記』 참조.

무너지고 밑으로부터 추동되는 새로운 지역사회로의 재편 움직임이
나타날 수밖에 없었다.

　물론 영호대도소가 활동하던 시기 새로운 지역사회로의 재편 움직
임은 구체적으로 나타나지 않았지만, 그 충격은 매우 큰 것이었고 그
충격은 동학농민혁명 이후 지역 사회질서와 체제의 균열을 가속화하
고 새로운 재편을 초래할 수밖에 없었다.

V. 맺음말

　지금까지 지리산권 동남부지역 동학농민혁명의 전개과정과 특징을
살펴보았다. 지리산권 동남부지역, 즉, 섬진강을 경계로 한 전남지역
과 경남지역은 동학농민혁명의 양상이 극명한 차이를 보였다.

　전남지역은 금구 출신의 김인배가 6월에 설립한 영호대도소가 전위
조직 역할을 하면서 활동하였다. 순천과 광양을 지역 기반으로 한 영
호대도소는 독자적인 활동을 하면서도 전체적인 투쟁방향과 전략은
김개남-전봉준의 투쟁노선을 따랐다. 이것이 가능하였던 것은 적어도
1894년 3월부터 8월 전라도 전 지역의 동학농민군 통제력이 전봉준이
지휘하는 전라좌우대도소의 영향권 하에 있었기 때문이다.

　반면에 서부 경남지역은 전라좌우대도소의 영향권에서 벗어나 있
었을 뿐 아니라 영호대도소의 활동범위도 섬진강을 넘어 하동으로 확
대되지 못하였다. 서부 경남지역은 4월에 덕산 동학세력이 타격을 입
은 뒤 사실상 전라도와 긴밀한 관계가 단절되어 있었기 때문에 전라
도의 혁명적인 열기와 조직 확대가 이루어지지 않았다.

　이러한 차이는 동학농민군 참여층 구성에서도 나타났다. 영호대도

소의 지도부는 김인배를 비롯하여 외부 출신이 많았던 반면, 서부 경남지역은 재지 동학도들을 동원하고 지도할 수 있는 지도자가 없었다. 서부 경남지역은 혁명적인 동학농민군과 그 조직을 바탕으로 한 측면보다 군현 단위로 전개된 농민항쟁의 전통을 기반으로 하였다. 즉, 진주지역 동학농민군 동원방식은 농민항쟁의 방식을 따른 것으로, 통문을 동원수단으로 활용한 점, 면리조직을 이용한 점, 리임과 동장에게 동원의 책임을 물은 점 등은 군현 단위의 농민봉기에서 흔히 볼 수 있는 양상이었다. 물론 이런 조직적 동원이 동학 포접조직으로 재편되긴 하지만 조직강도와 역량은 낮을 수밖에 없었다. 그 때문에 동학농민군은 고승당산전투에서 패한 뒤 조직이 손쉽게 와해될 수밖에 없었다. 그것은 고승당산전투 이후 진주지역 동학농민군이 급속히 해산, 귀가한 것을 통해 알 수 있다.

그 때문에 영호대도소는 서부 경남지역에서 더 이상의 활동기반을 잃고 섬진강을 넘어 순천·광양으로 되돌아 올 수밖에 없었다. 그리고 동쪽에서는 진주지역에서 압박해 들어오는 일본군과 관군에 의해, 그리고 서쪽에서는 여수 좌수영군에 의해 밀려 순천·광양에 고립된 결과, 영호대도소는 12월 7일 광양에서 최후를 맞이하였다.

그렇지만 1894년 6월부터 12월 지리산권 남부는 순천에 본부를 둔 영호대도소가 사실상 권력을 장악한 해방구나 다름없었다. 영호대도소는 지리산 남부권 동학농민군의 전위기구였을 뿐 아니라 조직적으로 활동한 동학농민군의 대표적인 대도소 사례라 할 수 있다. 영호대도소는 동학농민혁명사에서 구체적인 대도소 사례, 집강소 운영의 실제, 전봉준과 김개남의 투쟁노선과의 관계, 동학농민군 최초의 대일항전, 9월부터 12월에 이르는 장기 유혈투쟁 등을 잘 보여주고 있는 점에서 큰 의의가 있다.

특히 9월 1일 영호대도소의 출병은 일본세력을 상대로 한 첫 번째의 조직적인 동학농민군 동원이었다. 8월 25일 남원대회를 주도한 김개남, 9월 10일 재기병 준비를 위해 삼례에 대도소를 설치한 전봉준, 9월 18일 참전을 결정한 동학교단, 이들 모두가 군대를 이끌고 본격적으로 출병한 시기는 모두 10월 중순이었다. 이에 반해 영호대도소는 9월 1일부터 영남으로 출병하였고, 다른 지역 동학농민군이 본격적인 전투에 들어간 10월 중순에 이미 영호대도소 동학농민군은 진주지역에서 일본군과 관군과의 전투에서 패한 뒤 후퇴하고 있었다. 이런 점으로 보아 대일항전을 위해 최초로 출전한 대규모의 동학농민군은 영호대도소였다.

영호대도소가 활동한 순천과 광양지역은 동학농민혁명을 거치면서 큰 변화를 겪지 않을 수 없었다. 영호대도소에는 순수한 동학농민군도 있었지만, 목숨을 건지고자 동학농민군에 가담하거나 묵시적으로 동조하였던 관리 및 지역 부호와 토호들도 있었다. 이는 지역의 힘이 영호대도소로 쏠리면서 나타난 비대칭 불균형 상황이었다. 그 과정에서 기존 질서와 체제 및 권위는 무너지고 밑으로부터 추동되는 새로운 지역사회로의 재편 움직임이 나타날 수밖에 없었다.

물론 영호대도소가 활동하던 시기 새로운 지역사회로의 재편 움직임은 구체적으로 나타나지 않았지만, 그 충격은 매우 큰 것이었고 그 충격은 동학농민혁명 이후 지역 사회질서와 체제의 균열을 가속화하고 새로운 재편을 초래하였다.

생존한 동학농민군은 대부분 동학농민혁명 이후 고향을 등지거나 다른 곳으로 피신한 것으로 알려져 있으나, 순천·광양지역의 경우 동학농민혁명 이후에도 많은 참여층이 체포되어 처형되거나 다른 곳으로 이주하지 않고 지역 유력인사나 부호층으로 활동하였다. 이것이

가능하였던 것은 신분과 재력 고하를 막론하고 지역민들이 동학농민
군에 가담함으로써, 동학농민군에 대한 철저한 조사와 처벌이 느슨하
게 이루어졌기 때문이다.

그로 인해 순천·광양지역은 동학농민혁명을 거치면서 지역사회의
갈등과 대립이 더욱 격화될 수밖에 없었다. 그것은 지역사회의 전통
질서를 파괴하고 새로운 사회로의 전환을 촉진하였을 것으로 보인다.
즉, 동학농민혁명은 비록 실패하였지만, 중세체제의 구각에 더욱 균
열을 가하여 내부의 근대 에네르기가 표출되게 하였을 뿐 아니라 새
로운 사회로의 전환을 급격히 촉진하였다.

▌참고문헌

『雜冊綴』,『廉記』,『東學亂記錄』,『駐韓日本公使館記錄』
黃玹,『梧下記聞』
韓若愚,『栢谷誌』
『大阪朝日新聞』
『二六新報』

이이화 · 우윤,『대접주 김인배, 동학농민혁명의 선두에 서다』, 푸른역사, 2004.
김양식,『근대한국의 사회변동과 동학농민혁명』, 신서원, 1998.
具良根,『甲午農民戰爭原因論』, 亞細亞文化社, 1993.
김준형,「서부경남지역의 동학군 봉기와 지배층의 대응」,『慶尙史學』7 · 8, 경상
　　　대학교 사학과, 1992.
金梵壽,「西部慶南東學運動研究」,『경남향토사총서』 2. 경남향토사연구협의회,
　　　1992.

■「지리산권 동남부지역 동학농민혁명의 전개와 특징」,『남도문화연구』제26집,
　순천대 남도문화연구소, 2014. 6.

남원지역 동학농민혁명과 士族의 대응

김봉곤 | 순천대학교

Ⅰ. 머리말

남원은 동학농민혁명의 핵심지역이었다. 남원은 사방이 비옥하고 물산이 풍요로웠으며, 교통의 요지로서 전주나 광주, 순천 등 호남지역의 대도회지뿐만 아니라 인근 운봉을 통해서도 영남과도 손쉽게 연결될 수 있는 지역이었다. 게다가 지리산이 이웃하고 있어서 세력이 불리할 때 도망가거나 숨어서 세력을 양성하기에도 좋은 곳이었다.[1]

이 때문에 남원은 동학농민군이 혁명의 기지로 삼고, 동학농민군의 지도자 金開南이나 전봉준 역시 남원을 都所로 삼아 혁명을 완수하고자 하였다.

이러한 남원지역의 동학농민혁명에 대해서는 일찍이 이진영, 김상곤, 박찬승, 표영삼, 강송현 등의 연구에 의해 남원지역 동학의 전파과정이나 진행과정, 김개남의 활동과 역할 등에 대해 그 실상이 대략 밝혀졌다.[2] 특히 이진영은 향약이나 서원자료, 족보자료 등을 통해 김개남과 그의 친족들이 동학농민혁명에서 수행한 역할을 세밀하게 분석하였고, 김상곤은 남원 이백면의 김동규가 소장하고 있던 『殉敎略曆』을 소개하여 이후 남원지역 동학농민혁명 연구의 중요한 기반을 제공하였다.

그러나 이러한 연구결과에도 불구하고 1차, 2차에 걸쳐 동학농민군이 남원에 대규모로 집결한 배경이나 동학농민군의 물적 토대, 士族들의 동학에 대한 인식이나 태도 등에 대해서는 제대로 검토되지 못하였다. 구례의 매천 황현이 남긴 『梧下記聞』이나 남원 송동면 출신의 金在洪이 남긴 『嶺上日記』 등을 통해 사족들의 동향이 부분적으로 언급되기는 하였지만, 동학농민혁명 기간 동안 남원지역은 어떠한 역할을 수행하였으며, 동학농민혁명 전후 사족들의 대응은 어떠하였는

---

1) 『梧下記聞』 2筆, 8월 25일조에서도 "남원은 地勢가 사방으로 통하여 모여들거나 흩어지기에 편리한 곳이었다"라고 하였다.
2) 이진영, 「김개남과 동학농민전쟁」, 『한국근현대사연구』 2, 1995 및 「東學農民戰爭와 全羅道 泰仁縣의 在地士族 - 道康金氏를 中心으로 -」, 全北大大學院博士學位論文, 1996; 김상곤, 「『南原東學史』와 『殉敎略曆』 등에 대한 사료해설」, 『續南原戰爭秘史』, 남원민보, 1995; 박찬승, 「1894년 농민전쟁기 호남지방 농민군의 동향 -남원지방의 김개남 세력을 중심으로-」, 『동학농민혁명의 지역적 전개와 사회변동』, 동학농민혁명기념사업회, 샛길, 1995(박찬승, 「1894년 농민전쟁기 남원지방 농민군의 동향」, 『동학농민혁명 전라좌도 그 중심의 남원과 임실』, 2000에 재수록); 표영삼, 「남원의 동학혁명운동 연구」, 『동학연구』 5집, 한국동학학회, 1999; 姜松鉉, 「南原圈 東學農民戰爭의 展開」, 韓國敎員大學校 碩士學位論文, 1999.

가가 제대로 밝혀져 있지 않은 것이다.

이는 사료의 결핍과도 관련이 있다. 당시 남원지역은 동학혁명 기간 동안 사족들이 크게 피해를 본 지역으로서 사족들이 후일을 염려하여 거의 사료를 남겨놓지 않았기 때문에 실상을 파악하기 힘들다. 필자는 다행히 수지면 출신의 김택주와 조영학의 후손을 통해 입수된 필사본 자료를 통해, 김택주가 고종에게 올린 동학배척상소, 동학에 맞서 민보군을 조직하였던 사실, 동학의 확산을 막기 위해 남원에 향약이 실시된 사실 등을 확인할 수 있었다.[3] 이에 본고에서는『오하기문』과『영상일기』외에 운봉의 박봉양이 남긴「朴鳳陽經歷書」에 나타나 있는 자료와 새롭게 발견된 김택주, 조영학, 허섭 등이 남긴 자료를 중심으로 남원지역 동학농민혁명 과정과 사족들의 대응을 살피고자 하는 것이다.

II. 남원지역 동학의 확산과 사족의 동학배척

남원은 호남지역 최초로 동학이 전파된 곳이다. 동학의 창시자 최

---

3) 김택주와 조영학은 아직 간행되지 않은 필사본으로 정리된 문집이 남아 있다. 이 중 김택주가 남긴『敬述』및『晦石遺稿』4책을 필자가 석사학위논문을 쓸 때 후손인 김진수 선생의 도움으로 열람하였고(김봉곤,「韓末・日帝時期 南原 儒生 金澤柱의 生涯와 活動」, 전남대학교 석사학위논문, 1998), 조영학의『履齋隨稿』는 필자가 남원지역 동학논문을 쓰고 있다는 것을 알고 이번에 조수익 남원문화대학장께서 열람할 수 있도록 도움을 주셨다. 이 밖에도 남원 대접주 김홍기 선생의 후손인 김동규씨는 본인이 소장하고 있는 남원지역 동학농민혁명에 관한 여러 자료를 열람할 수 있게 해 주셨고, 남원 말천방의 허섭 선생의 후손인 허광욱 선생께서도『睡鶴集』과 번역본을 필자에게 송부하여 논문을 쓰는데 큰 도움을 주셨다. 이 기회에 도움을 주신 모든 분들에게 감사하는 바이다.

제우가 경주관아로부터 탄압을 받자 멀리 떨어진 곳에 은거하기 위해 1861년 12월 중순 남원을 찾아오면서 전파되었다. 그는 광한루 오작교 부근에서 약방을 경영하던 徐亨七의 집, 며칠 뒤 다시 서형칠의 생질인 孔昌允의 집에서 유숙하면서 서형칠, 공창윤, 梁國三, 徐公瑞, 李敬九, 梁得三 등에게 포교하였고, 12월 그믐께는 교룡산성 내의 德密庵(최제우에 의해 隱寂庵으로 개칭됨)에 들어가 동학의 주요 교리인 동학론과 교훈가, 수덕문 등 글을 쓰면서 포덕을 병행하였다. 최제우가 1862년 7월 경주 용담에 돌아간 이후로도 남원의 동학교도들이 경주 지역에 왕래하였으나, 최제우가 혹세무민의 죄로 1864년 3월 처형된 이후로는 더 이상 왕래하지 않음으로서 동학의 맥이 끊기게 되었다.[4]

이후 남원지역에는 1889년 다시 동학이 전파되었다. 당시 호남지역에는 1882년 6월 고산지역의 동학도 朴致京 등의 주선으로 익산지역에 동학이 전파되기 시작하였고,[5] 이후 여러 군현에 동학이 퍼져 나갔다. 남원은 1885년 임실군 운암면의 崔鳳城이 동학에 입교하여 남원 둔덕의 탑동마을에 거주하고 있던 사위인 金洪基에게 포교함으로서 남원에 동학이 전파되는 계기를 형성하였다.[6] 김홍기는 1889년 10월 입교하였으며, 같은 마을에 사는 종형 金榮基와 임실 신평면 출신의 姜允會에게 먼저 포교하였다. 이어 1890년에는 金鍾友, 李起冕, 金鍾黃, 柳泰洪, 張南善, 趙東燮 등에게 포교하였다.

1891년에는 李起東, 黃乃文, 李奎淳, 崔鎭岳, 邊洪斗, 邊漢斗, 鄭東勳 등이 입교하면서 남원지역의 동학교도는 수천 명에 이르게 되었

4) 표영삼, 앞의 논문, 23~24쪽.
5) 표영삼, 앞의 논문, 24쪽.
6) 姜松鉉, 앞의 논문, 6쪽.
7) 『브리태니커』 사전에서 인용. 이후 김개남, 전봉준 사진도 동일.

남원 교룡산성   최제우[7]

다.[8] 1892년부터는 동학의 각종 집회에 참여하였다. 남원의 동학교도
들은 1892년 11월 삼례집회에 참여하여 교조신원과 지방관 탐학을 금
지할 것을 주장하였고, 고부의 전봉준과 함께 남원의 유태홍이 전라
감사 이경식에게 소장을 올렸다. 1893년 2월 초순 복합상소와 1893년
3월 충청도의 보은집회, 전라도 금구집회에도 다수 참여하였다.[9] 복
합상소 때에는 김영기, 김성기, 유태홍, 金在泓이 남원, 운봉, 구례, 곡
성 등지에 전봉준이 작성하였다는 창의문을 일제히 게시하였다.[10]

이처럼 1892년 이래 남원지역에 동학이 급격히 확산되어가자 남원
사족들은 여러 가지로 우려하기 시작하였다. 『영상일기』에 의하면 송
동의 金在洪[11]은 1892년 12월 20일 운봉 당곡의 이성수의 방문을 받

---

8) 표영삼, 앞의 논문, 25쪽.
9) 강송현, 앞의 논문, 7~8쪽.
10) 강송현, 위의 논문, 8쪽.
11) 김재홍은 1892년 10월 7일 옥천의 연재 송병선을 뵙고 제자의 예를 올렸다. 이때
　　남원 수지면의 君習 趙永學, 경상도 三嘉의 公立 權命熙가 머물러 있었다. 송병
　　선의 아들 原明 宋哲憲도 함께 만나 보았다.

고 동학에 대해서 전해 들었다.[12] 고창 선운사의 도솔암 비결을 전라 감사 이서구가 꺼내려고 했으나 바람과 번개가 크게 일어나 실행하지를 못했다가 1892년 가을 동학도들이 100丈 높이 절벽에 올라가 神書를 열어보았다는 것이라든지, 이들 동학도들은 최제우가 1864년 처형된 이후 崔時亨이 이끌고 있는데, 매우 번창하여 팔도가 동학에 빠져들고 있고, 그들이 공주에 모여서 계룡산을 주문을 외우는 곳으로 삼고 특별히 건물을 짓겠다는 뜻을 충청도 관찰사에게 청하였다가 거절되었다는 소문을 듣게 되었다. 이에 그는 1884년 갑신정변 이후 개화를 한 뒤 사람과 짐승이 섞이고 윤리와 기강이 땅에 떨어졌으며, 孔孟과 程朱의 학문과 도의가 쇠퇴해지자 사특한 학설이 횡행하게 되었다고 탄식하였다.

이어 김재홍은 1893년 1월 서학과 동학에 입교한 백성들이 크게 늘자 유학의 도가 쇠퇴할 것을 우려하였고,[13] 2월 10일에는 동학이 斥倭洋을 부르짖으며 각 고을의 관아에 방문을 붙이자, 동학도들이 백성들의 소요를 선동하는 것으로 비판하였다. 즉 이적이 중화를 어지럽히는 것을 통분한다면, 임금에게 아뢰어 조정의 처분을 기다리고, 이어 아래로 수령에게 반포하여 처리해야 할 방도를 삼아야지, 한밤중 몰래 여러 고을에 방문을 붙여 백성들을 선동하는 것은 오히려 왜양을 배척하는 것이 아니라 왜양을 도와 못된 짓을 하려는 것이라는 것이다.[14]

또한 남원지역 사족들은 서울에서도 동학을 배척하는 상소를 올렸다. 2월 11일 박광호를 소두로 한 동학교도 40명이 3일간 광화문에서

---

12) 『嶺上日記』 1892년 12월 20일.
13) 『嶺上日記』, 1893년 1월 11일, "근래 동학과 서학이 민간을 마구 짓밟아 어리석은 백성들이 동학에 들어가지 않으면 서학으로 들어갔고, 여기에서 나오면 저기로 들어가 우리 儒道가 쇠퇴해진지 오래 되었다."
14) 『嶺上日記』, 2월 10일.

교조신원과 동학에 대한 탄압을 중지할 것을 요청하는 복합상소를 올리자, 부호군 李南珪, 부사과 尹兢周와 李在浩, 前 守奉官 徐鴻烈 등이 동학은 사악한 이단이니 상소를 올린 소두를 체포하여 형벌을 적용할 것을 주장하는 상소를 올렸다.[15] 이러한 활동에 자극을 받아 남원을 비롯한 호남 사족들도 동학에 대한 배척상소를 올렸던 것이다. 이 과정을 좀 더 자세히 살펴보면 다음과 같다.

당시 호남지역 사족들의 동학 배척 상소는 수지면 등동의 金澤柱 (1855~1927)가 주도하였다. 김택주는 같은 남원출신인 수지면 고정리의 吳冑泳(1854~1945), 姜淳馨 등과 함께 태학관의 유생들에게 동학을 함께 배척하자고 통문을 보냈다.[16]

김택주 등은 먼저 유학의 가르침은 공맹의 中道를 지키고 異端을 배척하는 것이라고 주장하였다. 공자는 은밀한 것을 찾거나 괴이한 일을 행하지 않는다고 하여 중도의 가르침을 제시하였고, 맹자는 正道를 수호하기 위해 이단을 배척하라고 하였으므로, 오래도록 禮樂刑政이 시행되고, 邪學이 일어나지 않게 되었다는 것이다. 조선도 이러한 공맹의 가르침에 따라 제도와 문물이 성대하여 이미 中華가 되었고 백성들도 잘 교화되어 요순시대를 능가하게 되었다는 것이다.

이어 김택주는 이러한 유학의 가르침에 위배된다고 하여 동학의 이단성과 폐해를 지적하였다. 즉 동학은 서학을 배척하여 동학이라고 명명하였지만 그 실상은 서학과 다름이 없고, '하늘을 공경하고 성인을 숭상한다(敬天慕聖)'라고 거짓으로 가탁하였다는 것이다. 이는 사람을 욕되

---

15) 『고종실록』 권30, 고종 30년(1893) 2월 28일.
16) 김택주, 「家狀」, "公憤然 見壺山吳冑泳·玄溪姜淳馨 而慨然歎曰 士當吾道消滅之時 豈可含黙不爲之一言乎 遂宣通于太學館 揭膀于各壁門 以某日某時在京全羅道 儒生 若不參經學院都會所 則皆匪徒之類也"

게 함이 크고 임금과 조정에 누를 끼침이 적지 않으며, 불쌍한 무지한 백성들을 계속적으로 이단에 빠져들게 하니, 그대로 용납할 수 없다는 것이다. 이에 김택주는 전승지 이남규가 먼저 동학 배척 상소를 하였으니, 이제는 先聖의 가르침을 배워 首善의 지위에 있는 태학의 유생들이 앞장서서 상소를 올려야 한다고 주장하였다. 즉 태학의 유생들은 이단을 배척하고 사론을 부식하여 위로는 열성조의 배양한 은택을 저버리지 말고 아래로는 많은 유생들의 울분을 풀어주어야 한다는 것이다.[17]

이처럼 태학관에게 통지한 뒤 김택주 등은 태학관의 벽에 榜文을 붙여[18] 호남 유생들은 동학을 배척하기 위해 2월 23일 典洞의 經學院에서 모이라고 하였고, 까닭 없이 참여하지 않으면 동학도로 규정하겠다[19]라고 하여 참여를 독려하였다.

이어 3일 뒤 경학원에는 1,300여 명의 호남 유생들이 모였으며, 이 자리에서 호남 유생들은 고종에게 동학배척상소를 하자고 결의하고 김택주를 소두로 추대하였다. 상소는 그날로 작성되었다.[20] 김택주 등 호남지역 유생들은 동학의 이단성을 부각하고 그 대책을 주장하였다. 먼저 유생들은 우리나라는 유학을 숭상하는 나라로서 공맹과 정주의 학문과 풍습을 익혀 누구나 정학을 숭상하고 邪說을 배척하였으나, 근래에는 동학이 치성하고 있다고 동학이 만연되어 가고 있음을 지적하고, 동학은 '하늘을 공경한다(敬天)'고 하나 안으로 저주를 숭상

---

17) 김택주, 『敬述』, 「以斥東匪事通于太學」.
18) 김택주, 「家狀」. 以某日某時在京全羅道儒生 若不參經學院都會所 則皆匪徒之類也"
19) 김택주, 『敬述』, 「榜 凡我湖南章甫斥東學事 今二十三日 會于典洞經學院 一場爛確矣 稱士者在京者 若無故不參則皆是闞流也 此意互相傳告 右日齊會 千萬千萬」.
20) 김택주, 「家狀」. "公憤然見壺山吳宥泳・玄溪姜淳馨 而慨然歎曰 士當吾道消滅之時 豈可含黙不爲之一言乎 遂宣通于太學館 揭牓于各壁門 以某日某時在京全羅道儒生 若不參經學院都會所 則皆匪徒之類也"

하고, '성인을 사모한다(慕聖)'한다고 하나 符籍과 讖緯說을 일삼는다
고 동학의 이단성을 지적하였다.

또한 이러한 이단적인 동학의 가르침이 어리석은 자들을 미혹시키
고 백성들을 어긋나게 하는데, 이제는 동학교도들이 교조신원을 요구
하면서 대궐 앞에 상소하기까지 이르게 되었으니, 이는 斯文의 일대
괴변이라고 동학의 폐해를 비판하였다. 이어 그들은 고종이 먼저 덕
으로 교화시키고 나중에 형벌을 내린다는 윤음을 내렸는데도 동학도
들이 해산하지 않고 오히려 禍心과 逆心을 품고 분수에 어긋나고 기
강을 해치고 있으니 士論이 분하게 여기고 있고, 동학을 배척하는 일
은 斯文의 성쇠와 국가의 안위가 달려 있으니 침묵할 수 없어서 연명
으로 상소를 올리게 되었다고 자신들의 행위를 정당화하였다. 그리고
결론적으로 교조신원에 참여한 동학교도에 대해 엄정한 법을 집행할
것을 요구하였다. 즉 疏頭와 동학의 우두머리는 형법을 시행하고, 나
머지 무리들은 경중에 따라서 형법대로 처벌할 것이며, 자수해서 귀
화하는 자들에게는 잘못을 고쳐 선행으로 나아가는 길을 열어 주어
스스로 반성하고 자신들이 편안해지는 의리를 제시해 주자는 것이다.
이리되면 동학도들이 더 이상 방자하게 굴지 못할 것이므로 이는 종
묘사직이 공고해지고 人文이 크게 새로워지며 국왕의 덕과 교화를 널
리 펴게 되는 계기가 될 것이라는 것이다.[21]

이 상소는 즉각 승정원에 제출되었다. 김택주는 그날 저녁 도승지
를 따라서 승정원에 들어가 상소를 읽고 객관에 돌아왔으며, 다음날
5경이 끝날 무렵 승정원의 사령을 통해 비답을 받게 되었다.[22] 비답
의 내용은 "상소를 보고 잘 알았다. 사설과 정학의 구분을 엄격히 하

---

21) 『承政院日記』, 고종 30년(1893) 2월 27일.
22) 김택주, 「家狀」.

려면 덕으로 인도하고 형벌로 바로잡는 방도를 강구해야 한다. 너희 들은 잘 알고 물러가서 학업을 닦으라"는 내용이었다. 결국 김택주 등 남원유생들은 1893년 초에 공맹의 말을 근거하여 동학의 '경천모성'의 주장이 주문과 부적, 참위설에 근거한 이단임을 지적하고 동학을 배 척할 것을 주장하였다. 그리고 그 대책으로는 우두머리에 대한 형벌 을 집행하고 나머지는 경중에 따라 처벌하되 귀화한 자들에게는 살 길을 열어주자는 매우 강경한 대책을 주장한 것이다.

이러한 김택주의 상소는 남원유생들에게도 널리 알려지게 되었다. 김 택주는 남원 수지면 가정에 거주하였던 趙永學(1857~1908)에게 글을 보 내 이단이 성행하고 있는 요즈음 동학이 교조를 위해 신원한다고 감히 대궐 앞에서 울부짖으니 어찌 세상이 이 지경이 되었는지 참을 수가 없 어서 일전에 태학에 통문을 보내어 일제히 성토하였는데, 조영학은 이 변고를 들어보았는지, 그리고 어떻게 위정척사의 도를 실천할 수 있는 지를 생각해 보았는가를 물었다.[23] 김택주의 편지를 받은 조영학은 다 시 스승인 연재 송병선에게 편지를 보내 동학이 교조 신원을 위해 대궐 앞에 모여 규탄한 것은 어느 시대에도 없는 변고인데 어떻게 해야 유학 을 보전할 수 있는지 크게 걱정된다고 탄식하였다.[24]

이어 남원에서는 다른 지역처럼 동학의 전파를 막기 위해 향약이 실시되었다. 당시 향약은 인근 구례와 순창 등지에서도 실시되었다. 먼저 구례군에서는 1893년 봉성향약이 전면 실시되었다. 전라감사 金 文鉉이 향약의 실시를 주, 현에 포고함에 따라 1892년 부임한 구례현

---

23) 김택주, 『敬述』, 「趙履齋(癸巳二月)」. "近來異端漸萌 爲斯道大憂矣 又有一種詭誕 東學之說 白晝嘯黨 近稱爲魁伸寃 敢叫禁門咫尺之地 豈圖世故之變 至於此哉 其 在秉彝之心 不能含黙 日前投通于太學 齊會聲討計 而兄或聞知此變 而何以念存衛 斥之道乎"
24) 조영학, 『履齋隨稿』 卷1, 「上先生」(癸巳三月 日).

감 韓憲敎의 지시로 향약이 실시되었다.[25] 주자가 만든 남전여씨향약을 가감하여 각 里와 面을 단위로 실시되었다. 龍江面, 放光面, 馬山面, 吐旨面, 艮田面, 文尺面, 界寺面, 縣內面의 각 리에서 里正, 면에서 約正을 임명하여 관의 통솔을 받도록 하는 체제였다. 동학의 전파를 막기 위한 규정은 1893년 5월 오미동에서 실시된 「洞約讀法」을 통해 확인할 수 있다. 오미동의 동약 중 '이단을 숭배하여 부적과 주문을 행하기를 좋아하는 자'에 대해서 別檢이 鄕約長에게 보고하고 향약장이 악행을 한 자를 불러 책망하고 경중에 따라 笞를 가하며 태 40대 이상의 중죄와 재차 죄를 범한 자는 관에 보고하게 하였는데, 바로 이 규정이 동학과 관련된 규정인 것이다.[26]

또한 순창에서도 순창군수 李聖烈에 의해 향약이 실시되었다. 순창에서는 5家를 1統으로 삼고 통에는 統首, 리에는 里正, 방에는 約正을 두어 동학이 고을에 전파되지 못하도록 하였고, 50호 단위로 벼 5섬을 거두는 것을 정식으로 삼아 향약의 재원으로 삼았다. 또한 빈부에 따라 차등을 두어 고을에서 쌀을 거두어 보관하였는데, 동학농민혁명으로 인해 농사를 폐기하고 달아난 사람들에게 보관했던 쌀로 구황하는 방도로 삼으니, 거주민들이 모두 안정되어 모여들었다는 것이다.[27]

1893년 5월 남원에서도 향약이 실시되었다. 남원에서 향약이 실시된 사실은 조영학이 동복의 사족인 丁奎明에게 1893년 5월 보낸 편지를 통해 그 편린을 짐작할 수 있다.

근일 저희 고을에서 향약을 설행하였으니, 대개 감영의 신칙이 있어

---

25) 한국농촌경제연구원, 「鳳城鄕約條」, 『구례군 사회조직문서』, 1991, 11쪽.
26) 위의 책, 209쪽.
27) 『嶺上日記』, 갑오년 4월 26일조.

서입니다. 귀 고을에서도 함께 실시하였을 것입니다. 鄕父老께서는 永
學의 실상을 알지 못하고 향약의 직임에 임명하시니 매번 申友와 더불
어 나란하게 되어 부끄럽고 부끄럽습니다. 이 향약은 대저 동학을 금지
하기 위하여 행한 것으로 매우 좋은 일인데 오래가지 못할 까 걱정스럽
습니다.[28]

즉 전라감사의 신칙으로 남원부사에 의해 1893년 5월 향약이 실시
되었는데, 이 향약은 동학을 금지하기 위해 실시되었다는 것이다.
1893년 5월 당시 남원부사는 민종렬이었다. 민종렬은 1890년 6월 14일
남원부사로 제수되었다가 1893년 10월 18일 나주목사로 옮겨 제수되
었다.[29] 민종렬이 남원에서 실시한 향약의 내용이 어떠한 것인가는
잘 알 수 없으나, 민종렬이 나주목사로 부임하고 나서 곧바로 시행한
향약을 통해 남원향약의 내용을 짐작할 수 있다.

민종렬이 제정한 향약은 남전 여씨의 향약에 의거한 것으로 덕업상
권, 과실상규, 환난상휼 등의 조목과, 질병이나 초상이 있을 때는 서로
도와주도록 하는 것이 주 내용이었다. 이러한 향약을 운용하기 위해 향
약에 善惡籍을 마련하여 착한 사람은 善籍, 악한 사람은 惡籍에 기록하
여 매월 초하루에 里正은 면의 約正에게 보고하고, 약정은 都約長에게
보고하여 상벌을 시행하기로 하였다. 이어 향약의 약속이 정해지자『鄕
約節目』을 인쇄하여 貼으로 만들어서 각 면에 나누어주고, 진사 羅東綸
을 都約長, 士人 林炳韓과 奇周鉉을 副約長, 李炳壽를 都約所의 直月로
삼았으며, 나머지 각 면의 약정과 직월은 모두 문학을 근실하게 갖춘 선

---

28) 조영학,『履齋隨稿』,「答丁允文奎明(癸巳五月)」. "近日鄙邑設鄕約 蓋有營門之飭
則貴鄕應同矣 鄕父老未知永學實狀 約中任名 每與申友齊等 愧切愧切 此約大抵因
東類之禁而發也 甚好事 惟恐其不永久也"
29)『승정원일기』, 고종 27년(1890) 6월 14일 및 고종 30년(1893) 10월 18일 기사 참조.

비를 가려서 임무를 맡겼다. 이 향약은 1894년 정월에 시작되었는데, 시행한 지 2~3개월 만에 관리와 백성이 기뻐하였다고 한 것을 보면 당시 나주지역에 향약의 효과가 매우 컸음을 알 수 있다.[30]

민종렬에 의해서 제정된 남원지역의 향약은 1893년 10월 18일 남원 부사에 제수된 尹秉觀[31]에 의해서 계속 실시되었다. 윤병관은 남원부사에 부임하자 먼저 許鍱 등 남원사족 들에게 아전을 보내어 남원지역 통치에 협조를 부탁하고,[32] 향약을 설행하였다. 당시 향약의 모습은 1894년 봄 남원 광한루에서 있었던 향약 모임에서 윤병관과 허섭이 지은 시를 통해 대강의 개요를 살펴볼 수 있다. 윤병관은 분분히 난이 일어나 이익을 다투는 계절에 어찌하면 백성들의 해갈을 풀어 줄 수 있을까라고 노래하였고, 허섭은 남원부사의 경륜에는 가슴 속에 갑병을 감추고 있고 백성들 안정시키는 데 힘쓰니 동학도가 어찌 설칠 수가 있으며, 예와 의관으로 복종시키니 남풍이 불어 서늘하다고 노래하였다.[33] 즉 향약의 목적이 당시 발발하였던 동학농민혁명에 동요되지 않기 위해 실시되었던 것이다.

30) 李炳壽, 『兼山遺稿』 卷19, 「錦城正義錄甲編」.
31) 『승정원일기』, 고종 30년(1893) 10월 18일조.
32) 허섭, 『睡鶴集』 卷2, 「答地府尹候秉寬」.
33) 허섭, 위의 책, 「甲午鄕約時與同約諸友敬和地府尹候秉寬韻二首」. "甲午鄕約時 與同約諸友 敬和地府尹候秉寬韻二首 六十年來夢草堂 方今聖代日重光 光寒樓靜風塵宿 方丈山深草樹香 東魯衣冠興禮樂 盛唐詞律任淸狂 居民自樂昇平象 蒲雨初晴麥露凉 騷塵不上近民堂 氷玉其心月露光 明府經綸胸貯甲 高樓談笑頻生香 務在吾民先定靜 肯敎匪類敢猖狂 禮度衣冠能坐鎭 南風是日動微凉 ; 附尹候元韻二首 五百淸風此一堂 亭亭白日滿樓光 冷官亦有樽中酒 嘉客誰非座上香 看我西庭花穩籍 任他東畔絮顚狂 何時可解民飢渴 泉味初甘麥氣凉 俄日盈樓月滿堂 月應來夜亦虛光 天上元無埋骨土 人間那有返魂香 衙弄晴暉蜂漫鬧 夢迷芳草蝶還狂 蝸牛角畔爭何事 感歎世情悲且凉"

III. 동학농민혁명에서의 남원지역의 역할

호남지역에서 1893년 유생들이 상소를 올리고 각 지역에서 향약을 실시하여 동학의 전파를 막기 위해 노력하였지만, 1894년 동학농민혁명이 일어나자 대부분의 호남지역이 동학농민군을 막아내지 못하고 거의 대부분 동학농민군의 영향권에 들어가게 되었다. 즉 동학농민군은 초토사 홍계훈과 폐정개혁 및 신변보장을 조건으로 5월 8일 전주에서 철수하였으나,[34] 동학농민군은 해산하지 않았고, 전봉준과 김개남은 호남일대를 순행하면서 집강소를 설치하고 폐정개혁을 위해 노력하였던 것이다. 이에 남원과 이웃하고 있었던 순창은 전봉준과 김개남의 순행, 그리고 전라감사 김학진의 요청으로 전주성에서 동학농민군이 철수한 지 1달이 지난 6월 8일경 집강소를 설치하기에 이르렀다.

순창군수 이성렬은 적에 맞서 싸우며 성을 지키고자 하였다. 그러나 적들은 이미 부근의 여러 군을 차지하였고, 서울병력 또한 차례로 서울로 돌아갔기 때문에 후원을 받을 수 없었다. 더욱이 김학진이 여러 번 공문을 보내 "현재의 화해국면을 깨뜨리지 말라"고 하였으므로, 성렬은 고립된 채 별다른 계책을 쓸 수 없었다. 이리하여 어쩔 수 없이 아전과 백성들이 동학에 들어간다는 명분을 빌어 도소를 설치하고 집강을 배치하여, 자신의 관할지역 내에 다른 지방 적이 와서 함부로 약탈질을 하지 못하도록 하였다. 백성들은 원래 그의 선정에 진심으로 복종하였고, 적들도 그의 인품을 존경하여 감히 함부로 약탈을 자행하지 않았으므로 군 전체가 적의 피해를 입지 않았다.[35]

---

34) 김양식, 「1, 2次 全州和約과 執綱所 運營」, 『역사연구』 2집, 1993. 122쪽.
35) 『梧下記聞』 2筆.

남원 역시 동학농민군이 쉽사리 들어오지 못하였다. 남원은 운봉,
나주와 함께 저항이 만만치 않았던 것이다.[36] 남원은 김개남 등의 동
학지도부에서 물산이 풍부하고 영호남을 아우를 수 있는 중요한 지역
으로 간주되고 있었던 지역이었기 때문에,[37] 이러한 상황을 용납할 수
없었다. 이에 김개남은 6월 8일 순창을 떠나 옥과, 담양, 창평, 동복, 낙
안, 순천, 곡성 등을 순행한 다음 전라좌도의 여러 군현에서 올라온 동
학농민군 3,000명과 함께 6월 25일 남원에 쳐들어갔다.[38] 선봉은 담양
출신의 南周松, 중군은 金重華가 맡았다.[39] 김개남이 이끈 동학농민군
중 가장 규모가 큰 부대는 고흥 동강면 출신의 유복만(일명 柳希道)이
이끄는 동학농민군이었다. 총 3,000명의 동학농민군 중 고흥지역의 동
학농민군이 대략 1,600명에 이르렀다. 이들 고흥지역 동학농민군은 6월
11일 고흥읍을 출발하여 광양 등지에서 광양의 400명의 동학농민군과
회합하였는데, 이때 동학농민군의 숫자는 총 2,000명이었다.[40] 따라서
당시 고흥 동학농민군의 숫자는 1,600명이라고 할 수 있는데, 이들은
광양, 하동, 구례를 거쳐 남원에서 김개남과 합류하였던 것이다. 김개
남군에는 담양이나 고흥 외에도 임실의 李士明, 남원의 金洪基·金禹
則·李春宗·朴定來·朴仲來·金元錫 등 전라좌도의 여러 군현의 동학
농민군이 참전하였다.

　김개남은 남원성을 점령한 다음 榜文을 지어 市街에 붙이고 "우리

36) 오지영, 『東學史』 3(草稿本), 475쪽.
37) 김개남은 남원이 물산이 풍부하여 동학농민혁명이 일어나기 전부터 이 곳을 탐
　　내었다고 하였다(黃玹, 『東匪紀略』).
38) 김양식, 앞의 논문, 1993, 136~137쪽; 이진영, 「김개남과 동학농민전쟁」, 『한국근
　　현대사연구』 2, 1995, 84쪽.
39) 吳知泳, 위의 책, 475~476쪽.
40) 송호철, 『고흥과 동학농민혁명』, 고흥문화원, 2010, 106~107쪽.

전봉준(좌)과 김개남

는 保國安民하고 斥倭斥洋을 主義로 하는 자이다. 따르는 자는 용서할 것이요, 불순하는 자는 응징하리라" 하여 남원지역에 혁명을 선언하였다.[41] 동학농민군은 특히 부호들을 미워하고 재산을 약탈하여 많은 부호들이 집을 비우고 도피하였다. 동학농민군은 촌락에 돌아다니며 '도인'으로 자처하고 들어오지 않은 이들은 '속인'으로 지목하였기에, 돈과 재물을 아끼는 이들은 동학도를 추종하기에 겨를이 없었다. 무력해진 남원부사 윤병관은 7월 2일 전후하여 남원을 떠났고, 대신 전봉준이 입성하였다.[42] 운봉 역시 얼마 후 金鳳得의 2천 명의 동학군에 의해 관아가 점령되고 군기를 거두고 집강소를 설치하였다.[43]

---

[41] 오지영, 위의 책, 475쪽.
[42] 『嶺上日記』 6월 25일과 7월 2일 조 ; 박찬승, 앞의 논문.
[43] 오지영, 위의 책, 476쪽.

이후 남원성은 전봉준과 김개남 등 동학지도부에 의해 혁명의 핵심 지역이 되었다. 먼저 남원은 김개남에 의해 전라좌도 대도소가 설치 되어 호남 좌도를 총괄하였다. 관할지역은 금산, 진산, 용담, 진안, 무 주를 비롯해서 태인, 장수, 임실, 순창, 담양, 곡성, 구례, 창평, 옥과, 순천, 광양, 낙안, 보성, 흥양 등 19개 지역이나 되었다. 금산, 용담, 무 주, 진산 지역과 순천, 광양, 낙안 지역은 별도로 동학군의 병력을 마 련하여 제압하도록 하였는데,[44] 특히 순천에는 김개남이 자신의 측근 이었던 금구 출신의 김인배를 보내 순천에 별도로 영호대호소를 설치 하여 남원지역과 밀접한 관련을 맺도록 하였다.[45]

당시 남원대도소에서는 전라좌도뿐만 아니라 하동 등 경남 일대에 까지 그 영향력이 미치었다. 예컨대 하동에 사는 최학봉은 남원의 전 봉준 접소의 공문을 가지고 6월 그믐부터 각 고을을 찾아다니면서 영 남 수령들의 정치와 민간토호들을 염탐 시찰하였으며, 남원접소의 공 문에 따라 8월 15일 영남의 각 접주들을 그간 조사한 폐단을 시정하 기 위해 의령 백곡촌에 모두 모이라고 지시하였다.[46] 또한 8월 16일 에는 고성부사 오횡묵은 금구의 한헌교를 만났는데, 한헌교는 "우리 도인들은 지금 보국안민으로 책임을 삼고 수령들의 잘잘못과 토호들의 횡포를 사찰하고 격려하고 있습니다. 근일 이 고을에도 백성들의 소 요가 있다고 하여 폐단을 시정하는 한편, 포를 일으키고 있습니다."[47] 라고 하여 당시 동학도들이 남원도소의 지침에 따라 보국안민의 이념

---

44) 표영삼, 앞의 논문, 22쪽.
45) 표영삼, 앞과 같은 곳.
46) 『慶尙道固城叢瑣錄』, 甲午年 8月 6日. "余招入問之 則河東崔鶴鳳 而持南原全鳳俊 接所公文 以各邑政治廉察事 自六晦爲始 遍行各邑次巡廻 …… 未聞南原府有何新 設接所耶 請一覽公文 道人出示公文 蓋是守令政治與民間土豪廉察事 及以今十五 日 嶺南各接都會于宜寧白谷村 所察弊端 更張等語也"
47) 『慶尙道固城叢瑣錄』, 甲午年 8月 16日.

하에 각 고을마다 폐단을 시정하고 있었던 것이다. 이처럼 8월 초순에도 남원 대도소는 영남에까지 그 영향력이 미치고 있었다. 김개남은 7월 15일 남원대회 이후 8월 25일까지 임실 상여암으로 물러났으나,[48] 여전히 남원지역 동학농민군을 지휘하였으며,[49] 기록상으로도 전라좌도 관할하에 있었던 구례현감 趙圭夏와 오수 찰방 梁柱爀, 임실진사 韓興教 등의 사족들을 입교시켰던 것이다.

또한 남원성에서는 7월 15일 동학농민군이 수만 명이 집결한 이른바 '남원대회'를 개최하였다. 당시 일본 측 기록에도[50] 전라도 각읍에서 남원에 집합한 수만 명의 동학도들이 부사가 거처하는 동헌을 도소로 삼았으며, 각 면의 부호들로부터 전곡을 징출하여 남원읍에 수송하였다고 하였다.[51] 7월 15일 남원대회에 참여한 동학군들의 식량을 마련하기 위해서였을 것이다. 당시 동학농민군이 7월 15일 남원대회를 개최한 것은 각 지역에서 다수의 동학농민군이 집결하여 동학농민군의 위세를 과시하여 각 지역의 집강소 체제를 강화하고, 일본군의 경복궁 불법점령에 대한 방책을 마련하고자 하였던 것으로 이해되고 있다.[52]

이와 관련하여 당시 남원지역은 동학농민군의 창의처가 되고 있었다. 이를 좀 더 자세히 살펴보기로 하자. 동학농민군은 경복궁이 6월

48) 박찬승, 앞의 논문, 14쪽.

49) 강송현, 앞의 논문, 20쪽.

50) 日本外務省 外交史料館 所藏, 在釜山日本總領事 室田義文,「전라도ニ於テル 東學黨動靜觀察復命書」, 1894. 10. 10(양)(『남원동학농민혁명연구용역 보고서』, 94~95쪽 재인용).

51) 『오하기문』에서는 집강소를 설치한 뒤 한 달 남짓 사이에 50여 개 고을의 백성들 중 성 밖에 2頃(6,000평) 정도의 땅과 100냥 정도의 재물을 가진 사람은 모두 주리를 당하였다고 하였다(『梧下記聞』 1筆. "旬月之間 五十州之民 郭外二頃家 資百金 無不周牢").

52) 박맹수,「전라좌도 동학농민군 활동의 역사적 성격-김개남 부대를 중심으로」(전라북도남원동학농민혁명기념사업회, 남원동학농민혁명기념학술대회, 2006.11.25.), 5쪽.

21일 일본군에 의해 점령되었다는 사실이 알려지자 보국안민을 표방하면서 다시 거병하기 시작하였다. 6월 29일 무장 동학농민군 5, 6백 명이 성에 난입하여 무기를 탈취하였으며,[53] 호남지역에 일본군을 무찌르기 위한 창의처가 설치되었다. 이와 관련하여 동학접주 張斗在는 7월 9일 金德明, 金開南, 孫化中 등에게 다음과 같은 취지의 편지를 보냈다.[54]

인편에 듣건대 倡義處에서 왜적을 토멸코자 都會한다고 하니 감격하는 마음이 크고도 큽니다. 지난 21일 인시경에 도성을 함락하고 대궐을 침범한 왜적 수천 명이 三殿을 포위하여 시시각각 위기에 처해 있고, 각 營門에 있는 병기와 식량을 모두 빼앗았으며, 대궐문과 4대문을 왜적이 지키고 수원성을 함락하고 청국병을 패주시켜 마치 무인지경과도 같으니 어찌 통곡하지 않겠습니까. 법소에서 오는 사람의 말을 들어보니 오래도록 도회가 없다고 하니, 어찌 의리가 있다고 하겠습니까. 이 또한 운수입니다. 그러나 호남 곳곳에서 도회할 때에 병기와 군마를 빌려서 행장을 모두 갖추고 다시 충청 감영에 이르면 가벼이 상경하지 말고 某兄의 지휘를 기다려 성공하시기를 삼가 바라고 바라옵니다. 저희들이 내려갈 때 청나라 병사와 합세하여 모두 왜적을 없애겠다고 雲峴宮에 말씀드렸더니 흔쾌하게 허락하셨습니다. 염려하지 말고 조처하시어 함께 봉기하여 속히 큰 공을 이루시기를 삼가 빌고 비옵니다. 비록 法所의 분부가 없을지라도 따르는 동지들 몇만 명이 며칠 내에 모일 것이니, 호남의 도회에서 서로 응대하여 화합하여 큰 공을 이루도록 기필코 회의하시기 바랍니다. 염려하지 마시고 속히 이루시기를 천만 바라고 바랍니다.
갑오년 7월 9일 誼弟 張斗在(張喜用) (위는 동학당 접주 장두재로부터

53) 『고문서』2, 서울대학교도서관, 1987, 412쪽. "自日前 謂以倭兵將至 事甚急迫是如 又復騷擾 去六月二十九日 彼徒五六百名攔入城中 軍器庫所在 如干什物丸藥等 打破軍門 沒數奪去"
54) 『駐韓日本公使館記錄』8, 54~55쪽.

접주 金德明, 金開南 및 孫化中 앞으로 보낸 廻狀으로서 대원군의 뜻을
받아 청병과 합세하여 일본군을 토멸하기 위해 거병을 계획한 것임)[55]

즉 7월 9일 동학접주 장두재가 김덕명, 김개남 및 손화중 등에게 편
지를 보내, 대원군의 뜻을 받아 청병과 합세하여 일본군을 토멸하자
고 거병을 촉구한 것인데, 이 편지를 통해 당시 호남지역의 동학농민
군이 일본군을 무찌르기 위해 창의처를 세워 동학농민군이 집결하였
던 것을 알 수 있다. 당시 창의처에 며칠 내로 수만 명이 집결할 것이
라는 대규모의 집회는 아무래도 김개남, 전봉준 등이 7월 15일 개최하
였던 남원대회를 가리킨다고 할 수 있다. 이미 남원지역은 전라감사
김학진이 7월 2일 전봉준, 김개남 등에게 편지를 보내 일본군의 궁궐
점령과 개화파 정권의 수립을 알림으로서,[56] 남원 지역을 중심으로
창의가 논의되었을 것이며, 이에 각 곳의 동학농민군이 이곳에 집결
하고 있었던 것으로 판단된다.

그러나 남원대회 이후 동학농민군은 일본군과 정면으로 대결하기
보다는 먼저 폐정개혁을 통해 관과 화합하는 노선을 택하였다. 나라

---

55) 『日本外務省外交史料館所藏文書(1)』, 「東學黨會審顚末」(1895.9.20.), "(上略) 便采
得聞 倡義處之滅倭次都會云 感荷萬萬 去二十一日寅時量 陷城入闕 倭賊幾千名
環固三殿 危在時刻 各營門兵器 與此穀盡奪闕門 與四大門 倭賊守門 陷沒水原 敗
滅淸兵 如無人地境 此非痛哭哉 得聞法所來言 則永無都會云 豈謂有義理耶 此亦
運也 湖南處處都會時 借得兵器與軍馬 俱備行裝 轉到錦營留陣 不輕上京 以待某
兄之指揮成功 伏企伏企 弟等下來時 言達雲峴宮與淸兵合勢盡滅倭賊云 則快然而
可也 勿慮而處之 共起速成大功 伏祝伏祝 雖無法所之分付 儕輩相從者幾萬名 不
幾日 湖中都會 相應相合 圖成大功 期於議會矣 勿慮速成 千萬伏祝伏祝 韓曆昨年
七月九日ハ我曆昨年八月九日ナリ 甲午七月初九 誼弟張斗在(張喜用) (右ハ東學
黨ノ接主張斗在ヨリ接主金德明金開男及孫化中ニ宛タル廻章ニシテ大院君ノ意
ヲ受ケ淸兵ト勢ヲ合セ日本兵ヲ討滅スル爲メ擧兵ヲ計リタルモノナリ)"
56) 박찬승, 앞의 논문, 13쪽.

가 위기상황에 빠져 들어감에 따라 7월 6일 전주에서 전라감사 金鶴鎭과 회동한 전봉준이 일단 청일전쟁 중에 일본과 직접 맞서기보다는 폐정개혁을 통해 내적인 역량을 모으기로 합의하였던 것이라고 할 수 있다. 전라감사 김학진도 官民相和의 원칙하에 동학농민군의 행정 및 군사에 관한 일정한 권한을 전봉준에게 위임하고, 집강소 체제를 통해 道政을 이끌어 가려고 했던 것으로 보인다.[57] 이에 전봉준은 집강소에 공문을 보내 무기를 관청에 반납하도록 하고, 총과 말을 거두는 것을 금하였으며, 사사로이 錢穀을 토색하지 못하도록 하였다.[58] 따라서 7월 15일 개최된 남원대회는 일단 일본군과 맞서기보다는 전봉준과 김학진 사이에 이루어진 전주회담의 결과를 추인하고, 관민상화의 원칙하에 각 지역의 폐정개혁을 위해 주력하는 계기가 되었다고 할 수 있다. 김개남 역시 전주회담의 결과를 받아들이고, 남원대회 이후 임실 상여암으로 들어가게 되었다.[59]

그러나 남원지역은 남원의 동학농민군이 7월 중순 안의현감 조원식의 계교에 의해 3백여 명이 죽음을 당하여[60] 영남지역 진출에 크게 타격을 받았고, 다시 7월 말 운봉의 박봉양이 동학농민군과 결별하고 민보군을 조직하여 맞서게 됨에 따라 중대한 고비를 맞게 되었다. 박봉양은 7월 26일 族黨 30여 명, 家奴 수십 명과 함께 민보군을 결성하

---

57) 김양식, 앞의 논문, 146~147쪽.
58) 『梧下記文』 2筆.
59) 박찬승, 앞의 논문, 14쪽.
60) 안의현에서 동학농민군이 살해당한 시점에 대해 『오하기문』에는 8월 초에 기재되어 있고, 『영상일기』에서는 7월 15일조에 기재되어 있다. 이와 관련하여 하동 옥종의 조성가가 남긴 갑오일기에서는 7월 20일조에 '안의에서 東徒 160명이 살해되었다(趙性家, 『甲午日記』 7월 20日. "安義殺東徒一百六十名")'고 밝히고 있다. 따라서 안의에서 동학농민군이 살해된 시점은 『영상일기』의 기록대로 7월 15일 무렵이 확실하다고 할 수 있다.

였으며, 8월 초에는 운봉의 사족들의 지원으로 1,200명의 민보군을 확보하여 남원 경계의 요충인 女院峙·笠望峙·柳峙 등 세 길목을 지키게 하였다. 이러한 민보군의 숫자는 꾸준히 증가하여 8월 중순에는 5,011명에 달하였다. 게다가 운봉군수 李義綱이 8월 22일 부임하여 운봉의 방어를 더욱 강화하고, 영남에서도 함양군에서 포군 150명이 지원하게 되었던 것이다.[61]

이처럼 운봉지역에서 박봉양이 이끄는 민보군의 활동이 활발해지고, 남원지역 동학농민군과 맞서게 되자, 남원지역에서는 운봉의 민보군을 공격하기 위해 8월 19일 남원과 운봉의 길목에 해당되는 釜洞에 동학농민군이 집결하고 무기를 운반하였다. 남원 부동의 동학농민군인 姜監役과 劉學圭 등이 남원지역 외에 다른 고장의 동학도와 함께 남원부의 무기를 탈취하여 부동에 갔던 것이다.[62] 이러한 정황에 대해 남원의 공형公兄은 전라도병마절도사에 文狀을 보내, "8월 20일 寅時(오전 3시~5시)쯤에 남원부의 군기와 산성의 군기를 흥양·보성·태인·남원부 山東坊 釜洞 등지의 동도 1,000여 명이 창고의 열쇠를 부수고 모두 빼앗았으며, 이들은 城門을 굳게 닫고 있고 포 소리가 그치지 않으니 성안의 주민이 당황하여 어찌할 줄을 몰랐습니다"라고 보고하였다.[63]

남원의 상황이 급박하게 돌아가자 김개남은 8월 25일 임실에서 오수역을 거쳐 남원으로 들어왔다. 그는 전투태세를 강화하기 위해 군률을

61) 「雲峰郡前注書 朴鳳陽經歷書」.
62) 『嶺上日記』, 8月 19日.
63) 「全羅道兵馬節度使徐狀啓」全羅道兵馬節度使 徐(高宗 31년(1894) 10月 29日). "八月二十一日出鱗次到付 南原府公兄等文狀馳告內 八月二十日寅時量 本府邑軍器與山城軍器 興陽·寶城·泰仁·本邑山東坊釜洞等地 東徒千餘名 破鎖庫門 盡爲奪取 堅閉城門 砲聲不絶 城中居民 惶惶罔措 故緣由馳告 亦文狀是白遣"

남원동학농민군의 주둔지와 동학군의 후예 김동규 씨

엄하게 하였다. 獒樹擑驛에서 동학농민군이 찰방의 사무실에 들어가 은
가락지를 빼앗자 김개남은 그 동학농민군의 목을 베어 막대기에 매달
아 행렬 앞에 세워서 경계하기도 하였다. 이처럼 김개남에 의해 다시
동학농민군이 재집결하자 전봉준은 김개남에 달려가 청일전쟁의 승부
가 아직 끝나지 않았으니, 더 승부를 지켜보자고 하였다. 그리고 손화
중도 명망이 있거나 재물을 가진 자, 선비들이 추종하지 않으니, 성사
되기 어렵다고 해산을 종용하였다. 그러나 김개남은 한 번 대중이 흩어
지면 다시 모이기 힘들다는 이유를 들어 군사조직을 강화시켜나갔다.

　이후 9월 이후 일본군을 격퇴시키기 위한 동학농민군의 2차 봉기가
시작되면서, 김개남은 남원관아에 政廳을 설치하고 군제를 五營으로

편제하였다. 前營將은 담양접주 南應三, 後營將은 남원대접주 金洪箕, 右營將은 金大爰, 左營將은 金龍關, 中營의 都統將은 김개남, 金佑敕은 謀主로 삼았다. 전라좌도의 여러 군현을 5영으로 나누어 관할하고자 한 것이다.[64] 각 영에는 一元將과 二元將을 두었고, 그 밑에 軍守官과 營軍을 소속시켰다. 각 영의 군사는 5~6천여 명 정도였다. [65]

이러한 동학농민군의 2차 봉기에 있어서 가장 중요했던 것은 전투할 수 있는 식량과 무기의 확보였다고 할 수 있다. 남원의 동학농민군은 무기는 병기고를 털어서 확보할 수 있었으나 식량은 1일 1인 700g으로 쳐도 5천 명을 기준으로 2개월간의 식량이 200여 톤이 될 정도로 막대한 양이 필요하였다. 이에 남원 동학농민군은 식량을 확보하기 위해 총력을 기울였는데, 이미 9월 15일 남원대도소 김개남의 지시라고 하여 능주에서 동전 2만 냥과 백목 30동을 남원으로 보내도록 공형들을 위협하여 징발하였고, 17일에는 광주에 남원대도소 명으로 공문을 보내 동전 10만 냥과 백목 100동을 보내라고 위협하였다. 18일에는 곡성과 함열에도 동전이나 백미, 백목 등을 요구하였다. 이러한 각 지역의 군수물자 징발은 남원대도소 또는 김개남의 이름으로 군수물자를 보내라는 통문을 통해서 이루어졌다.[66] 남원지역은 2차 동학농민봉기를 위한 좌도지역의 군수물자를 총동원하였다고 할 수 있는 것이다.

군수물자를 조달하는 총 책임자인 典糧官은 담양 접주 남응삼이 임명되었다. 남응삼은 각 군, 현에 일정량을 시달하였다. 결당 쌀 7말, 말먹이

---

64) 『甲午略歷』 9月 28日.

65) 『嶺上日記』 8월 26일; 『甲午略歷』 「敍金三默之關係」. 5영제는 9월 28일 담양접주 남응삼의 書記인 鞠基春이 김개남에 건의하여 설치된 것으로 전주유생 鄭碩謨와 함께 의논하였다고 한다(『남원군종리원사』).

66) 이진영, 「김개남과 동학농민전쟁」, 91쪽; 『주한일본공사관기록』 1권, 131쪽 9월 15일 남원보고, 9월 16일 능주보고, 9월 17일 광주보고.

로 콩 1승씩을 부과하였고, 장태, 동아줄, 짚배자, 화약, 廂車를 만드는 데 쓰일 품목으로 푸른 대나무, 짚신, 삼껍질, 껍질 벗긴 삼 줄기, 볏집, 목판 등을 할당하였다.[67] 군수품 할당은 행정권과 사법권을 완전히 장악하였기 때문에 가능하였다. 각 지역의 집강들이 군, 현 관리들을 억제할 힘이 없었다면 할당량을 채울 수 없었기 때문인데, 당시 전라좌도에서는 운봉현을 제외하면 군수 물자 할당에 저항한 사례가 없었다.

당시 동학농민군이 식량을 확보하기 위해 어느 정도의 돈을 거두었는지는 확실하지 않다. 다만 1895년 8월 전라도 내 각 군에서 동학농민군들에게 빼앗긴 전세와 상납 내역을 기록한「전주부 전 전라도각읍상납중 비류소탈전목태 구별성책全州府前全羅道各邑上納中 匪類所奪錢木米太區別成冊」을 통해 개략적으로 짐작해 볼 수 있다.[68] 먼저 동학농민군이 탈취해간 군현별 錢, 木, 米를 〈표 1〉을 통해 살펴보면 다음과 같다.

---

[67] 남원시・전북역사문화학회,『남원동학농민혁명 연구용역 보고서』, 2014, 100쪽. 본문에 나오는 남응삼이 각 군현에 부과한 액수는『오하기문』3筆, 甲午九月條에 나오는 기록이다. 이와는 달리『영상일기』에서는 대동목과 공전, 그리고 전세미를 1결당 10斗씩을 거두었다고 하여 다소 차이가 난다. 그러나 김개남이 남원에서 남원의 山洞坊과 구례 지방에서 토지 매결마다 쌀 7말씩 징수하여 華嚴寺에 300냥을 보관하고 자신의 종질에게 관장하도록 하였다고 하였으므로, 1결에 7두씩 거둔 것이 타당하다고 할 수 있다(『梧下記聞』3筆,「甲午・十月」).

[68]「全州府前全羅道各邑上納中 匪類所奪錢木米太區別成冊」. 1895년(고종32)년 8월 全羅道內 各郡에서 동학농민군들에게 빼앗긴 田稅를 비롯한 각종 上納의 내역이 郡別로 파악 기재된 책이다. 1책(12장)으로 되어있다. 내용은 全州를 비롯한 20개 郡別로 탈취당한 上納物 該當年度의 稅目이 적혀 있다. 빼앗긴 上納物은 田稅米太, 大同米, 戶布錢, 各種 軍木, 軍錢 등 여러 종류에 걸쳐 있다. 특히 이 稅額을 半씩 나누어「減」,「實」로 표기하였는데,「減」이란 중앙에서 蕩減해준 액수였다. 實上納額은 元上納額의 반인데, 卷末에 기재된 奪取額의 총계는 錢 113,887兩, 木 227同 2疋, 米 1,815石, 太 291石이다. 이것들은 대부분 농민군이 軍需調達을 위해 각 읍에 있는 상납물을 수용한 것으로 생각된다. 奎章閣에 소장되어 있다

〈표 1〉 동학농민군이 탈취한 군현별 전, 목, 미[69]

종류 / 지역	전(냥)			목(동-필)			미(석)/태(석)		
	총액	감액	실액	총액	감액	실액	총액	감액	실액
남원	29,875	14,943	14,942	49-20	24-36	24-34			
전주	18,447	8,874	9,573	22-33	11-17	11-16	680	340	340
광주	3,675	1,838	1,837						
장흥							132	66	66
고부	7,062	3,531	3,531				420	211	209
영광							63	32	31
							(太)196	98	98
구례	7,106	3,553	3,553						
흥양							76	38	38
강진	960	480	480	3	1-25	1-25	92	46	46
무장							301	151	150
							(太)94	47	47
운봉	550	275	275						
화순	3,210	1,605	1,605	3-23	1-37	1-36			
임실	3,087	1,544	1,544	38-22	25-11	13-11			
고산	2,800	1,400	1,400	20	10	10			
담양	23,480		23,480	15		15			
장성	2,620		2,620				21		21
							(太)1		1
금산	5,082		5,082						
진산	1,023		1,023	2-27		2-27			
태인				70-27		70-27			
익산	4,900		4,900	2		2	30		30
총계	113,877	38,043	75,845	227-02	74-26	152-26	1,815	884	931
							(太)291	145	146

69) 임실의 경우 원문에 騎步木 2동 49필에서 감액 1동 25필, 실납부액 1동 25필로 기재되어 있어서 1필이 착오가 난다. 총계가 227동 22필로 기록되어 있기 때문에, 임실의 경우 38동 21필에서 38동 22필로 바꾸어 기재한다.

먼저 〈표 1〉을 통해 남원은 빼앗긴 전이 총 29,875냥인데, 14,943냥을 감액하고 14,942냥을 납부하도록 했음을 알 수 있다. 당시 전라도 지역에 감액한 돈이 총 3만 8천 43냥이었던 것에 비추어 볼 때 남원의 감면 액수는 거의 절반에 가까울 정도로 막대한 양이었다. 포목의 경우에도 총 49동 20필을 탈취당하였으며, 태인의 70동 27필에 이어 거의 10%가 넘는 액수가 탈취되었음을 알 수 있다. 당시 전라감영이 있었던 전주는 탈취되었던 전이 18,447냥, 포목이 22동 33필로서 남원보다도 상대적으로 적다. 이러한 사실로부터도 남원이 전라도 지역에서 군수물자에서 차지하는 핵심기지였음을 알 수 있다.

전량관 남응삼이 관할하였던 담양지역의 경우에도 전이 23,480냥, 포목이 15동으로서 탈취된 액수가 전주를 앞지르고 있다. 구례의 경우도 7,106냥을 차지하고 있어서 상당한 액수를 탈취되었음을 알 수 있다. 탈취된 액수를 당시 시가를 기준으로 포목 1필을 2냥(1동은 50필, 1동은 100냥으로 환산함, 따라서 1필은 2냥임), 쌀 1석을 5냥, 콩 1석을 2.5냥으로 계산하여 환산총액을 기준으로 순서를 매기면 표2)와 같은 결과가 나온다.

포목과 미곡을 합하여 돈으로 환산된 총 액수에서도 김개남이 관할하였던 남원, 담양을 비롯해서 구례, 태인, 임실 5개 군현이 20개 군현에서 모두 7번째 안에 들어가고 있으며, 액수도 80,886냥으로서 총 146,383.50냥의 55.26%에 해당된다. 호남지역에서 남원을 비롯한 전라좌도에서 막대한 양의 군수물자를 거두었음을 알 수 있다.

이처럼 전라좌도의 각 지역에서는 김개남이 주둔하였던 남원에 막대한 군수물자를 제공하였기 때문에, 김개남이 이끄는 동학농민군은 총을 등에 진 자가 8천 명이었고, 짐 보따리를 실은 행렬이 백 리까지 이어졌다는 것이다. 또한 김개남이 출동하였던 10월 14일에는 시장의

〈표 2〉 동학농민군이 탈취한 군현별 錢, 木, 米의 환산총액(단위 : 냥)

지역＼종류	전	포목	미곡	총액
남원	29,875	4,940		34,815
담양	23,480	1,500		24,980
전주	18,447	2,266	3,400	24,113
고부	7,062		2,100	9,162
구례	7,106			7,106
태인		7,054		7,054
임실	3,087	3,844		6,931
익산	4,900	200	150	5,250
금산	5,082			5,082
고산	2,800	2,000		4,800
광주	3,675			3,675
화순	3,210	346		3,556
장성	2,620		107.5	2,727.50
무장			1,740	1,740
강진	960	300	460	1,720
진산	1,023	254		1,277
영광			805	805
장흥			660	660
운봉	550			550
흥양			380	380
총액	113,877	22,704	9,802.50	146,383.50

상품과 재화 및 점포에서 술판 돈을 또 수만 냥을 빼앗아 가지고 가서 공과 사를 막론하고 모든 것이 바닥났다고 하였는데,[70] 이는 2차 봉기에서 남원지역의 역할이 철저한 물자 조달에 있었으며, 남원지역의 농업생산력이나 상업발달이 다른 지역을 앞지르고 있었던 것과 관계가 있었을 것으로 보인다.

[70] 『梧下記文』 3筆.

Ⅳ. 동학농민혁명기 남원지역 사족의 대응

남원지역 사족들은 1894년 동학농민혁명이 일어나자 이에 대한 소
식을 여러 경로로 듣고 있었다. 예컨대 과거를 보기 위해 서울에 올라
가 있었던 김택주의 경우에는 동학농민혁명이 발발하자 아들에게 3월
25일 다음과 같은 취지의 편지를 보내고 절대 동요하지 말 것을 당부
하였다.

소요가 이와 같으니 그 정확한 소식이 어떠한가는 알 수 없으나 경솔
하게 움직이는 것은 좋은 계책이 아니다. 또한 동학도들이 호남의 금구
와 충청도의 보은에서 회합하여 어떤 의사인지 왜양을 배척한다고 하였
다. 그러나 병기와 식량을 갖지 않으면 어떻게 精强한 적에 대항할 수
있겠느냐. 이 또한 허망한 말이다. 소요가 일어날 때 긴요한 방도는 마
음을 안정시켜 움직이지 않는 것 만한 것이 없다. 너는 대소가를 감독하
여 농사일에 힘쓰는 것을 평일보다 더 열심히 하고, 가벼이 움직이는 모
습을 보이지 않는 것이 상책이다. 하인을 대하는 일은 먼저 겁을 내는
마음이 있으면 집이나 자신이나 모두 좋은 일이 아니다. 마을 사람과도
잘 타협하도록 해라. 나도 또한 기미를 살펴서 내려갈 계획이나 어느 날
이 될지 모르겠다. 창주 사형이 그저께 서울에 올라와서 함께 명동에 객
관을 정하였다.71)

즉 소요가 일어날 때는 움직이지 않는 것이 상책이니, 농사에 더욱

71) 김택주, 『敬述』, 「與家兒」(甲午年 3月 25日). "時騷如此 未知其的奇之 如何 而輕
率先動 不是好計 而且彼徒之會於本道金溝湖中之報恩 有何意思 而名稱斥洋倭
不持兵器柴粮 何以抵當精强耶 此亦誕妄之說也 當此騷擾之時 思之緊要 方 莫若
定心不動也 汝須董督 大小家 勸課農務 猶勝於平日 不示浮動之狀 實是上策 待下
人事 若有先怯之意 則於家於身 都非好事矣 與村人善爲安定 待之焉 吾亦視機 下
去計 而姑未的指 某日耳 滄洲舍兄 再昨入來 同館於明洞耳"

힘쓰라는 것이다. 또한 왜양을 배척한다고 주장하는 것은 거짓말이니 동요하지 말라고 하였다. 그리고 동학농민혁명이 더욱 거세지자 다시 4월에 편지를 보내 '동학난' 때문에 더욱 고향 생각이 간절하지만 조금 안정되기를 기다려 내려갈 계획이라고 하고서 '난리 가운데에서는 마음을 안정시키는 것이 가장 중요하니 농사에 소홀히 하지 말라'고 재삼 당부하고 있다.[72]

또한 남원지역 사족들은 이미 황토현 전투 등에서 동학농민군에 의해 관군이 패배하였다는 사실도 알았다. 『영상일기』에는 4월 9일 이웃마을에서 8명의 속오군이 참여하였는데, 전투에 패배하여 모두가 중상을 입었다는 사실을 기록하고 있고, 최후로 살아온 한 사람이 "시신 속에 적을 피해 돌아왔다."라고 기록하여 동학세력의 강성함에 놀라움을 금치 못하였던 것이다.[73]

그러나 동학농민혁명기에 사족들은 동학농민군에 대한 특별한 대책을 내놓지는 못하였다. 관에서 필요할 경우 일방적인 협조요청을 받았을 뿐이다. 예컨대 4월 20일 남원에 초토사 홍계훈은 남원에도 감결을 보내, 동학농민군이 나타나는 즉시 그 정황을 보고하고 위치를 지도로 그려줄 것과 동학의 우두머리를 고발하면 조정에서 상을 내릴 것이라는 등 사족들의 협조를 요청하였다. 그러나 관군이 사족들의 교통수단인 말이나 소를 징집해가자 사족들이 불만이 터져 나왔다. 『영상일기』에는 5월 8일 초토사 홍계훈이 남원부에 소 10마리, 말 20필을 납부하라고 지시하였고, 전라감사 김학진도 말 20필을 납부하라고 지시하자, 남원부사 윤병관이 장교와 아전을 보내 민간을 말과 소를 뒤

---

72) 김택주, 『敬述』, 「與長兒」(甲午四月 日). "(上略) 惟以時擾 尤切鄕思 第俟稍定下去 計 姑未的知耳 雖亂中安心爲最要法 勿汎於農政也"
73) 『嶺上日記』, 甲午 4月 9日.

지게 하였다는 사실이 기록되어 있는데, 이에 대해 김재홍은 장교와
아전의 침학이 심해져 민정이 흉흉해졌다는 사실을 전하고 있다. 동
학을 이단으로 배척하였으나, 그렇다고 해서 관아에서 사족들에게 필
요 이상으로 물자를 징발하고 사족들의 지위를 위태롭게 하는 경우에
는 관아의 조치에 대해 반발하였던 것이다.

　또한 동학농민혁명이 진행되는 동안 사족들은 동학에 적극적으로
가담하지도 않았다. 이미 조정에서 동학을 이단으로 규정하였고, 남
원지역의 유생들도 동학을 배척하는 상소를 올렸기 때문에, 혁명이
일어났어도 동학농민군에 가담하기를 꺼려했던 것이다. 당시 동학에
적극적으로 가담한 사족은 둔덕의 순천김씨 가문 정도를 들 수 있다.
예컨대 1926년 南原郡主任 宗理師 崔炳鉉이 柳泰洪의 구술기록인 「殉
敎略歷」의 내용을 토대로 각 성관별 참여 인원을 분석하면 다음 표를
얻을 수 있다.

〈표 3〉 남원지역 동학교도 순교자 – 순교약력을 중심으로

성관	순천김	전주이	김해김	전주최	장수황	남원양	진주강	밀양박	진주하
숫자	15	9	9	6	5	3	3	3	3
성관	경주김	흥덕장	단양우	순흥안	천안전	함창김	진주소	달성배	장연변
숫자	3	3	2	2	2	2	1	1	1
성관	평택림	청송심	청주한	파평윤	남평문	풍양조	조양임	하동정	함양오
숫자	1	1	1	1	1	1	1	1	1
성관	경주정	해주오	신창표	경주이	고령신	고흥유	안동권	영광유	옥천조
숫자	1	1	1	1	1	1	1	1	1
합계	36성관 91명								

　즉 36성관 91명 중 가장 다수의 동학농민군을 배출한 성관은 순천
김씨, 전주이씨, 김해김씨, 전주최씨, 장수황씨 등의 순이다. 남원의

대표적인 사족이었던 삭녕최씨, 풍천노씨, 광주이씨 등은 전혀 보이지 않고 있으며, 경주김씨나 진주하씨, 순흥안씨, 흥덕장씨 등의 성씨도 그 숫자가 얼마 되지 않는다. 따라서 남원지역은 일부 사족을 제외하고는 대부분 저명한 사족들이 가담하지 않았고, 동학의 주축을 이룬 세력들은 대부분 평민이나 그 이하 신분층으로 파악할 수 있는 것이다.

이러한 점은 앞서 최병헌에 의해 기록된 「남원종리원사」에 다음과 같은 기술을 통해서도 확인할 수 있다. 즉 1894년 동학농민혁명 직후 남원지역 동학농민군의 피해에 대해서 유태홍은 다음과 같이 기술하였다.

> 道人 金洪基, 李圭淳, 黃乃文, 李士明, 邊洪斗, 崔鎭岳, 沈魯煥, 金沼鎬 外 數百人이 甲午 十二月로 乙未春夏까지 南原市, 樊樹市 及 各方面 都會地에서 劍銃의 冤魂이 되고 此外 生存 道人도 蕩敗家産에 亡命逃走로 流離丐乞하야 轉到 無處者 數百人이엿다

김홍기, 이규순, 황내문, 이사명 등과 같은 저명한 인물 외에 수백 인이 1894년 12월부터 1895년 봄까지 체포되어 희생되었으며, 집안의 재산을 탕진하고 도망 다니며 유리걸식한 인물도 수백 명에 달한다는 것이다. 당시 「순교약력」에는 동학농민혁명으로 인해 91명 중 39명의 인물이 희생을 당한 것으로 기록되어 있기 때문에, 「남원종리원사」에서 희생된 인물이 수백 인에 이른다고 하였던 것과는 그 숫자가 크게 차이가 난다. 이는 「순교약력」에서 주로 사족이 기록되어 있고, 그 밖에 많은 인물들이 기록에서 빠졌음을 의미하는 것이라고 할 수 있다. 이들은 주로 비교적 주위에 알려져 있지 않은 평민이나 노비 등의 신분층이라고 할 수 있는 것이다. 이와 관련하여 11월 14일 운봉의 박봉

양의 민보군과 맞섰던 주력부대는 담양의 남응삼 외에 남원의 관노 김원석이 이끄는 천민부대였다. 김원석은 노비와 사령, 巫夫를 앞세우고 남원부동에서 운봉의 경계로 쳐들어갔는데, 박봉양은 당시 사망자가 2,000여 명이 되었다고 하였으니, 가장 용감하게 쳐들어갔던 김원석의 천민 부대가 다수 희생되었음을 알 수 있는 것이다.[74]

남원지역 동학농민혁명으로 가장 많은 피해를 본 계층은 사족 중에서도 많은 재산을 갖고 있었던 부유층이라고 할 수 있다. 동학농민군은 각 군현을 점령하고 농민군의 무장을 강화하였는데, 저항하는 吏胥나 횡포한 양반을 징계하고, 군량을 바치지 않은 富豪들을 처벌하였다.[75] 남원지역에서도 동학농민군은 부유층에게 돈과 곡식을 강제로 요구하였으며, 양반사족을 위협하여 노비문권을 불사르고 머리에 쓰는 관을 찢고 모욕을 주었다.[76] 이에 마을을 떠나 산으로 올라가 떠돌아다니는 백성들이 속출하였다.[77] 아마 이들은 주로 부유층 사족이었을 것이다. 운봉의 박봉양의 경우에도 장수군 서면 매암리 출신인 황내문에 의해 동학에 입도하였으나, 동학농민군이 부호를 징치하자 자신의 재산을 보호받지 못할 것을 알고, 민보군 조직에 나섰던 것이다.[78] 제2차 전주회담 이후 전봉준이 각 지역의 집강소에 공문을 보내 錢財를 토색질하지 못하게 하였음에도 불구하고,[79] 남원지역에서는 부호층에 대해 침탈이 계속 이루어짐에 따라 동학농민군을 이탈하는 부호층이 늘게 되었던 것이다.

74) 「雲峰郡前注書 朴鳳陽經歷書」.
75) 愼鏞廈, 『東學과 甲午農民戰爭研究』, 一潮閣, 1993, 101쪽.
76) 『梧下記聞』 2筆.
77) 『嶺上日記』, 6월과 7월조 참조.
78) 『南原 宗理院史』, 남원종리원, 1926.
79) 『梧下記聞』 2筆. "一從今以後 收砲索馬 一切禁斷 討索錢穀者 指名報營 依施軍律"

반면에 사족 중에서도 부유층이 아닌 대다수의 사족들은 별다른 피해를 겪지 않았다. 이는 1894년 8월 김개남이 재봉기를 계획하자 그를 만류하기 위하여 손화중이 다음과 같이 언급한 사실에서 잘 드러난다.

> 우리들이 봉기한 것이 반년이나 되었다. 비록 전라도가 모두 響應한다고 말하지만, 士族으로서 명망 있는 자가 따르지 않고, 재산 있는 자가 따르지 않으며, 能文之士가 따르지 않는다. 더불어 接長이라고 부르는 자들은 愚賤해서 剽竊을 기뻐하는 무리들뿐이다. 인심의 향배를 알 수 있으며, 일이 반드시 성공하지 못할 것이다. 사방에 산개하여 苟全함을 도모함만 같지 못할 것이다.[80]

즉 동학농민혁명을 성공시키기 위해서는 사족으로서 명망 있는 학자나 재산이 있는 자, 글을 아는 선비들의 참여가 요청되었기 때문에 악질적인 토호를 징치하고 부호들에게 재산을 요구하였지만, 덕망 있는 유생들에게는 피해를 주지 않았다고 할 수 있는 것이다. 호남지역 동학배척상소를 주도하였던 김택주의 경우도 5월 고향에 내려와서 동학농민혁명을 경험하고서 동학도가 부유한 집을 찾아다니고 있으나 자신은 귀하지도 부유하지도 않으니 만날 이유가 없다고 기록하고 있다.[81]

---

80) 『梧下記聞』 2筆.
81) 김택주, 『敬述』, 「東亂中有感」(甲午七月 日). "東起群巾覓富家 非豪非富我何遭 當時算得林宗免 竹樹山憁臥獨高"(동학이 뭇 사람가운데 일어나 富家를 찾아다니니, 귀인도 아니고 부유하지도 않으니 내가 어찌 이를 만나랴. 당시 생각에 후한의 곽림종은 면하려고 하였으니, 죽수의 산창에 홀로 베게 베고 높네.) 곽림종은 후한의 곽태의 자로서 곽태는 과격한 언론을 삼가서 당화에 화를 면한 인물이다. 조광조가 화를 당할 줄 알면서도 곧은 말을 한 것으로 이해된다. 죽수는 조광조가 모셔진 화순의 죽수서원을 가리킨다.

전술하였던 남원 말천의 허섭의 경우에도 남원부사 윤병관과도 친분이 두터워 향약에도 참여하였으나, 동학농민군에 의해 피해를 겪자 집안을 보존하기 위해 김개남을 찾아가서 의리로 따지니, 김개남이 허섭의 풍모와 의리를 존중하여 동학농민군에게 침탈을 금지시켰다.[82] 당시 김개남이 허섭의 요구를 거절하지 못한 것은 허섭이 김개남이 2차 동학농민봉기에 결정적인 영향을 끼친 대원군과의 관계 때문이기도 하였다. 허섭과 대원군과의 관계는 대원군의 백부인 李㶊重이 1851년(철종 2) 2월 남원부사로 부임하여 1852년(철종 3) 12월 洪秉元으로 교체될 때까지 1년 10개월간 남원을 통치하는 과정에서 이루어졌다.[83] 허섭은 이때 이도중과 자주 회합하여 학식과 덕망을 인정받았고, 1863년에는 서울에 올라가 이도중의 자질들을 가르치게 되었다. 그러나 이도중의 자질들이 공부에 힘쓰지 않자 귀향하고 말았는데, 이때 이도중은 얼마 후면 흥선대원군이 권력을 잡을 것이므로 기다리라고 허섭의 귀향을 만류하였다. 이후로도 서울에서 내려온 역대 남원부사들과 허섭이 교분이 두터웠는데, 이는 그가 이도중이나 대원군과의 관계 때문이었을 것이고, 김개남 역시 흥선대원군과 밀접한 관계가 있었던 허섭의 권유를 거절하기 어려웠던 것으로 이해된다.

또한 당시 남원지역 유생들은 동학의 교리에 대해서는 반발하였지만, 동학농민군이 일본군을 격퇴하기 위해 거병하였던 점에서는 굳이 김개남의 동학농민군과 맞설 필요가 없었다. 허섭은 호남지역의 위정척사운동을 주도하였던 蘆沙 奇正鎭이나 그의 문인들과의 관계가 깊

82) 허섭, 『睡鶴集』 卷6, 附錄 「行錄」. "甲午東匪猖獗全省 櫛梳吾族 受辱尤甚 府君思欲保全家戸 往見其首頭 諭之以義理 彼亦慕公風義 禁止其黨徒 毋得侵辱"

83) 李東熙 編, 『朝鮮時代 全羅道의 監司 · 守令領名單-全北篇』, 전북대학교전라문화연구소, 1995.

었을 정도로[84] 평소 위정척사에 대한 신념이 강하였기 때문에, 일본
군이 경복궁을 점령하고 군대를 보내 동학농민군을 진압하였던 사실
에 대해서 부정적이었다. 이는 당시 구례에 머물고 있었던 海鶴 李沂
의 경우도 마찬가지였다. 이기는 동학농민혁명이 일어나자 조정을 뒤
엎고 간신을 죽여 임금을 받들어 國憲을 새롭게 할 만하다고 여겨 전
봉준을 찾아갔으며, 전봉준이 다시 남원의 김개남을 소개하자 김개남
에게 달려갔다. 그러나 김개남이 거절하고 만나주지 않아서 거절된
적이 있다.[85]

그러나 8월 이후 운봉의 박봉양이 민보군을 결성하고 남원지역 동
학농민군과 맞섬에 따라 남원지역에서는 많은 사족들이 동요하였다.
김재홍의 경우 운봉 지역에서 동학농민군을 잘 방어하자 남원지역의
동학농민군을 피하기 위해 8월 26일 동생과 처자식을 데리고 운봉으
로 들어가기 위해 鳶峙에 이르렀다. 1894년 당시 김택주와 함께 동학
배척상소를 올렸던 남원사족 오주영의 경우에도 동학농민군 포군 1백
명에 의해서 체포되어 남원성에 수감되었으나, 손씨 성을 가진 감수에
의해 몰래 풀려나서 김택주와 함께 운봉의 박봉양에게 피신했다.[86]

게다가 남원지역은 김개남이 일본군을 격퇴하기 위해 사족들을 불
문하고 많은 물자를 약탈함에 따라 극심한 피폐 상황을 초래하였다.
김재홍은 그 상황에 대해서 다음과 같이 언급하였다.

　　　괴수 김개남이 전주부로 향하려고 하면서 민간에서 거두었던 쌀을 팔

---

84) 허섭은 노사 기정진을 흠모하여 27세 때 찾아뵙고 평생 존경하였다(『睡鶴集』卷
　　6, 附錄「交遊與接人」. "府君別無常師 而欽服蘆沙奇先生 二十七歲 拜其門下 先生
　　稱其質美 勸其勤學").
85) 鄭寅普, 『薝園文錄』, 「海鶴李公墓誌銘」.
86) 金思汶, 『蘭史金先生遺稿』卷2, 「壺山吳公行狀」.

아치웠는데 쌀 1섬의 값이 2~3緡(2, 3냥)에 이르렀다. 시장 상가를 모두 불태워 府中이 탕진되고 도로마다 …(중략)… 아니함이 없었다. 적도 역시 부중을 근거지로 삼으니 잔멸함이 날마다 심하였다. 거주하는 백성들은 협박하여 자신의 무리를 따르게 하였는데 만약 따르지 않은 자는 贖錢을 받거나 형벌과 욕을 심하게 받았다. 협박으로 따르는 어리석은 사람이 날로 많아졌다. 이른바 士族들도 많이 추종하였다.[87]

약탈했던 쌀을 마구 처분하고, 상가를 약탈하고 불에 태웠으며, 백성들을 협박하여 동학에 끌어들이고 있다는 것이다. 앞서 언급했던 수지면의 조영학의 경우에도 수확했던 곡식을 동학도들에게 모두 탈취당하여 호구지책도 어려운 상황이었으며, 대전에 스승인 송병선을 찾아가려고 했으나 길이 막히고 돈이 없는 궁핍한 상황 때문에 어찌할 수 없음을 토로하고 있다.[88] 또한 이러한 상황은 갓난아이에게도 충분히 젖을 먹일 수 없을 정도로 비참한 상황을 자아냈다.[89]

이러한 상황하에서 김개남 등의 동학농민군이 10월 14일 남원성을 떠나자, 전군수 梁漢奎와 張安澤, 鄭泰柱 등 남원지역 사족들은 운봉의 박봉양의 민보군에게 남원성의 방비가 허술하다는 사실을 알렸고, 이 때문에 박봉양이 이끄는 운봉의 민보군은 손쉽게 남원성을 점령할 수 있었다. 그러나 남원성은 여전히 동학농민군에게 있어서는 전라좌도의 중요한 근거지였다. 담양의 남응삼과 고흥의 유복만 등은 남원이 박봉양의 민보군에 의해 점령되었다는 소식을 듣고 곧바로 태인,

87) 『嶺上日記』 甲午年(1894) 10月 14日.
88) 조영학, 『履齋隨稿』, 「答族弟秀汝俊燮」(甲午十一月), "如干所穡盡入於彼輩羅稅 終歲 糊口無計 此亦足爲憂哉 自初秋擬治 石南裝而路不通資難辦 至于今 未果如之 何而爲 可耶"
89) 위의 책, 「答申益哉(得求)」(乙未正月), "此幼旣生于亂離中 且乏乳矣"

박봉양의 전승기념비

임실 등지의 동학군과 합류하여 다시 쳐들어 왔던 것이다. 결국 이들의 맹렬한 기세에 박봉양이 이끄는 민보군은 운봉으로 다시 철수하고 말았던 것이다.

이후 북상하였던 전봉군과 김개남이 이끄는 동학농민군이 관군과 일본군의 공격에 의해 잇달아 전투에서 패배하고,[90] 11월 28일에는 박봉양이 남원성을 공격하기에 이르자 남원 사족들은 민보군을 조직하여 동학농민군을 토벌하기에 이르렀다. 이는 김택주가 11월 말 경 각 坊에 포고한 글에서 잘 드러나 있다. 이를 소개하면 다음과 같다.

　각 방坊의 대소 民人에게 고한다.
　다음과 같이 고한다. 춘추에서의 법도는 난신적자는 사람마다 죽일 수 있다. 우리 생령들은 모두 조종의 백성으로서 고루 오백 년 배양한 은택을 입어서 오륜과 삼강을 강명하고 예의에 익숙하기 때문에 난적을 토벌해야 하며 邪說은 배척해야 함을 알지 못하는 사람이 없다. 이 때문

---

[90] 김개남의 동학농민군은 11월 13일 청주성을 공격하였으나, 일본군의 우세한 무기에 눌려 패배할 수 밖에 없었다. 14일 논산에서 전봉준과 합류한 뒤로도 11월 19일 전주, 11월 23일에는 금구 원평으로 후퇴하였다. 25일 금구원평에서 벌어진 전투와 27일 태인에서 전투에 잇달아 패배함으로서 끝내 해산할 수 밖에 없었던 것이다. 박봉양의 남원성 공략은 태인 전투 직후 이루어졌다.

에 일찍이 소중화로서 세상에서 칭송되었다. 그런데 어찌된 일인지 일
개 東匪들이 저주와 터무니없는 설로서 우매한 백성들을 미혹하다가 작
년 봄에는 보은에서 수만 명의 군중이 모이고 대궐의 지척에서 떠들어
대었다. 이에 내가 누추한 선비로서 적개심을 이기지 못하고 호남유생
수백 인을 모아 대궐에 상소를 올려 대궐에 아뢰니, 온중한 비답을 내리
시고 우리에게 정학을 권장하셨으며, 초토사를 보내 동학도를 해산시켰
다. 아! 그런데 저 이단의 무리들은 마음을 고쳐먹지 않고 이리 같은 탐
심으로 더욱 방자하게 세력을 떨쳐서 병기를 빼앗고, 수령을 능멸하고,
국세와 민재를 방자히 억지로 빼앗음을 그 끝이 없었다. 이는 실로 국가
의 대역적이며, 사문의 난적이며, 고을의 화적떼이니, 우리 신민과 선비
들은 누가 분개하여 잡아 없애는 마음이 없겠는가. 지금 서울의 王師와
운봉의 의려들이 차례로 경내에 들어오니, 우리 남토 인사들은 그 도인
과 속인의 분간에 옥석이 구분되지 않고 타버릴 염려가 있다. 나는 대궐
에 상소한 疏首로서 이미 널리 알려진 자로서 스스로 마음이 편안하지
않았는데, 군중들에 의해 추대되어 함께 창의한 의병이 1천 2백여 인에
이른다. 내일 迷山앞 모래 사장에 행진할 것이다. 엎드려 바라건대 각
방坊의 모든 군자는 일제히 義聲을 부여잡고 죽을 힘을 다해 함께 토벌
하여 한편으로는 열성조의 휴양의 은택에 보답하고, 한편으로는 사문의
正學을 숭앙하고 邪說을 배척하는 의리를 扶持하면 천만 다행이겠다.[91]

91) 김택주, 『敬述』, "告諭各坊大小民人 甲午十一月 日 右告諭事 春秋之法 亂臣賊子
人人得以誅之 惟我含生 俱以祖宗之民 均被五百年 培養之澤 講明倫綱 擩染禮義
莫不知亂賊之可討 邪說之可斥 嘗以小華見稱於宇內者 是矣 夫何一種東匪 始以咀
呪妖誕之說 蠱惑愚迷之氓 昨年春 盤據報恩數萬之衆 而喧嘵禁門咫尺之地 故余以
韋布不勝敵愾 倡起湖南章甫數百人 至有封章叫閤 卽下溫重之批 奬我正學固發招
討之使 散厥匪黨矣 噫彼異類 不悛狼貪益肆鴟張 盜奪兵器 凌踏守宰 王稅民財 恣
虐勒取 罔有其極 此實國家之大逆 斯文之亂賊 閭里之火賊 顧我爲臣民爲士類者
孰無憤惋劓捕之心哉 見今漢上之王師 雲郡之義旅 鱗次入境 惟我南土人士 其於道
俗之分 恐有玉石之焚 余以叫閤疏首 旣爲標榜者也 自不得恬視 且爲衆所推 倡起
義兵 至爲一千二百餘人 明日行陣迷山前沙場矣 伏願各坊僉君子 齊扶義聲戮力 共
討一以報 列聖朝休養之澤 一以扶師門崇闢之義 千萬幸甚"

즉 동학도들이 국왕의 회유에도 불구하고 난을 일으켜 각 고을에서 병기를 빼앗고, 수령을 능멸하고, 국세와 민재를 빼앗았으니, 이는 국가의 대역이며, 사문의 난적인데, 지금 중앙의 초토군과 운봉의 민보군이 차례로 들어오고 있으니, 함께 창의한 의병과 함께 동학농민군을 토벌하자는 것이다. 「박봉양경력서」에도 박봉양이 남원성을 함락한 이후 11월 29일 '사족인 김택주와 오주영이 민병 수백 명을 거느리고 와서 그들과 적을 잡을 계책을 서로 의논하였다'고 하여 김택주와 오주영이 거병한 사실을 언급하고 있다.

이처럼 박봉양이 이끄는 민보군에 의해 남원성이 함락되기 직전 사족들은 민보군을 결성하였으며, 남원성이 함락된 이후에는 도망친 동학농민군을 잡아들이기 위해 박봉양의 운봉 민보군에게 협력하였다. 주목되는 사실은 당시 유생들이 관군이나 일본군에 의한 남원지역의 피해를 최소화하기 위해 노력하였다는 점이다. 예컨대 전술한 허섭의 경우에 애매한 사람들이 다칠 것을 걱정하여 초토사에게 편지를 보내서 '동학의 괴수를 죽이고 나머지 무리는 慰諭하자'고 하였고,[92] 일본병이 남원에 이르자 '이 조무래기 좀도둑은 초토사 하나면 충분하거늘 개 짐승같은 오랑캐를 불러들여 도리어 우리 적자들을 유린하는가. 다른 날 우리에게 큰 화를 만들어낼 조짐이 있구나'[93]라고 탄식하였던 것이다.

이후 남원의 민보군은 둔덕의 李成欽 등의 사족이 중심이 되어 남원부사 申佐熹와 함께[94] 동학농민군을 색출하여 처벌하게 되었다. 그

---

92) 허섭, 『睡鶴集』卷6, 附錄 「行錄」. "甲午冬 王師下降 討捕東匪 慮有玉石俱焚之弊 貽書于招討使爲言 殲闕巨魁 慰諭餘黨 許其自新歸順 務令百姓安堵"
93) 위와 같은 글, "及聞日兵又至 嘆曰除此鼠狗之徒 一招討使足矣 乃召犬羊之虜 反 蹂躪我炙子耶 異日醶成大禍 其兆已睞矣"
94) 『嶺上日記』甲午年(1894)12月 18日 : 李成欽은 남원부사 신좌희申佐熹의 참모관으로서 동학교도를 색출하여 처벌하는 데에 적극적이었다

러나 당시 남원 지역에서는 혁명에 가담한 사족의 경우 동학의 우두머리 외에는 그다지 큰 피해를 입지 않았다고 할 수 있다. 예컨대 둔덕 일대에서 가장 많은 동학교도를 배출하였던 순천김씨의 경우 김홍기가 1895년 2월 14일 남원시장에서 총살형을 당한 것과 김홍기의 종형 김영기가 옥중에서 엄형으로 2월 28일 병사한 것을 제외하고는 형을 받은 인물을 거의 찾아볼 수 없다. 이는 동학농민군 측에 가담하였던 순천김씨가 같은 지역의 대표적인 사족가문인 전주이씨, 삭녕최씨, 진주하씨, 남원양씨, 흥성장씨, 청주한씨 등과 혼인관계로 얽혀져 있어서,[95] 동학에 가담한 순천김씨 사족을 처벌하기가 정리상 어려웠을 것으로 여겨지는 것이다. 그러나 순천김씨와 같이 지역적 연고나 혼인 관계 등의 관계망이 형성되지 않았던 사회적으로나 경제적으로 열악한 평민이나 노비의 경우는 민보군의 활동에 의해 큰 피해를 겪었으며, 이 때문에 김개남군의 경제적 약탈과도 맞물려서 이후 남원에서는 다른 지역과 달리 동학도의 활동이 활발하지 못했던 원인이 되지 않았나 여겨진다.

V. 맺음말

지금까지 남원지역의 동학혁명과정과 사족들의 대응양상에 대해 살펴보았다. 남원은 호남지역 최초로 최제우에 의해 동학이 전파된 곳이었으나, 최제우가 혹세무민의 죄로 1864년 3월 대구에서 처형되면서 동학의 맥이 끊기게 되었다. 이후 1880년대에 호남지역에 동학

---

[95] 金炫榮, 「南原地方 士族의 經濟的 基盤과 村落支配」, 『朝鮮時代의 兩班과 鄕村社會』, 1999, 188쪽.

이 전파되면서 남원 둔덕의 김홍기 등에 의해서 다시 전파되기 시작
하여 1891년 무렵에는 교도수가 크게 늘어나게 되었다. 이후 1892년
삼례집회에 유태홍이 전봉준과 함께 소장을 올렸으며, 1893년 2월 초
순 복합상소와 1893년 3월 충청도의 보은집회, 전라도 금구집회에도
남원의 동학도들이 다수 참여하였다. 그러나 이처럼 동학이 확산되자
남원 유생들은 동학이 공맹의 가르침과 달리 주문을 숭상하는 이단으
로 배척하였고, 동학교도들이 고을마다 방문을 붙여 선동하는 것에
대해 크게 반발하였다. 또한 1893년 1월 광화문 복합상소에 대해서도
남원 출신의 김택주 등이 중심이 되어 호남지역의 동학배척상소를 주
도하였다. 또한 남원지역에 동학이 확산되는 것을 막기 위해 1893년
5월 이후 남원부사와 사족들의 주도로 마을마다 향약이 실시되었다.

　1894년 동학농민혁명이 발발하여 동학농민군이 관군과 폐정개혁을
약속하고 전주에서 철수한 이후에도 남원에는 여전히 동학농민군이
진격할 수 없었다. 이에 김개남은 남원 공략을 위해 담양과 고흥, 임
실, 남원의 동학농민군 3천 명을 이끌고 남원성에 쳐들어갔다. 김개남
은 남원성을 점령한 뒤 보국안민과 척왜양을 위해 거병하였다고 선언
하였으며, 전봉준을 비롯한 동학농민군 수만 명이 집결하였다. 남원
지역을 혁명의 중심지로 삼고, 일본군의 경복궁 불법 점령에 맞서기
위해서였다. 이들은 7월 초 전봉준과 김학진의 전주 회담 결과 일단
일본군의 예봉을 피하고 관민상화의 원칙하에 폐정개혁에 주력한다
는 방침에 따라 각 지역에 흩어져갔다. 그러나 남원지역 동학농민군
이 안의에서 패퇴하여 영남 진출이 어려워진데다가 다시 7월 말 운봉
의 박봉양이 민보군을 조직하여 남원지역을 위협하게 됨에 따라 8월
19일을 전후하여 전라좌도의 동학농민군이 남원에 재집결하였으며,
김개남도 8월 25일 재입성하게 되었다.

이어 남원의 동학농민군은 9월 이후 일본군과 맞서기 위한 항쟁에 본격적으로 참여하였다. 먼저 이들은 식량과 무기 확보에 주력하였다. 전라 좌도 곳곳에서 무기와 식량을 거두어들여 남원성에 운반하였는데, 그 양은 전봉준이 이끄는 전라우도 지역보다 훨씬 많은 양이 거두어졌다. 김개남이 관할하였던 지역 중 남원지역과 담양에서 가장 많은 군수물자를 부담하였고, 구례, 태인, 임실 등도 막대한 양이 동원되었다. 남원지역은 이처럼 동학농민군의 2차 봉기를 위한 핵심 기지였던 것이다. 이후 식량과 무기를 다수 확보한 동학농민군은 10월 14일 전주를 거쳐 청주까지 진격하였으나 일본군의 우수한 화력에 맞서지 못하고 끝내 실패하였다. 그리고 남원지역에서도 동학농민군이 박봉양의 민보군에 맞서서 전투를 벌였으나, 결국 11월 28일 함락되고 말았다. 이 과정에서 남원성의 성문이 불에 타고 관아의 건물이 크게 훼손되었다.

남원의 동학농민혁명이 진행되는 기간 동안 남원사족들은 부호의 경우 많은 재산을 약탈당하였다. 그러나 학덕이 있는 유생의 경우 별다른 피해를 겪지 않았다. 당시 동학농민군이 전쟁의 수행을 위해 명망 있는 유생의 지원을 받을 필요가 있었기 때문이다. 유생들 역시 위정척사 사상을 가지고 있었기 때문에 동학농민군이 일본군을 격퇴하기 위해 봉기한 것에 대해서는 부정적이지 않았다. 그러나 김개남이 진격하기 직전 군수물자를 무리하게 징수하였고, 동학농민군에게 비협조적인 사족들을 체포하고 구금하게 되자 동학농민군에 대한 사족들의 반발이 커져갔다. 남원지역 사족들은 김개남이 10월 14일 남원성을 떠나자 운봉의 박봉양의 민보군과 연합하여 남원성 공략에 협조하였으며, 박봉양이 이끄는 민보군이 11월 28일 남원성을 재차 공격해오자, 김택주가 이끄는 민보군에 가담하여 동학농민군을 진압하였다. 이후 남원지역은 민보군에 의해 사족의 경우 큰 피해를 겪지 않았으나, 사회적으로나 경제적으로 열악한 많은 평민과 노비가 다수 희생을 당하였다고 보여진다.

▌참고문헌

1. 자료

『高宗實錄』,『承政院日記』,『嶺上日記』,『梧下記聞』,『甲午略歷』

金思汶,『蘭史金先生遺稿』

金澤柱,『晦石遺稿』(金萬鍾氏 所藏)

金澤柱,『敬述』(金萬鍾氏 所藏)

吳宖黙,『慶尙道固城叢瑣錄』

李炳壽,『兼山遺稿』

鄭寅普,『詹園文錄』

趙性家,『甲午日記』

趙永學,『履齋隨稿』

許鍱,『睡鶴集』

「雲峰郡前注書 朴鳳陽經歷書」

「全羅道兵馬節度使徐狀啓」 全羅道兵馬節度使 徐(高宗 31年(1894) 10月 29日)

「全州府前全羅道各邑上納中 匪類所奪錢木米太區別成冊」

『南原 宗理院史』, 南原宗理院, 1926.

『殉敎略歷』, 南原宗理院, 1926.

『駐韓日本公使館記錄』,『日本外務省外交史料館所藏文書』

『고문서』2, 서울대학교도서관, 1987.

吳知泳,『東學史』3(草稿本)

한국농촌경제연구원,『구례군 사회조직문서』, 1991

남원시 전북역사문화학회,『남원동학농민혁명 연구용역 보고서』, 2014.

2. 논저

신용하,『東學과 甲午農民戰爭硏究』, 一潮閣, 1993.

강송현, 「南原圈 東學農民戰爭의 展開」, 韓國敎員大學校 碩士學位論文, 1999.

김봉곤, 「韓末·日帝時期 南原 儒生 金澤柱의 生涯와 活動」, 전남대학교 석사학위논문, 1998.

김현영, 「南原地方 士族의 經濟的 基盤과 村落支配」, 『朝鮮時代의 兩班과 鄕村社會』, 輯文堂, 1999

김상곤, 「『南原東學史』와 『殉敎略曆』 등에 대한 사료해설」, 『續南原戰爭秘史』, 남원민보, 1995

김양식, 「1, 2次 全州和約과 執綱所 運營」, 『역사연구』 2집, 1993.

박맹수, 「전라좌도 동학농민군 활동의 역사적 성격-김개남 부대를 중심으로」, 전라북도남원동학농민혁명기념사업회, 남원동학농민혁명기념학술대회, 2006. 11. 25.

박찬승, 「1894년 농민전쟁기 호남지방 농민군의 동향 -남원지방의 김개남 세력을 중심으로-」, 『동학농민혁명의 지역적 전개와 사회변동』, 동학농민혁명기념사업회, 샛길, 1995.

송호철, 『고흥과 동학농민혁명』, 고흥문화원, 2010.

이진영, 「김개남과 동학농민전쟁」, 『한국근현대사연구』 2, 1995.

이진영, 「東學農民戰爭와 全羅道 泰仁縣의 在地士族 - 道康金氏를 中心으로 -」, 全北大大學院博士學位論文, 1996.

표영삼, 「남원의 동학혁명운동 연구」, 『동학연구』 5집, 한국동학학회, 1999.

■ 「남원지역 동학농민혁명과 士族의 대응」, 『남도문화연구』 제26집, 순천대 남도문화연구소, 2014. 6.

지리산권 동학농민혁명의 상징성 연구
- 송기숙의 『녹두장군』을 중심으로

조은숙 | 전남대학교

Ⅰ. 서론

지리산은 신비로운 전설과 비기 등이 등장하는 산으로서,[1] 예로부

---

[1] 지리산은 예부터 頭留山이나 方丈山이라 불리고 三神山의 하나로 여겨지고 있었다. 남한에서는 한라산을 제외하고는 가장 높은 산이며, 호남·영남에 너르게 퍼져 있고 골이 깊고 기름져서 사람들이 숨어살 수 있는 곳이 많았다. 그래서 지리산은 신비로운 전설과 비기 등이 등장할 수 있는 산으로서 여러 가지 저항세력의 거점으로도 이용될 수 있었고, 현대사에서도 비극적인 빨치산 저항운동으로

터 사람들은 지리산을 영험하고 신비롭게 여겼다. 이에 사람들은 이러한 지리산에 기대어 현실 사회의 질곡과 고통에서 벗어날 '새로운 날'을 기대하고[2] 갈망하며 이곳에 들어와서 이곳을 거점으로 저항하였다. 지리산이 이러한 기대와 갈망을 실현 할 수 있는 산으로, 임진왜란과 구한말의 의병운동, 그리고 일제강점기를 거쳐 1950년대 빨치산 등 여러 저항세력의 거점이자 은신처로 이용되었다는 점은 주지의 사실이다. 그렇다면 120여 년 전 농민들이 질곡과 고통 속에서 떨쳐 일어났던 동학농민혁명[3] 당시 과연 동학농민군에게 지리산은 어떤 의미였고, 어떻게 이용되었을까? 이러한 문제의식을 바탕으로 동학농민혁명을 소재로 하면서 동시에 지리산을 배경으로 한 작품을 살펴보니, 송기숙의 『녹두장군』과 박경리의 『토지』가 있었다. 이 중 『토지』는 시간적 배경이 구한말에서 해방까지로 동학농민혁명만을 다룬 작품이 아니었고, 또한 지금까지 다양하게 연구된 사례[4]가 있기 때문에

까지 이어졌다(김준형, 「조선시대 지리산을 중심으로 한 저항운동」, 『남명학연구』 제31집, 경남대학교 남명학연구소, 2011, 300쪽).

2) 김양식, 『지리산에 가련다』, 도서출판 한울, 1998, 113쪽.

3) 동학관련 용어는 이 사건의 성격을 어떻게 보느냐에 따라 동학난, 동학운동, 동학혁명, 1894년 농민전쟁, 갑오농민전쟁, 동학농민전쟁, 동학농민운동, 갑오동학혁명, 동학농민혁명 등으로 다양하게 지칭되고 있다. 북한에서는 주로 '갑오농민전쟁'이라는 용어를 사용하고 있으며, 남한에서는 2004년에 '동학농민혁명 참여자 등의 명예회복에 관한 특별법'이 만들어지면서 '동학농민혁명'으로 그 위상을 정립하고 있지만, 문학이나 역사 분야에서는 여전히 위의 예처럼 다양한 용어들이 사용되고 있다. 정덕준, 「동학혁명의 문학적 형상화에 관한 연구-남북한 역사소설의 비교연구를 중심으로」, 한림대학교, 2006. 1. 참조. 본고는 2004년 제정된 특별법의 명칭에 따라 '동학농민혁명'으로 명명한다.

4) 박덕규는 『토지』가 지리산 연곡사를 중심으로 한편으로는 평사리 사람들과 연계하고, 다른 한편으로는 당시 현실을 둘러싸고 있는 한국의 시대적 상황에 연계하면서, 분단 전후의 빨치산의 무대로서 한국 소설 속에 등장하던 지리산을 동학의 시대까지 확장시켰다고 의미를 부여한다(박덕규, 「땅과 우리 문학」, 김수복 편저, 『한국문학 공간과 문화콘텐츠』, 청동거울, 2005, 257쪽). 이상진은 『토지』가

제외하였다. 따라서 현재까지 이에 대한 연구가 전혀 없었던 송기숙의 『녹두장군』을 본 논문의 텍스트로 삼았다.

　지리산은 지리학적으로 실존의 공간이다. 그렇다 해도 문학 공간은 작가의 인식 방향에 따라 다르게 구성되는 구성체이기 때문에, 그저 지리적 대상으로서의 공간에 머물기 보다는 인간의 확장된 삶의 공간이며, 역사적 경험을 기억하는 흔적으로써 과거의 체험을 현재화하는 동시대적 공간[5]이라고 할 수 있다. 따라서 서사 공간의 상징성에 대한 연구는 작품 속에 구현된 공간이 실재 세계의 공간과 얼마나 정합하느냐를 따지기보다는 어떻게 새로운 공간으로 구현[6]되고 있으며, 그 공간에 담고 있는 상징적 의미가 무엇인지를 밝히는 것이 중요하다고 본다. 지금까지 현대소설에서 지리산을 문학공간으로 한 작품을 살펴보면 이병주의 『지리산』, 조정래의 『태백산맥』, 김원일의 『겨울 골짜기』, 이태의 『남부군』, 문순태의 『피아골』 등이 있다. 이들 작품에서 지리산은 빨치산이 활동하는 무대로 분단 전후 이데올로기의 갈등 공간으로 묘사되고 있다. 이에 비해 『녹두장군』은 동학농민혁명 당시까지 거슬러 올라가 서사화함으로써, 지리산을 '조선의 혼'이 담

　기존의 지리산이 가지는 장소적 정체성, 곧 저항적인 이미지를 통해 역사적인 맥락을 형성하고 있지만, 저항과 자유의 서사는 자비의 사상, 생명과 화해, 모성의 이미지를 드러내어 기존의 저항적 이미지를 희석시키고 생명의 공간으로서 지리산을 보여주고 있다고 평가한다(이상진, 「자유와 생명의 공간, 〈토지〉의 지리산」, 『한국소설연구』 37호, 한국현대소설학회, 2008, 296쪽). 조윤아는 공동체적 성격을 띤다는 점에서 지리산과 평사리가 유사성을 지닌다고 평가하면서 지리산을 '억압·핍박·착취·차별 등의 고통이나 생사의 번뇌를 안고 모여든 다양한 계층의 사람들이 공동의 선을 모색하고 추구하는 공간'으로 규정한다(조윤아, 「공간의 성격과 공간 구성」, 최유찬 외, 『〈토지〉의 문화지형학』, 소명출판, 2004, 201쪽).
5) 한원균, 「문학과 공간: 그 이론적 모색」, 김수복 편저, 『한국문학공간과 문화콘텐츠』, 청동거울, 2005, 13쪽.
6) 장일구, 「서사공간의 상징적 기호」, 『한국언어문학』 58, 한국언어문학회, 2006, 56쪽.

긴 변혁의 공간으로 상징화하고 있다.

『녹두장군』은 1892년 8월 선운사에서 미륵배꼽비결을 꺼내는 사건
부터 1894년 12월 15일 장흥 석대들 전투까지 동학농민혁명의 전 과
정을 형상화하고 있다.[7] 그렇기 때문에 서사 공간은 한양 이남으로
한 우리 국토 대부분이라고 할 수 있다. 그런데 작가는 작품의 서두에
서부터 말미까지 긴밀하게 서사의 중심에 지리산과 지리산 권역인 남
원을 두고 있다. 작가가 이곳을 서사의 중심 공간으로 한 이유를 크게
두 가지로 볼 수 있다. 하나는 작가 개인적 체험이다. 송기숙은 5·18
광주민주화운동으로 광주교도소에서 출옥한 뒤 1982년 12월부터 1983년
8월까지 『녹두장군』을 쓰기 위해 피아골에 칩거했다.[8] 송기숙이 『녹
두장군』을 쓰게 된 이유는 문학적 원체험기에 외할아버지에게 들었던
동학농민혁명의 일화가 계기가 되었다. 그는 "이 이야기는 내 생애에
서 가장 강렬하게 내 머리에 형성된 영상"으로 남아 있었기에, "소설
을 쓰는 나로서는 이 주제 하나만은 한번 제대로 다루고 싶은 강한 충
동을 받게 되었다"[9]고 밝힌 바 있다. 송기숙은 자신의 태생지인 '섬'[10]

---

[7] 작가가 음력으로 표기하고 있기 때문에 그에 따르기로 한다.

[8] 송기숙은 1976년 전남대학교 산악반 지도교수를 맡았고, 이때 지리산을 종주한
다. 이후 이영희, 이호철, 김주영, 이문구 등과 지리산을 등반하였으며, 단편「智
異山의 총각샘」,「당제」의 배경이 지리산일 정도로 지리산은 그의 삶과 문학에
깊숙이 자리하게 된다. 그는 교육지표사건으로 청주교도소에 수감되었을 때부터
『녹두장군』의 집필을 구상하고 동학과 근세사에 관한 책들을 탐독하기 시작한
다. 그리고 출옥한 뒤에는 동학농민혁명의 현장을 두루 답사한 뒤, 1979년 12월
부터 1980년 2월까지 지리산 화엄사에서 3개월 동안 기거한다. 이어 5·18광주민
주화운동으로 광주교도소에 수감되면서부터 『녹두장군』을 집필하기 시작한다.
광주교도소에서 출감한 뒤인 1981년 『현대문학』에 『녹두장군』을 연재하기 시작
하고부터는 집필 활동에 전념하기 위해 1982년 12월부터 1983년 8월까지 피아골
(구례군 토지면 평도리)에 칩거한다. 그리고 마침내 『녹두장군』을 동학 100주년
의 해인 1994년 5부 12권으로 완간한다. 조은숙,『송기숙의 삶과 문학』, 역락,
2009. 371~380쪽 참조.

이나 그가 성장했던 깊은 산골 마을인 '자랏골[11]'에 살고 있는 사람들의 역사적 내력에 대해 끊임없이 의문을 제기했다. 그러던 중 동학농민혁명에 대한 글을 쓰기 위해 자료조사와 현장 답사를 하면서 "조선 후기 민란 이후 웬만한 사람들은 지리산 깊은 산골로 숨고 수괴급들은 섬으로 도망쳤으며, 잡힌 사람들도 감사도배(減死島配), 곧 사형에서 일등 감하여 섬으로 유배되었다"[12]는 사실을 확인하게 된다. 이로써 태생지인 외딴 섬 '화도'와 '굽이굽이 열 두 굽이를 돌아가야 나오는 첩첩산중 깊은 산골'[13]인 '자랏골'은 '천혜의 피세지'이자, 동학농민혁명 당시 7백 리 길을 걸어 공주 전투와 태인 전투에 참가했던 동학농민군과 그 '동학의 후예'들이 살아온 저항의 공간이 된다. 송기숙이 피아골에 머물면서 쓰고 싶었던 이야기는 '핏발선 싸개통에서 갖가지 허물로 고향에서 뱉바르게 살 수 없는 이'들인 민중의 이야기였다. 때문에 지리산의 피아골이라는 문학 공간은 '화도'와 '자랏골'의 또 다른 이름이라고 할 수 있을 것이다.

다른 하나는 역사소설의 속성이 '역사적 사건의 재현'이라고 할 때,

9) 송기숙, 「공동체적 존재로서의 민중: 작가가 본 전봉준과 동학」, 『신인간』 423, 1984, 54~55쪽.
10) 송기숙이 태어난 섬인 '화도'는 여산 송씨의 집성촌으로, 그의 출생지는 전라남도 완도군 금일면 육산리 산9번지이다. 화도가 여산 송씨의 집성촌이 된 배경은 송기숙의 선조이자 단종의 장인이었던 송현수가 단종복위운동에 연루된 혐의로 주살되자 그의 아들이 강진으로 피신하게 되었고, 이후 임진왜란 때에 그 후손들이 다시 화도로 '入島祖'하여 형성되었다. 조은숙, 앞의 책, 32쪽 참조.
11) '자랏골'의 원래 토속적인 이름은 '자푸지'이며, 행정구역상으로는 전남 長興君 蓉山面 蒲谷里이다. 이곳은 송기숙이 초등학교 때 전학을 와서 청소년기를 보낸 곳이다. 조은숙, 「송기숙 소설의 토포필리아 연구」, 『현대문학이론연구』 제46집, 현대문학이론학회, 2011. 9, 276쪽 참조.
12) 송기숙, 「작품 쓰기와 현장 답사」, 『민족의 길, 예술의 길』, 창작과비평사, 2001, 270쪽.
13) 송기숙, 『자랏골의 비가』 상, 창작과비평사, 1977, 31쪽.

동학농민혁명이라는 역사적 사건을 가장 잘 재현해 낼 수 있는 공간
으로 '지리산'에 담겨있는 '문화적 정체성'을 중시했기 때문으로 볼 수
있다. 이는 작가가 『녹두장군』을 서사화 해 가면서 끊임없이 지리산
과 관련된 비결, 참언, 설화를 상호텍스트로 활용하여 독자로 하여금
문학 공간에 대한 이해의 폭을 확장14)시키고 있음에서 확인할 수 있
다. 또한 지리산 권역인 남원이 왜적과 치열하게 싸웠던 절의의 공간
이라는 역사성과 남원을 중심으로 동학농민혁명을 이끌었던 김개남
의 협객과도 같은 의기를 높이 평가했기 때문으로 볼 수 있다. 작가는
혁명이 이루어지기 위해서는 뒤로 물러서지 않는 '불뚝성'의 저항 정
신과 군중을 통솔하는 능력이 뛰어나야 하는데 그 적임자를 김개남으
로 보고 있다. 그 근거를 최제우-월공스님-김개남으로 연결되는 '칼'
을 통해서 살펴 볼 것이다.

따라서 본고는 먼저 작가가 지리산이란 공간을 어떻게 형상화하고
있는지 텍스트를 통해 분석한 후, 재창조된 공간으로서 '지리산'이 갖
는 상징성이 무엇인지 밝히고자 한다. 그리고 공간은 인간의 의식과
행동에 지대한 영향을 주기도 하는데, 작가가 서사 공간으로 표상한
'지리산'은 지리상 의미보다는, 작가의식을 반영한 상징적 공간으로
볼 수 있기 때문에 작가가 『녹두장군』을 통해 밝히고자 했던 지리산
의 '문화 정체성'이 무엇인지 고찰하고자 한다.

---

14) 지리산이 신비화되면서 지리산과 관련된 비기가 조선 초기부터 확산되고 있었
다. '지리성모'라는 비기가 퍼져 있었고, 지리산이 도가들이 도를 대대로 전수하
던 소굴이며 신선들이 모여살고 있던 곳으로 전하는 『행동전도록』도 등장한다.
이에 따라 미래를 예언하는 비기 및 참설들이 지리산과 관련해서 만들어졌으며,
이런 비기·참설들은 실제 여러 가지 모반이나 고변 사건에서도 자주 나타나고
활용되고 있었다(김준형, 앞의 글, 300쪽).

II. 동학사상의 시원

『녹두장군』의 첫 서사 공간은 선운사다. 그러나 작가는 선운사에 전해 오는 '선운사 미륵비결설화'를 서술자의 요약적 진술로 서술한 후, 서사 공간을 곧바로 '남원'으로 옮겨 간다. 선운사에서 남원으로 옮겨가는 공간은 설화적 공간이다. 소설에서 공간은 단순히 실제로 일어나는 사건이나 경험한 세계만을 표상하는 것이 아니라 인물의 내면이나 심리 상황을 드러내는 공간도 아울러 포괄[15]하고 있다. 따라서 『녹두장군』에서 지리산이란 공간은 단순히 물리적 공간이기 보다는 작중 인물들의 심리 상황을 환기시킬 수 있는 상징 공간으로 작동한다. 동학지도자들의 대화나 농민[16]들 사이의 은밀한 소문을 통해 제시되는 지리산은 신성한 공간으로 내면화되어 있다.

> 이 미륵의 배꼽에는 신비스런 비결이 하나 숨겨져 있다는 것으로, 그 비결이 이 세상에 나오는 날에는 한양이 망한다는 것이다. 한양이 망한다는 것은 조선왕조가 망한다는 것이니, 이것은 나라가 뒤집힌다는 어마어마한 소리였다. 한데, 거기에는 비결과 함께 벼락살(煞)이 함께 봉해져 있어 누가 그 비결을 꺼내려고 거기 손을 대기만 하면 대번에 우광 쾅 벼락이 떨어져 그 벼락에 맞아 죽고 만다는 것이다.

---

15) 한용한,『소설학사전』, 문예출판사, 2004, 48쪽 참조.
16) 작가는 동학농민혁명의 주체를 '농민', '밑바닥 백성', '동학도', '농민군' 등 여러 호칭을 사용하면서 농민들이 동학농민군으로 변모해 가는 과정을 보여주고 있다. 이에 본고는 동학농민혁명의 1차 봉기 이전에는 '농민'과 '밑바닥 백성'을 '농민'으로, 동학농민혁명의 1차 봉기 이후에는 동학농민군으로 명명하기로 한다. 그리고 고부 농민들이 주체가 되어 1893년 11월 30일부터 1894년 3월 2일까지 지속되었던 봉기는 '고부민란'으로, 이후 안핵사 이용태와 그 역졸들의 만행으로 인해 전국적으로 확산되었던 1894년 3월 초 1차 봉기부터는 '동학농민혁명'으로 본다. (음력 표기임)

선운사 도솔암 미륵불

소설가 송기숙과 필자

(…중략…)

이 미륵이 얼마 전부터 배가 불러지기 시작하더니 지금은 아홉 달 된
애어미 배처럼 잔뜩 불러 금방 터질 지경이라거니, 언제부턴가 한밤중
이면 그 배꼽에서 소리가 나기 시작했는데, 그 소리가 사람 소리 같기도
하고 짐승 소리 같기도 하여 예사 때는 무슨 소린지 확실하게 알아들을

수가 없으나 어쩌다가 바람결에 들으면 동학 13주문을 외는 소리가 분명하다거니, 이 미륵이 한밤중에 감쪽같이 없어졌다가 며칠 만에 나타나기도 하는데, 이번에는 어디로 갔는지 몰랐으나 나중에 알고 보니 남원 교룡 산성 산꼭대기에 머물다 온다거니 하는 따위였다.[17]

소문은 집단 감정의 투사물로 행동의 방향을 결정하게 하고 이끌어주는 중요한 매개체가 된다. 때문에 자신들의 의사를 널리 전달할 수 있는 도구를 가지지 못한 농민들은 그들의 의사를 참언이나 유언비어로 전파하거나 꿈과 소망을 설화로 빚어 널리 유포시켰다. 그리고 사회변혁을 도모했던 세력들은 농민들의 이러한 속성을 이용해서 소문을 선전 도구로 활용하였다.

선운사에 전해오는 미륵비결설화는 예전부터 전해 오는 이야기로 마애미륵 배꼽에서 비결이 세상에 나오는 날 '한양이 망한다'는 역성혁명의 의미를 담고 있었다. 아직까지 그 비결을 꺼낸 사람이 없었기에 그 소문은 큰 효력을 발휘하지 않았다. 그러나 요사이 그 비결을 꺼낼 사람이 동학도 가운데서 나온다는 소문이 농민들과 동학지도자 사이에 돌면서 미륵이 '동학 13주문'을 외운다거나 최제우가 칼노래를 부르며 칼춤을 췄던 남원 '교룡산성'에서 머물고 온다고 구체화된다. 마침내 동학지도자들이 비결을 꺼내자, 농민들은 손화중이 그 비결을 가지고 지리산에 들어가 백일기도를 하고 있으며, 백일기도를 하는 곳이 이성계가 조선을 건국하고 지리산 산신에게 제를 지냈던 운봉 여원재라는 소문을 낸다. 그런데 농민들은 왜 최제우가 칼춤을 췄던

17) 송기숙, 『녹두장군』 1권, 창작과비평사, 1994, 6~7쪽. 본고는 『녹두장군』 본문내용을 직접 인용 시에 각주표기가 많은 관계로 같은 권수와 같은 쪽수일 경우에는 문단 뒤쪽에 한 번만 표기하기로 한다.

남원 교룡산성에서 미륵이 머물고 온다고 소문을 냈으며, 동학의 지
도자들 중에 손화중을 선택했을까? 그리고 손화중이 기도하고 있는
공간이 지리산에 있는 운봉 여원재였을까?

　이는 변혁을 바라는 농민들의 정치의식의 발로로 볼 수 있다. 자신
들의 의사를 전달할 수 있는 특별한 도구를 갖지 못하였던 농민들은
어떤 계기가 생기면, 전해 오던 참언이나 설화에 꿈과 소망을 담아 유
포시켰다. 이는 동학접주들의 회의에서 오지영의 아래와 같은 발언에
서 확인할 수 있다. 그는 "동학도들이 그 비결을 꺼낸다는 소문을 백
성들 스스로가 만들어 퍼뜨리고 나서 지금 와서는 동학 두령들이 그
것을 꺼내지 않는다고 허풍쟁이니 거짓말쟁이니 하고 비난"을 하고
있는데, 그것은 "우리 동학을 그만큼 신뢰하고 있다는 반증"이며, "우
리더러 그 비결을 꺼내라고 지금 우리들을 거세게 몰아붙이고 있는
것이 사실이다"[18]라고 말한다. 이제 농민들은 이미 썩을 대로 썩어버
린 정치체제에서는 몇 사람의 선정을 베푸는 관리만으로는 자신들의
고통을 해결해 줄 수 없음을 인식하고, 그 기대를 동학지도자에게 맡
기고 후천개벽의 변혁을 바라는 쪽으로 자신들의 소망을 설화나 비결
에 귀착시키고 있는 것이다.

　지리산 권역인 남원의 교룡산성은 최제우가 칼노래[19]를 만든 곳이
다. 그런데 『녹두장군』에서 교룡산성은 실제적 공간이기 보다는 민중

---

18) 송기숙, 『녹두장군』 1권, 14~15쪽.
19) "시호란 때가 이르렀다는 말이다. 만년 만에 하나나 날까말까한 장수로서, 다시
　올 수 없는 기회를 오만년 만에 만났으니, 용천검 드는 칼을 아니 쓰고 어찌 할
　것이냐? 기세 좋게 칼을 들어 천지를 홀로 감당하고, 일월을 희롱하며, 우주를 덮
　을 용맹을 떨치니 만고명장인들 당할 수가 없으리라"(송기숙, 『녹두장군』 2권,
　216쪽). 최제우가 형을 받을 때 특히 문제 삼은 부분이 이 검결의 내용 속에 역모
　의 뜻이 담겨있다는 것이었다.

들의 소망이 담긴 신비적인 색채를 띤 설화적 공간이다. 최제우의 칼
노래는 동학의 경전이라 할 용담유사에도 빠져있는 내용으로 입에서
입으로만 전해지고 있다. 그러므로 최제우의 칼노래는 문자를 해독할
수 없는 민중들의 노래이며, 그들은 혁명을 통해 "수령 방백은 말할
것도 없고, 조정의 대소 권속붙이며 골골이 박혀 있는 양반놈들 모가
지를 선머슴 무토막 자르듯 날려버리고"[20] 싶었던 것이다. 그래서 이
나라의 활계는 '칼뿐'이라고 보았을 것이다. 최제우는 남원의 교룡산
성에서 3개월 동안 머물면서 서장옥을 만나게 된다.[21] 이로써 지리산
권역인 남원의 교룡산성은 동학을 창시한 최제우와 남접의 정신적 지
주 역할을 했던 일해 서장옥의 만남이 이루어진 곳이다. 또한 손화중
의 주선으로 전봉준도 서장옥을 교룡산성에서 만나 동학에 입도하였
으니 남원은 동학사상의 진원지이면서 동학농민혁명의 씨앗이 발아
된 곳이다. 이렇듯 작가는 최제우의 칼노래를 서술자의 요약적 진술
이 아니라 농민들의 소문으로 서사 속으로 끌어들임으로써 교룡산성
은 신성화 되어 설화적 공간으로 작용한다.

　농민들은 동학지도자들에게 남원 교룡산성의 칼노래를 통해 변혁
의 때가 이르렀음을 확인시킨 후, 손화중이 미륵비결을 가지고 지리
산의 운봉 여원재로 100일 기도하러 갔다고 함으로써 변혁의 시기를
'동지달 그믐께'로 설정한다.

　요사이 버썩 사람들 입에 오르내리고 있는 손화중은 젊은 사람이지

---

20) 송기숙, 『녹두장군』 4권, 190쪽.
21) 실제로 최제우는 교룡산성 덕밀암(최제우에 의해 隱蹟庵으로 개칭)에서 6개월간 체
　류하였다(표영삼, 「남원의 동학혁명운동 연구」, 『동학연구』 5집, 한국동학협회, 1999,
　23쪽).

만, 동학교단에서는 전라도의 우두머리 격인 사람으로, 인품 또한 웬만
한 사람입니다. 그가 어떻게 해서 동학교도가 된 줄 아십니까? 그는 동
학에 입도할 때 지리산 청학동에 가서 입도를 했습니다. 그가 청학동을
찾아갔던 것은 처음부터 동학에 입도하자고 간 것이 아니고, 아까 말씀
하신 십승지를 찾아갔던 것입니다. 그는 거기서 엉뚱하게 동학의 교리
에 접하고 바로 입도를 했습니다. 그러니까, 승지를 땅에서 찾은 것이
아니고 동학에서 찾은 것이지요.[22]

　『녹두장군』에서 손화중이 지리산의 운봉 여원재에서 기도를 했다
는 점은 중요한 상징성을 지닌다. 운봉 여원재 또한 설화적 공간이다.
운봉 여원재는 태조 이성계가 지리산 산신한테 제를 지내고 임금이
되라고 허락을 받은 제단이 있는 장소이다. 농민들이 이러한 제단에
서 이 세상에 나오는 날에는 한양이 망한다는 소리가 수백 년간 전해
오던 비결을 가지고 손화중이 산신에게 기도를 한다고 소문을 낸 까
닭은 역성혁명을 이루려는 자신들의 정치적 지향의식으로 볼 수 있
다.

　손화중은 관헌의 기찰을 피해 부안·정읍 등지로 거처를 옮겨 다니
다 무장에 포교소를 설치했다. 그리고 이곳을 근거로 세력을 확장하
였는데 그 세력이 커서 주변 고을까지 이름이 널리 알려져 있던 인물
이었다. 농민들은 그가 '동학교단에서는 전라도의 우두머리 격인 사
람'이고, '인품 또한 웬만한 사람'이며, '동학에 입도할 때 지리산 청학
동에 가서 입도'했다는 점과 '승지를 땅에서 찾은 것이 아니고 동학에
서 찾은 것'까지 잘 알고 있었기에 그에게 소임을 맡긴 것이다. 여기
서 농민들이 지도자를 선택했다는 의미는 동학농민혁명의 주체가 민

22) 송기숙,『녹두장군』 2권, 179쪽.

중이었음을 의미한다. 본래 지리산은 십승지(十勝地) 중 하나로 '도망
가서 살아날 수 있는 땅'으로서의 의미를 지니고 있었다. 그러나 손화
중이 동학의 교리를 접하고 입도하면서 이곳은 더 이상 목숨을 보존
하기 위해 숨는 십승지로서의 역할이 아니라, 인내천(人乃天)사상의
물줄기를 뿜어내는 시원으로서 역할을 하고 있다. 즉 "임금도 하늘이
고 백성도 하늘이고, 양반도 하늘이고 상민도 하늘이며, 남자도 하늘
이고 여자도 하늘이요, 종도 하늘이고 그 주인도 하늘"인 세상으로
"그렇게 모두 하늘이니 사람이면 모두가 서로 한 치의 차이도 없이 똑
같이 평등하게 하늘"[23]인 곳이 바로 지리산이었던 것이다. 이처럼 농
민들에게 지리산은 물리적 존재를 뛰어넘어 마음속에 내면화된 구원
의 공간으로 자리매김하였다.

『녹두장군』에서 지리산이 동학사상의 시원으로 거듭나는 지점은
손화중이 비결을 가지고 지리산으로 들어가서 100일 기도를 한다는
부분이다. 관의 폭압이나 늑탈을 견디지 못한 농민들과 사회변혁을
도모하고자 하는 동학지도자에게 손화중의 100일 기도는 혁명을 준비
하는 의미 있는 시간으로 작용하고 있다. 즉 농민들은 사람들이 모이
는 주막이나 장날을 이용해서 "모기도 천이 모이면 천둥소리를 낸
다"[24]며 농민들의 자발적 합의를 촉구한다. 동학지도자들도 동학도들
을 포교하기 위한 여론 형성과 동시에 혁명에 참여하지 않는 접주들
은 '허수아비가 될' 수 있다는 점을 상기시켜 이들의 참여를 유도하는
역할을 하고 있다. 따라서 100일이라는 기도 기간은 동학지도자와 농
민들이 저항세력을 결집하고 연대의식을 고취할 수 있는 시간이었다.

그 결과 100일 뒤 삼례집회에서 만여 명이 모일 수 있었으며, 이씨

---

23) 위의 책, 179쪽.
24) 송기숙, 『녹두장군』 1권, 30쪽.

조선 개국 이래 백성들이 몰려가서 감사를 굴복시키는 '처음 있는 일'25)을 만들어냈다. 이러한 일련의 과정에서 동학지도자들과 농민들은 소속 집단의 정신적 지향점을 일정한 방향으로 수렴하기 위해, 특정의 담론을 형성하고 유포하여 사회적 개혁 의지를 드러낼 수 있게 되었다. 그들이 퍼뜨린 참언이나 소문은 자신들의 구체적인 삶에서 얻은 수많은 체험을 바탕으로 하고 있었다. 따라서 이러한 참언이나 소문은 그들의 생활과 밀착되어 이해되었고 계속해서 전파될 수 있었다. 그 결과로 이후 6개월 사이에 벌어지는 서인주·서병학이 공주 감영에 소 올린 사건(1892.10), 삼례집회사건(1892.11), 서울 복합상소사건(1893.2), 보은집회사건(1893.3) 등 다섯 차례의 큰 집회가 가능했던 것이다.26)

농민들은 지리산 권역인 남원 교룡산성에서 최제우가 칼노래를 부르며 췄던 칼춤과 손화중이 지리산 여원재에서 기도를 하고 있음을 통해 역성혁명을 이루려는 정치적 지향의식을 드러낸 후 곧바로 지리산의 산신인 '마고할미'전설27)을 차용한다. 농민들이 동학농민전쟁을 함께 할 지도자를 선택한 후, '성모 마고'를 끌어들인 이유를 세 가지로 볼 수 있다. 하나는 초월적인 존재인 마고할미가 진인(아기장수 우투리)을 보호하고 있기 때문에 '군주사회를 바꾸어 민주사회를 이루기'28) 위해서는 산신을 자신들의 편으로 끌어들여야 했기 때문이었다. 다른 하나는 대부분의 산신이 남성임에 비해 지리산 산신인 성모 마

25) 송기숙, 『녹두장군』 3권, 10쪽.
26) 조은숙, 「동학농민전쟁의 소설화 전략 비교 연구-송기숙의 『녹두장군』과 한승원의 『동학제』를 중심으로」, 『현대문학이론학회』 제49집, 현대문학이론학회, 2012, 396쪽.
27) 송기숙, 『녹두장군』 4권, 41~42쪽.
28) 송기숙, 『녹두장군』 6권, 217쪽.

고가 여성임을 감안할 때 지배 계층에 의해 일상적 삶을 유린당해 온 이름 없는 민중들의 저항으로 볼 수 있다. 그동안 여성들이 가부장적 이데올로기의 희생양이었듯이, 민중들도 역사의 주도권을 행사한 지배층에 대칭하는 역사적 타자로서 하위주체로 존재해 왔던 것이다. 마지막으로 인간이 천주를 자기 안에 모심으로써 진정한 자기가 된다는 '시천주'[29]의 지향이다. 이는 『녹두장군』에서 여성인물의 삶이 '성모 마고'를 차용하기 이전과 이후에 변화를 보이는 점에서 확인할 수 있다. 이전에는 대부분 여성들이 주자학적 사고방식을 받아들이고 있으나, 지리산의 성모 마고가 이성계의 즉위를 반대하였듯이, 여성들도 이후에는 거부한다. 이렇듯 작가는 지리산의 『녹두장군』만이 갖고 있는 지리산의 이미지를 성모 마고를 통해 근대적 여성상으로 형상화하고 있다. 그 대표적 인물이 월례와 연엽[30]이다. 이는 동학농민혁명

---

[29] 문동규는 시천주란 진정한 자기가 된다는 것으로 이전의 자기를 내던져 버리고 새로운 자기(본래적 자기)가 됨을 의미하며, 자신의 삶을 스스로 펼쳐 삶의 주인이 되는 것을 의미한다고 말한다. 문동규, 「지리산권 동학농민혁명과 동학의 '시천주': '이상적인 삶'에 대한 지향」, 『지리산권 동학농민혁명과 동학』, 인문한국(HK) 지리산권문화연구단 학술대회 자료집, 152쪽 참조.

[30] 월례는 종의 신분으로 남편이 있음에도 불구하고, 호방에게 팔려가 성적 능욕을 당했다. 그런데 동학에 입도한 후에는 안핵사 이용태의 성적 추행도 당당히 거절하며 봉건적인 사고방식을 버린다. 그녀는 언문을 깨우쳐 동학지도자에게 편지를 보내거나, 남편에게 글을 가르친다. 또한 동학농민혁명에 적극적으로 참여하여 전주성 전투에서 부상당한 농민군을 치료하거나, 장흥 석대들 전투에서 '어산 여장군'으로 활약하며 당당하게 여성 주체로서의 삶을 살아간다. 연엽(연산홍)도 부모의 파산으로 수정옥의 기생이 되었으나, 동학에 입도한 후 하학동 여인들에게 동학에 대해 강의를 한다. 그녀는 동학 세상이 오려면 여성들도 깨우쳐서 자신의 의지와 상관없이 남성들이 만들어낸 부권윤리와 법도를 불에 던져 버리고, 남성들과 함께 해야 한다고 주장한다. 연엽은 고부봉기가 일어나자 하학동 여인들을 통솔하여 농민군의 안살림을 책임지며, 농민군으로부터 '대장님'이라는 칭호를 받는다. 이밖에도 『녹두장군』에는 약혼자가 있음에도 불구하고, 방학주의 첩이 되어 몸을 버리게 되자, 사당패에 들어가서 창(노래)을 하며 농민군을 위로하고, 마지막으로 일본군을 끌어안고 죽음을 선택한 길례, 역졸에게 겁탈

이 남성들만의 혁명이 아닌 다른 한 축에 여성이 있었음을 구체화하기 위한 서사 전략31)으로 볼 수 있다.

III. 도피와 저항운동의 중심지

송기숙은 삼례집회 이전까지는 지리산을 소문으로 표상된 심상의 공간으로만 형상화한다. 그러나 고부 봉기가 있기 전에 전봉준이 남도지방을 순회하는 시점에서 지리산은 실제 공간으로 등장한다. 작가는 편집자적 논평을 통해 전봉준이 동방동 나루에 오르자 "지리산이

을 당하지만, 병든 아버지 대신 집안 살림을 꾸려나가며 농민군을 돕는 경옥, 농민군에게 군자금을 보내거나 조정과 왜군의 움직임에 대한 정보를 제공하는 군자란, 농민군 장막에서 일을 거들었던 강쇠댁 등등 주체적인 삶을 살아가는 여성 인물이 많이 등장한다.

31) 한승원의 『동학제』(전7권)나 문순태의 『타오르는 강』(전9권)도 동학농민혁명을 소재로 하고 있으나, 동학사상을 적극적으로 수용하거나 혁명에 참여한 여성인물이 없다. 『동학제』에서 화월과 버들도 동학농민군이 도망갈 수 있도록 돕지만, 적극적으로 신분 변화를 꾀하지 못하고 기생으로서의 수동적인 삶을 살아간다. 『타오르는 강』에서 소바우엄마도 대불을 따라 동학에 입도해 산채에서 함께 생활하지만, 문둥병에 걸려 숨어 지내다가 죽게 된다. 이와 달리 송기숙의 『녹두장군』에서 연엽과 월례는 동학농민혁명 전 과정에서 여성 주체로 당당한 역할을 하고 있다. 이는 남소사랑의 「동학당정토약기」에서 "장흥 전투의 틈을 타서 부사를 죽인 것은 여자(이소사)라는 소문이 있었다"라는 내용과 일본 1895년 3월 5일자 『국민신문』에서 "동학당에 여장부가 있다. 동학당의 무리 중에 한 명의 미인이 있는데, 나이는 꽃다운 22세로 용모는 빼어나기가 傾城之色의 미인이라 하고, 이름은 李召史라 한다. 오랫동안 동학도로 활동하였으며, 말을 타고 장흥부가 불타고 함락될 때 그녀는 말 위에서 지휘를 하였다고 한다. 일찍이 꿈에 天神이 나타나 오래된 祭器를 주었다고 하여 동학도가 모두 존경하는 神女가 되었다. 그러나 장흥전투의 패배로 관군에 체포되어 지금은 장흥의 철장 안에 있다고 한다."(사료총서 22권, 499쪽)는 내용에서 알 수 있듯이 당시 여동학의 활약상을 보여준다고 할 수 있다. 천도교 장흥교구·장흥군, 『장흥동학농민혁명사료총서』 II, 수미등, 2009, 226~227쪽 재인용.

손짓하듯 다정한 모습으로 내려다보고"[32]있다고 하면서, 지리산이라는 실제 공간을 구체적으로 묘사한다. 그리고 지리산에 전해 내려오는 명칭과 삼한시대부터 삼국시대까지 국경에 접하여 분쟁이 그치지 않았던 점, 이어 이 공간이 왜구들의 약탈이 심했으며, 임진왜란 때는 숱한 왜병을 무찌르고 수백 명의 의병들이 옥쇄했다는 역사적 사실을 서술한다. 이는 지리산이 지니고 있는 민중의 한을 새로운 생명력으로 승화시키고, 지리산만이 갖고 있는 '문화적 정체성'을 불러내기 위한 서사 전략으로 볼 수 있다.

지리산은 "역모나 민란에 가담했다가 도망쳐 온 사람, 아니꼬운 관가 놈 작살내 놓고 튄 사람, 주인 몰래 내빼온 종, 제대로 짝을 지어 살기 어려운 남녀", "세금이나 환자 또는 남의 빚에 몰려 밤봇짐을 싼 사람"[33]들이 몰려든 곳이다. 이들은 대부분 민란의 주모자[34]나 세상에 볕바르게 살기 어려운 사람들로 "지리산에서 나는 갖가지 목물이며 화목, 숯, 산피, 약재며, 곶감, 밤, 대추랑 과일 등이 쌍계산 골짜기와 피아골 골짜기 그리고 구례 방면에서 쏟아져 나왔기 때문에"[35] 여러 가지 생계 대책을 세울 수 있었다. 그래서 그 곳에 집단으로 모여 살면서 현실에 대한 불만을 공유할 수 있었다. 여기서 작가는 지리산에 몰려 든 사람들의 다양한 모습을 구체적으로 나열하여 지리산이 이들의 공통된 분노를 표출하는 저항지가 될 수밖에 없는 이유를 상징적으로 보여준다.

---

32) 송기숙, 『녹두장군』 4권, 39쪽.
33) 송기숙, 『녹두장군』 5권, 282쪽.
34) 민란주모자들은 민란이 수습되면 수창자는 효수되는 것이 상례이고, 다음 급은 '減死島配' 혹은 그냥 '도배'되기 십상이었다. 고종 12년부터 농민전쟁이 발발한 1894년까지 20년 사이에 43건의 민란이 일어났는데, 그 중 처벌내역이 밝혀진 28 건 가운데 12건의 내용에 도배가 끼어 있다. 한우근, 『동학난 기인에 관한 연구: 그 사회적 배경과 삼정의 문란을 중심으로』, 서울대학교 출판부, 1988, 71~78 참조.
35) 송기숙, 『녹두장군』 4권, 41쪽.

전봉준은 남도지방을 순회하다가 화개장에서 칠성이를 만난다. 칠성은 고부 하학동에서 진황지를 일구며 살았다. 그러나 감당할 수 없는 세미가 부과되어 더 이상 별바르게 살 수가 없었고, 결국 지리산 피아골로 도망와서 숯을 구워 화개장에 내다 팔면서 목숨을 보전하고 있었다. 그러다가 전봉준으로부터 자신과 같이 형편이 딱한 사람을 피아골로 보낼 터이니 보살펴 달라는 부탁을 받고 이미 지리산이 초만원 상태임을 알린다. 이는 지리산이 '삿갓베미'와 '공중베미'이야기가 나돌 정도로 도망 온 사람들이 넘쳐나서 이미 포화상태에 이르렀음을 의미하며, 동시에 '지리산의 현실'이 곧 '조선의 현실'임을 상징적으로 보여주는 행위이다. 또한 지리산에 더 이상 사람들이 모여들 공간이 없다는 것은 세상이 이미 황폐하여 농민들이 더 이상 갈 곳이 없다는 의미로 혁명의 때가 이르렀음을 상징적으로 보여준다. 전봉준이 농민들의 삶을 돌아보며 봉기의 시기를 고민하고 있을 즈음에 칠성이를 만나 지리산에 대한 정보를 얻고, 임진한이 있는 산피점을 소개해 준다는 사실은 동학농민혁명을 조직적으로 준비하는데 있어서, 지리산이란 공간이 중요한 역할을 했음을 은유적으로 보여주는 대목이다.

하지만 이들에게 지리산이 피난처[36]의 역할에서 저항운동의 중심지로 거듭나게 된 직접적인 계기는 동학지도자와 매개 역할을 한 남원의 임진한, 연곡사의 월공 스님, 하동의 후암이 있었기 때문에 가능했다[37]고 볼 수 있다. 임진한은 남원과 화개에서 산피점을 운영하고

---

[36] 지리산은 최상의 피난처로서 지형조건을 갖추고 있다. 입구가 좁고 경사져 있어 바깥쪽에서는 안쪽이 전혀 들여다보이지 않고 나머지의 부분은 완전히 둘러싸여 있어 외부의 침입을 차단할 수 있으며, 산으로 둘러싸인 안쪽은 넓지는 않지만 완경사면이 펼쳐져 있어 농경지를 일구어 충분히 생활을 영위할만한 조건을 갖추었다(정치영, 「지리산지 촌락의 입지와 형태」, 한국문화역사지리학회, 『우리 국토에 새겨진 문화와 역사』, 논형, 2004, 349쪽).

있으며 진주민란에 가담했던 인물이다. 그는 영해·문경 민란에 참여했던 임문한과 임오군란에 가담했던 임군한과 의형제[38]를 맺고, 전봉준을 도와 모두를 하늘같이 섬기는 세상을 만들기 위해 지리산을 이용해서 세 가지 일을 하고 있었다. 첫째는 지리산 포수들을 활용하여 여러 이유로 쫓기고 있는 사람들을 안전하게 피신시켜 총질을 배우게 하는 일이며, 둘째는 지리산에 숨어 있는 의기 있는 사람들을 자기 사람으로 만들어 칼을 다루게 하는 일이고, 셋째는 포수들을 상대로 장사를 한다는 식으로 위장해서 총을 확보해 두는 일이다. 임진한은 현실사회의 모순을 자신의 힘으로 개변해 보려는 의인 같은 존재로 농

---

37) 지리산에는 신라 때부터 은거하는 유명 인물들이 많았다. 그런데 조선 중기 이후 지리산에는 관의 침탈이 증가하면서, 민간인이나 승려 무당들의 불만이 고조되었다. 따라서 어떤 조건이나 계기가 마련된다면, 이들이 연대하여 조정에 저항하는 세력으로 변할 수 있는 가능성이 어느 곳보다도 높았다. 지리산을 거점으로 한 도적사건이나 변란, 변혁운동 등은 주변 고을 주민들에게 영향을 주어, 다른 지역에 비해 저항운동 전반에 대한 인식과 열정이 고조될 가능성이 컸다(김준형, 앞의 글, 300쪽).

38) 송기숙은 동학농민혁명의 주요 두령급으로 참여하고 있는 녹림삼걸이 각자 진주민란(임진한, 1862), 영해·문경민란(임문한, 1871), 임오군란(임군한, 1882)과 관련되어 있음을 인물들의 이름을 통해서 제시함으로써, 당시 전국각지에서 민란 발생 빈도가 많았음을 상징적으로 보여주고 있다. 특히 서로 피를 나누지 않았지만 각기 다른 민란을 경험한 인물들이 의형제를 맺어 산채에 기거하며, 동학농민혁명에서 주요한 역할을 함으로써 민란주모자들이 산 속으로 피신했을 가능성과, '진인'이나 '이인' 참언설에 개연성을 부여한다. 조동일은 "진인은 세계와의 대결을 준비하고 있으며 대결을 벌이면 반드시 승리할 것으로 인정되는 인물"로 "진인이 패배를 모른다는 점에서는 신인과, 대결하는 것이 존재 이유라는 점에서는 영웅과, 자기를 들어내지 않고 숨어 지내고 있다는 점에서는 이인과 각기 상통 한다"고 말한다. 특히 남해진인설은 "전승되는 이야기 유형이면서 역사의 새로운 움직임과 밀착되어 구체화되고 거듭해서 살아날 수 있는 것"으로 "민중운동이 퇴조기에 이르면 일단 사라지거나 불신되지만, 민중운동의 상승기에는 그때 비로소 처음으로 형성되는 이야기처럼 긴박한 설득력을 가지고 민심을 선동하고 규합하는 기능을 한다."고 본다. 조동일, 『한국설화와 민중의식』, 정음사, 1985, 87~101쪽 참조.

민들은 그를 '의인의 화신'이라 불렀다. 그는 크고 작은 민란의 경험을 통해 혁명이 성공하기 위해서는 '정예부대 키우기'와 '무기구입', '죽음을 넘어선 사람들만이 가질 수 있는 집념'[39]이 필요하다고 본다. 그래서 지리산에 있는 농민들을 동학에 입도시킨 후 총 쏘기와 칼 사용하는 법을 훈련시키고, 이를 통해 '개벽'의 세상으로 가는 길을 제시한다. 이로써 지리산은 피난의 공간에서 저항운동의 중심지로 거듭나게 된다.

지리산의 농민들을 도와 전봉준과의 매개 역할을 하는 또 다른 인물로 연곡사의 월공 스님을 들 수 있다. 월공 스님은 직접 행동으로 실천하는 의로운 인물이다. 그는 불량한 양반이나 농민들의 재산을 빼앗아 부자가 된 부호들의 돈을 빼앗아 가난한 사람들에게 나눠주거나 봉기 자금으로 활용했다. 그는 최제우가 남원의 교룡산성에서 칼 노래를 부르며 칼춤을 춘 뜻에 대해 하늘로 여겨지는 사람을 지킬 방법은 오직 '칼' 뿐이라고 생각하고, 동학에 담긴 진정한 뜻은 종교적인 것이 아니고, '탐관오리 징치'라고 생각한다. 이에 따라 그는 연곡사를 중심으로 스님들을 모으고, 전봉준의 분신과 같은 역할을 하고 있는 달주와 임군한의 밑에서 칼솜씨와 표창 던지기, 박치기 등 무술을 연마해 출중한 실력을 갖추고 있는 장호만, 이천석, 김만복과 함께 연곡사로 가서 지리산에 있는 농민들을 동학에 입도시켜 거사를 준비한다.

지리산 피아골의 연곡사는 "어머니처럼, 세속의 구지레한 온갖 허물을 가리지 않고" 도망 온 사람들을 "너그럽게 싸안아 깊이깊이 감추어"[40] 그들을 보살펴 주었기에 생존의 도피처였다. 그리고 굶주리는

---

39) 송기숙, 『녹두장군』 5권, 10~11쪽.
40) 송기숙, 『녹두장군』 4권, 40~41쪽.

백성들에게 어머니처럼 먹을 것을 제공해 주며 새로운 세상을 열어가
도록 힘을 주는 치유 공간으로서의 역할도 수행했다. 이러한 이유로
월공 스님은 연곡사에 모여드는 농민들에게 관리들의 늑탈이나 가렴
주구의 무자비함을 깨우칠 수 있도록 교육하였는데, 농민들 또한 이
러한 월공 스님을 신뢰하였다. 임진한이 지리산에 숨어사는 포수들과
의기 있는 사람들을 중심으로 동학의 '후천개벽'을 설파했다면, 월공
스님은 연곡사를 중심으로 지리산에 숨어 사는 농민들이 현실의 문제
점을 제대로 인식하도록 교육하여 혁명에 참여할 수 있게 선도하는
역할을 하였다.[41]

　　공중에 떠 있으니 공중배미지. 우리 농부들은 모두가 땅이 마누라나
　자식같이 사랑스런 사람들이다. 땅에 미치고 환장한 사람들이지. 저 땅
　을 그렇게 고생해서 일구고 그렇게 사랑하는 것은 농부들인데, 정작 그
　땅을 가진 사람들은 누구냐? 땅 가진 지주나 관리놈들이 삿갓배미 주인
　같이 땅에 무슨 사랑을 느낄 수 있을 것 같냐? 농부들한테는 그들이 일
　군 땅이 자기가 난 자식만큼 사랑스런, 아니지, 자식만큼 사랑스런 것이

----

[41] 월공 스님은 이후에도 농민들과 함께 행동하며 그들이 자각할 수 있도록 다음과
같이 교육을 한다. "군대가 강해지면 강해질수록 그 군대를 손에 쥔 놈들은 야심
이 생기기 마련이네. 이번 이용태 같은 놈이 나라의 병권을 손에 쥐었다고 생각
해 보게. 제 야심을 채우려고 고부 같은 한 고을이 아니라 온 나라 백성 전부를
향해 총부리를 들이밀 걸세. 그것을 막는 길이 무엇이겠는가? 역시 백성들이 그
런 놈들을 죽여서 본을 보이는 길밖에 없네. 죽여도 처참하게 죽여야 하네. 그놈
을 지금 못 죽이면 19년이나 20년 뒤에라도 죽여야 하고, 그놈이 늙어서 운신을
못할 때라도 기어코 죽여야 하네. 이것이 이 다음에 그런 놈이 또 나타나서 더
많은 백성을 죽이는 것을 방지하는 유일한 길일세. 십 년 전에 이용태 같은 놈을
죽였다고 생각해 보게. 이용태가 지금 저 짓을 하겠는가? 똑같은 이치로 앞으로
10년, 50년, 100년을 생각해 보게. 이제부터는 열녀비가 아니라, 저런 놈을 죽이
고 그 징계비를 세워 자손만대로 본을 보여야 하네"(송기숙, 『녹두장군』 7권,
314~315쪽).

아니고 바로 자기가 난 자식이다. 그 사랑스런 땅을 주물러 땀흘려 가꾼 곡식도 그것은 자신들이 먹고 살 식량이기 전에 자기가 난 사랑스런 자식이야. 땅을 사랑스런 아내와 빗댄다면 농부들이 땅을 주물러 농사를 짓는 일은 아내와 사랑을 하는 일이나 마찬가지고, 거기서 나온 곡식은 아내와 사랑을 해서 난 자식이나 마찬가지다. 그런데 그 땅은 누구의 땅이며 그 곡식은 또 누가 가져가느냐? 내 사랑스런 아내도 지주 것이고 내가 난 사랑스런 자식도 지주들의 것이다. 그 지주들에게 그 땅과 그 곡식은 무엇이냐? 그들에게 땅은 곡식이 나오는 덤덤한 땅바닥일 뿐이고, 그 곡식은 돈으로 바뀌어질 단순한 재화일 뿐이다. 나에게 사랑스런 자식이 그들에게는 단순히 소처럼 일하는 머슴일 뿐이듯이 땅이나 곡식도 그들에게는 재화일 뿐이다.[42]

월공 스님은 지리산에 숨어 살고 있는 사람들의 현실을 적나라하게 보여주기 위해 피아골에 전해 오는 이야기를 예로 든다. 남편과 하나밖에 없는 자식이 호랑이한테 물려가서 죽었는데도 대처에 나가 살지 않겠다는 여인이 있었는데, 이유인 즉은 관리들의 늑탈 때문이었다. 이는 관의 가렴주구가 죽음의 공포보다도 더 무자비함을 일깨워 준다. 또 농민들이 논바닥을 한 뼘이라도 더 넓히기 위해 논두렁 바깥쪽으로 석축을 쳐서 만들었다는 삿갓베미 이야기를 통해서는 당시 농민들의 처절한 삶의 내력을 말해준다. 그리고 천 짐이나 되는 돌과 흙을 져 날라서 만든 손바닥 크기의 논인 공중배미는 그야말로 이 나라 백성들이 처한 현실과 시대상을 그대로 보여주는 공간임을 강조한다. '자식 죽는 것은 봐도 곡식 타는 것은 못 보는 농민들'이 그들이 농사 지은 땅에서 난 곡식을 모두 지주에게 빼앗겨 현재는 "죽음조차도 두려워하지 않을 정도로 빈곤한 상황에 내몰린 것"[43]이다. 그 결과 전봉

---

42) 송기숙, 『녹두장군』5권, 280쪽.

준의 연락책인 오거무가 고부의 봉기를 알리자, 칠성이를 비롯해서, 한쪽 발을 전혀 쓰지 못하면서도 고부 정 참봉을 징치하러 가겠다고 나서는 정묘득과 자신의 논 두 마지기를 정 참봉한테 빼앗긴 조두레 등이 연곡사 월공 스님을 찾아와서 함께 고부로 가겠다고 적극적으로 나서게 된다. 이때 연곡사는 지리산에 숨어 살고 있는 이들을 봉기에 참여할 수 있도록 동학교도들과 연결해 주는 거점 역할을 하며, 스님들과 농민들이 연계해서 '거사'를 은밀히 준비하는 공간으로 활용되었다.

　소설의 서사 공간은 인물들이 활동하는 공간이라는 의미를 넘어서 이야기의 발전과 긴밀히 관련되어 있고, 이야기의 의미 구조가 실현되는 데 결정적인 구실을 한다.[44] 이러한 관점에서 볼 때 하동은 전봉준이 후암을 만난 곳으로, 전봉준은 후암과의 만남을 계기로 국내 상황과 국제 정세에 눈을 뜨게 된다. 이때 전봉준은 후암을 만나기 위해 하동으로 들어가는 길목의 주막에서 일본인 고리대금업자의 횡포를 목격하게 된다. 이러한 현실에 대해 농민들이 "지금 나라가 우아래로 고루 일본에 먹히고 있는 것 같다"고 분노하며, "지금 형편으로는 동학 밖에 아무것도 기대할 것이 없다"[45]고 하는 말을 듣고서, 동학으로 쏠리고 있는 민심을 확인하게 된다. 그리고 하동 읍내를 지나 지리산 근처의 월동마을에 살고 있는 후암을 만나면서 혁명의 시기가 도래했음을 깨닫게 되고, '백성들을 움직이는 요술 방망이'[46]를 잡기로 결심한다.

　'지리산의 현인'[47]으로 불리는 후암은 '이름난 풍수'로 전봉준의 아

43) 송기숙, 『녹두장군』 4권, 294쪽.
44) 한용한, 『소설의 이론』, 문학아카데미, 1995, 149~150쪽.
45) 송기숙, 앞의 책, 47쪽.
46) 위의 책, 55~56쪽.
47) 송기숙은 지리산의 의미가 '지혜로운 이인(異人)들이 많이 살고 있다'는 뜻에서

버지 전창혁과 오랜 친구 사이였으며, 전봉준에게 '정신적 지주' 역할을 해 왔다. 그는 인품도 중후했거니와 학식도 뛰어나서 나라 안팎의 정세에 밝았고, 그런 정세를 보는 눈이 예리해서 "시국의 추이를 여러 각도에서 예리하게 풀이하고 앞날을 멀리 내다보며 나라를 걱정"[48]하곤 했다. 그는 최근 숱하게 일어나는 민란을 보고서 이미 시세는 "건드리면 떨어지는 과일 꼴"로 무르익을 대로 익어서 여러 고을에서 터져 도깨비불이 될 수 있고, "열 골 물이 열 골로 흐르면 열 개의 개울에 불과 하지만, 그 열 골 물이 한 골로 모이면 홍수가 된다"[49]고 하면서, 그 물줄기를 합쳐 홍수로 몰아 언덕을 무너뜨릴 시기가 다가왔음을 여러 사례를 들어 설명한다. 그는 동학농민혁명이 이전의 민란과 다른 점은 이전의 민란은 상하의 위각이 있어서 위에서 끌고 가는 형국이었지만, 동학농민혁명은 동학 접주들이 "바닥 교도들한테 밀려가고 있는 형편"이어서, "어정쩡한 접주들은 저절로 한쪽으로 재껴지고 그러지 않는 접주들만 남을 것"[50]임을 예견하고 동학접주들의 단결과 결단을 촉구한다.

후암은 태평천국의 난에서 홍수전이 백성들을 설득할 수 있었던 이유가 평등사상 때문이었다고 말한다. 그리고 동학의 평등사상은 '평등하되 하늘인 상태로 평등하다'는 후천개벽사상을 담고 있기에 "앞장을 서는 일은 목숨을 거는 일"[51]임을 강조한다. 그는 온통 민심이 동학으로 쏠려 팔도에 동학이 '거미줄'처럼 늘어져 있어 마치 투망으로 고기

유래되었다는 설을 인물들을 통해 사실적으로 보여주고 있다. 산청군지편찬위원회, 『산청군지』 상권, 2006, 73~74쪽 참조.

48) 송기숙, 앞의 책, 42쪽.
49) 위의 책, 53쪽.
50) 위의 책, 50쪽.
51) 위의 책, 51쪽.

를 잡듯 '벼리 당기는 일[52]'을 해야 한다며, 전봉준에게 '요술 방망이'를 들 것을 강력하게 권유한다. 특히 후암은 혁명이 성공하기 위해서는 동학지도자들과 민심이 하나로 합쳤을 때 가능하다는 사실을 주지시키며, 때를 놓쳐서는 안 된다고 강조한다. 이렇듯 작가는 유학자인 후암을 지리산 권역인 하동에 배치시킴으로써, 남명 조식과 같이 민초들 편에 서서 그들의 아픔을 함께 했던 지식인들이 지리산에 존재하고 있었음을 보여주고자 했다.

이상에서 보는 바와 같이 송기숙은 지리산 골짜기에 몰려와 살고 있는 사람들을 구체적으로 나열하고, 이들에게 지리산은 세상을 피해 숨어든 피난의 공간이었으나 점차 저항운동의 중심지로 거듭나고 있음을 보여주고 있다. 즉 송기숙은 먼저 지리산 안에 살고 있는 사람들의 처참한 모습을 사실적으로 묘사한다. 이어서 지리산 권역의 사람인 남원의 임진한은 '민란에 가담하여 모가지가 위태로운 사람'의 전형으로, 하동에 사는 후암은 '역모에 연루되어 멸족이 화를 당하게 생긴' 유배 온 유학자의 모습으로 그려낸다. 마지막으로 연곡사의 월공 스님을 임진왜란 때 승병을 일으켰던 서산대사의 뜻을 이어받아 행동으로 실천하고 있는 모습으로 형상화하여 지리산이 저항운동의 중심지로 거듭나는 역사적 진실성[53]을 확보하고 있다. 이러한 의미에서 『녹두장군』에 있어서 지리산이라는 공간은 서사의 진행에 직접적이

---

52) 위의 책, 54쪽.
53) 연곡사는 도선국사·진각국사·현각선사 등 역대 많은 고승들이 수행한 곳으로 알려져 있으며, 임진왜란과 정유재란 때에는 승병을 일으켜 일반 의병들과 합세하여 왜군과 싸웠던 곳이다. 이후 구한말이었던 1907년 10월, 의병장 고광순이 연곡사를 본거지로 일본군과 싸우다가 순국하면서 일본군에 의해 연곡사가 전소되기도 했다. 국립공원관리공단 지리산국립공원사무소, 『지리산 이천년』, 보고사, 2010, 95~96쪽 참조.

면서도 긴밀하게 이야기의 본질적 자질로서 역할을 하고 있다고 볼 수 있다. 송기숙은 지리산이 담고 있는 사물적 자질을 십분 활용하여 치밀하게 공간을 배치함과 동시에, 지리산을 민중의 한을 새로운 생명력으로 승화시키는 공간으로 재창조해 내고 있다.

Ⅳ. 절의와 주체 자각의 공간

『녹두장군』은 서사를 진행하면서 긴밀하게 지리산과 지리산 권역인 남원을 동학농민군의 심상 공간과 체험 공간으로 활용하고 있다. 예를 들어 하생하면 용화세계가 열린다는 미륵이 최제우가 칼춤을 췄던 남원 교룡산성에 머물고 온다고 함으로써, 용화세계는 '칼(혁명)'로 이룰 수 있음을 암시한다. 이는 남원에 사는 변왈봉이 삼례대집회에서 주축이 되어 칼노래(검결)를 일반 교도들에게 가르쳐 준다거나, 동학농민혁명을 이루기 위해서 가장 필요한 무기(총)를 담당했던 인물이 남원 사람 임진한이라는 점에서 알 수 있다. 또한 동학농민혁명 중에 '작두장수'로 불리웠던 만득은 본래 남원 사람이 아니었는데, 종의 신분에서 벗어나 동학에 입도하면서 '남원양반'이라는 별호를 받게 된다. 여기서 검결과 무기(총) 그리고 작두는 '칼'의 또 다른 이름으로 자연스럽게 '김개남의 칼'로 연결된다. 이렇듯 작가는 '칼'(혁명)로 가는 길을 제시하기 위하여 남원에 사는 인물을 중심에 두거나, 다른 지역의 인물을 남원 양반으로 별호를 만들어 주기까지 한다.

그러므로 작가가 남원을 중심 공간으로 한 이유를 크게 두 가지로 볼 수 있다. 하나는 남원이 호남지역 최초로 동학이 전파된 곳이며, 다른 하나는 김개남을 중심으로 일본군을 토벌하기 위한 2차 동학농

민봉기가 이곳에서 시작되었다는 점이다. 이는 작가가 『녹두장군』 10
권 11장의 제목을 〈김개남의 칼〉로 명시하고 있는 데서 확인할 수 있
다. 김개남은 불의를 보면 참지 못하는 '불뚝성'을 지닌 인물이다. 그
는 교룡산성에서 1천3백여 명의 동학군을 거느리고 주둔하면서 최제
우의 칼노래를 상징적으로 받아들인다.[54] 그는 "역리가 세상을 지배
할 때는 역리로 대처하는 것이 되레 순리"[55]이기에 손에다 칼을 들지
않고는 이룰 수 없다고 보았다. 이러한 믿음이 있었기에 김개남은 그
혁명의 공간에서 '썩은 관속들과 못된 불량한 양반들'을 전부 그렇게
'싹둑싹둑 목을 베어버리고', '세상을 홀랑 뒤집어' 버리기 위해 '탐관
오리의 징치'에 앞장섰으며, 관곡을 풀어 가난한 백성들을 돌보고 집
강소를 설치하여 폐정 개혁을 해 나갈 수 있었다.

　　6월 15일,[56] 오늘은 남원에서 전라도 각 고을 두령들 회의가 열리고
남원 농민군대회가 열리는 날이다. 전라도 두령들이 모여 회의를 하기
로 한 것인데 두령들이 모이는 것을 계기로 농민군대회를 열기로 한 것
이다. 남원 농민군들이 엄청나게 읍내로 모여들고 있었다. 동네별로 풍
물을 치며 흥겹게 모여들었다. 황톳물 들인 수건을 쓴 농민군들이 화승
총과 대창을 메고 몰려들고 있었다. 창의기를 들지 않고 '농자천하지대
본'의 농기만 들고 나왔다.
　　"아따, 장꾼보담 농민군이 더 많네."
　　오늘은 남원 장날이었다. 장꾼에다 농민군들이 몰려들자 읍내로 들어
오는 길이 미어질 지경이었다. 농민군들은 지리산에서 흘러내린 섬진강
상류 읍내 서북쪽 강가로 모여들었다. 강변 한쪽에는 차일이 수십 채 들

54) 동학을 일으킨 최제우가 경주에서 박해를 받자 옮겨와 혁명의 꿈을 키운 곳도 지
　　리산 자락 남원이었다(국립공원관리공단 지리산국립공원사무소, 앞의 책, 60쪽).
55) 송기숙, 『녹두장군』 11권, 30쪽.
56) 음력 표기임.

어섰다. 차일은 점심을 장만하는 차일이고 사사로운 술막 차일도 몇채 있었다.

…(중략)…

김개남은 남원에 쳐들어와서 부사 이용헌 목을 베는 등 강경 일변도로 나갔으며, 그 기세가 얼마 사이에 남원 고을 농민들 거의 전부를 농민군으로 끌어들였다. 세상 사람들은 썩은 관속들과 못된 불량한 양반들을 전부 그렇게 싹둑싹둑 목을 베어버리고 세상을 홀랑 뒤집어버리기를 바랐다. 김개남은 그런 지지를 업고 농민군 조직에 온 힘을 기울여 남원 고을 웬만한 동네는 거의 돌아다니며 두레 조직을 그대로 농민군 조직으로 끌어들이고 지금 한창 이웃 고을을 돌고 있는 참이었다. 요사이 남원 사람을 비롯한 이 근방 사람들은 전봉준보다 김개남을 더 지지했다. 오늘 농민군대회에는 이웃 고을 사람들도 많이 오기로 되어 있었다.[57]

남원 농민군대회의 원래 목적은 '전라도 각 고을 두령들 회의'였다. 그런데 6월 15일 보름날이면서 장날에 열었다는 점과 동학농민군도 풍물판을 벌이면서 동학지도자들과 함께 했다는 점은 남원에서 조직적으로 이후의 봉기를 준비했음을 보여준다. 동학지도자들은 동학농민군이 모내기가 끝나고 논을 매기 전에 잠깐 쉴 수 있는 날을 골라 '으레껏 장에 가는 날'이므로 품을 버렸다는 아쉬움을 느끼지 않도록 장날을 선택했으며, 멀리서 온 동학농민군들이 달밤을 이용해 돌아갈 수 있도록 배려했다. 또한 이때의 풍물판은 '문화적 기억 공간'[58]으로

---

57) 송기숙, 『녹두장군』 11권, 5~6쪽.
58) 아스만은 "장소는 그것이 기억의 기반을 확고히 하면서 동시에 기억을 명확하게 증명한다는 것 이상의 의미를 지닌다. 장소들은 회상을 구체적으로 지상에 위치시키면서 그 회상을 공고히 하고 증거 할 뿐만 아니라 인공물로 구체화 된 개인과 시대 그리고 문화의 다른 것에 비해 비교적 단기적인 기억을 능가하는 지속성을 구현한다."라고 말한다(알라이다 아스만, 변학수 외 옮김, 『기억의 공간』,

서 지리산을 불러내는 역할을 함과 동시에 동학의 인내천 사상을 고취하는 '장'이 되고, 동학지도자와 동학농민군 간의 '소통의 장'이 되었다. 이들이 앞서 싸운 황토재 전투에서 군호를 '백산'[59]과 '지리산'으로할 수 있었던 점도 '백산'과 '지리산'이 동학지도자와 동학농민군에게 '문화적 기억 공간'으로 자리 잡고 있었기 때문에 가능했을 것이다.

공간이란 삶의 기억을 보존하고 유지하는 기능을 한다. 때문에 전쟁 중에 적과 아군을 구별할 수 있는 군호를 '백산'과 '지리산'이란 공간으로 했다는 사실은 삶과 죽음을 가를 수 있을 만큼 중요한 상징성을 지녔다고 볼 수 있다. 이들에게 특히 지리산은 변혁이데올로기 창출의 공간이면서, 힘들 때 의지할 수 있는 피난처였다. 또한 세상을 변혁시킬 수 있는 힘이 자신에게 있다는 자각의 공간이었고, 산신이 지켜주는 신성한 공간이라는 담론이 형성되어 있었기에 전쟁에서 이길 수 있다는 희망의 기호였다. 때문에 남원 농민군대회에서 풍물판을 다시 연다는 행위는 공동체의 장을 통해 '대동세상에 대한 희원'을 다짐하는 의미를 지니면서, 모두가 주체로 다시 일어서야 함을 자각하는 상징적 의미를 함축하고 있다.

동학지도자와 동학농민군에게 풍물판은 그야말로 "모두 따로따로 살던 이런 사람들이 잘난 놈 못난 놈 없고, 참신 병신 없이 모두가 제 생긴 대로 다 한 몫씩 서로가 제 흥대로 신명에 떠서 한 덩어리로 얼리는 제대로 된 대동세상"이었다. 그러므로 "산 속에 혼자 돌아다니던 포수도, 절에서 파계를 하고 쫓겨나 유지개를 쓴 조리중도, 거개가 병

경북대 출판부, 2003, 392쪽).

[59] 백산은 고부 민란 때 전봉준이 모닥불을 피워 불안해하는 농민들에게 희망을 제시하고 마음을 하나로 모았던 곳이자, 변혁의 의지를 다졌던 공간이다. 송기숙, 『녹두장군』 7권, 96~99쪽 참조.

신들인 거지도"[60] 모두 풍물판에서는 평등한 세상이 된다. 동학농민군은 풍물판에서 양반들의 과거를 반박하는 '이름과거'라는 판을 벌여 자신들의 정체성을 찾게 되고, '짚신 장원'을 통해서는 경제적 수취제도의 모순을 지적하고, 판소리 〈적벽가〉의 사설을 영웅 중심이 아니라 군사들을 주체로 그 시각을 완전히 뒤집어 전개함으로써 '정치적 민중'[61]으로 성장한다. 풍물판은 이처럼 동학지도자와 동학농민군에게 변혁이데올로기를 확산하는 공간이자 동시에 이를 지속적으로 제공하는 장소가 된다. 남원 농민군대회는 한울님이 모두 각자 자신 안에 있다는 사실을 깨우치고 자신들이 뭉쳐야 '개벽'의 세상이 온다는 점을 자각하게 함으로써, 동학농민군이 정치적 민중으로 성장하게 된 계기가 되었다.

> 여러분을 보니 3백 년 전 임진왜란 때 여기 남원성에서 왜적과 싸우던 군사들을 보는 것 같습니다. 그때 싸움이 얼마나 치열했습니까? 지금 왜군이 우리나라에 들어온 판이라 옛날 관군을 거들어 싸우던 남원 사람들을 보는 것 같아 감회가 한층 새롭습니다. 남원은 춘향이 절개와 임진왜란 때 절의가 빛나는 곳입니다. 지난번 황토재 전투와 황룡강 전투, 그리고 전주전투에서도 여러분들은 누구보다 용맹스럽게 싸웠습니다. 앞으로도 때가 오면 여러분들의 의로운 깃발이 맨 앞에 휘날리라 믿습니다. 지금 여러분들이 들고 나온 농기에도 씌어 있듯이 천하의 근본은 바로 우리 농민들이고 이 나라 진짜 주인은 바로 우리 백성들입니다. 우리 고통은 우리가 싸워서 물리치지 않으면 대신 싸워서 우리 고통을 덜어줄 사람이 없습니다. 항상 이것을 명심하시고 우리 고통을 물리치고 나라를 지키겠다는 결의를 다지며 은인자중 때를 기다립시다.[62]

60) 송기숙, 『녹두장군』 5권, 218쪽.
61) 송호근, 『인민의 탄생-공론장의 구조변동』, 민음사, 2011, 353~373쪽 참조.

김개남을 비롯한 동학지도자들은 남원 농민군대회를 활용해서 전주화약 이후 해산 상태에 있던 동학농민군을 다시 결집해야 하는 시기를 조율하고 있었다. 그들은 동학농민군을 일방적으로 이끌기 보다는 '한바탕 야무지게 모질음을 써야 할 전쟁이 다가오고' 있는 현실을 일본과 청나라 관계를 바탕으로 자세히 설명한다. 특히 남원이라는 공간이 임진왜란 때 왜적과 치열하게 싸웠던 공간임을 상기시키며, 당시 남원성에서 왜적과 싸웠던 군사들과 지금 여기 모인 동학농민군을 동일시한다. 당시는 청·일 전쟁 중으로 또 다시 일본과 싸워야 하는 현실에서 동학농민군의 도움이 절실했고, 결국 이 전쟁의 주체 또한 동학농민군으로 그 상대 역시 일본임을 스스로 깨닫게 한다. 동학지도자들은 남원이 '임진왜란 때 절의가 빛나는 곳'이었다는 '문화적 기억'을 끌어냄으로써, 동학농민군에게 이번 전쟁에서도 이길 수 있다는 확신을 심어주고, '춘향이 절개'라는 문화적 기호를 활용하여 "때가 오면 언제든지 오늘같이 모이겠다는 각오를 다짐"[63]하는 동기를 제공한다. 이로써 남원은 동학지도자와 동학농민군이 외국 군대에 맞서 나라를 지키고자하는 '절의를 다짐하는 공간'이 되며, 팔도 백성들에게 우리 고통은 우리가 싸워서 물리치지 않으면 대신 싸워서 우리 고통을 덜어줄 사람이 없음을 알려주는 '주체 자각의 공간'이 된다.

이때 김개남은 외국 군대와의 전쟁을 준비하기 위해 두 가지 전략을 수립한다. 하나는 임진한이 거느리고 있는 지리산의 포수들을 자신의 접으로 끌어들이기 위해 그 중심에 있는 임진한을 설득하는 전략이었다. 지리산 포수들은 성능 좋은 엽총을 가지고 있었고, 충분한 훈련을 거쳐 동학농민군과는 비교를 할 수 없을 정도로 총 쏘는 솜씨

---

62) 송기숙, 『녹두장군』 11권, 11~12쪽.
63) 위의 책, 11쪽.

가 뛰어났기 때문이었다. 임진한은 30여 년 간 "예사롭지 않은 뜻을 품고" 지리산에서 포수들을 키웠으며, "그들을 제대로 쓰지 못할까 봐"[64] 그 동안 동학지도자들에게 맡기지 않았었다. 그러나 김개남이 포수들을 이용해서 동학농민군을 '나라의 군대만큼 단단한 조직'의 '정예군'으로 만들겠다고 약속하자, 의형제인 임문한으로 하여금 포수들을 거느리고 나가도록 한다. 이를 계기로 김개남은 동학농민군의 신임을 얻게 되고, 남원 고을 농민들 거의 전부를 동학농민군으로 끌어들여 '정토군'으로 거듭나게 한다. 이는 전주 화약 이후 동학농민군이 무기를 모두 반납했기 때문에 일본군을 토벌하기 위해서 무기 확보가 얼마나 중요한 일이었는지를 보여주는 것이다.

다른 하나는 전국 각 지역 농민들이 안심하고 일어날 수 있도록 지리산권에서 7만 명의 동학농민군이 봉기하기로 계획하였다. 남원을 중심으로 7만 명을 모으기 위해 김개남은 동학농민군이 신봉하는 참언을 이용한다. 그는 8월에 '49일 참언설'[65]을 퍼뜨려 봉기 날짜를 10월 14일에 맞추어 동학농민군이 그전에 가을걷이를 모두 끝낼 수 있도록 했으며, 새 곡식으로 군량의 어려움을 해결하기로 하였다. 또 '49일 참언설'을 지리산 도사가 냈다고 전국에 퍼뜨려서, 그날 봉기하는 것은 '지리산 산신의 지시'에 따른 것으로 승리를 확신할 수 있다는 믿음을 심어주었다. 이러한 치밀한 전략으로 김개남은 7만 명이라는 동학농민군을 모을 수 있었고, 남원에서 봉기를 선포하여 남원은 전국으로 봉기를 확산시키는 발화점이 되었다. 그 결과 김개남이 혼자 군사를 7만 명이나 거느릴 수 있다는 사실 하나만으로 "조정 대신들과 부호·양반·관속들은 겁을 먹을 수 있었"고, 전국 동학농민군에게는

---

64) 위의 책, 29쪽.
65) 49일 후에 봉기를 한다는 의미임.

"승리에 대한 확신을 심어"[66] 주어 전국적으로 거대한 변혁의 불길을 일으킬 수 있었다.

송기숙은 동학농민군의 생활 근거지이자 일상적이고 친숙한 공간인 남원을 서사의 중심 공간으로 활용하여 동학농민혁명 당시 동학농민군이 주체임을 자각하고, 절의를 실천하는 과정을 핍진하게 묘사하고 있다. 특히 남원 교룡산성은 최제우가 처음 칼춤을 췄던 장소에서 김개남이 자신의 칼을 사용하는 공간으로 의미가 전이되어 '역리가 세상을 지배할 때는 역리로 대처하는 것이 되레 순리'임을 보여주는 상징적 공간이 된다. 최제우와 김개남의 칼은 '변혁이데올로기의 창출'을 상징하는 '지리산의 칼'로 재창조되고, 이후 동학농민군의 가슴에 '지리산의 정체성'으로 살아 숨 쉬게 된다.[67]

V. 결론

이 글의 연구목적은 동학농민혁명의 전 과정을 형상화하면서 '지리산'을 서사 공간의 중심축으로 하고 있는 송기숙의 『녹두장군』을 분석하여, 지리산이 갖는 상징성이 무엇인지 밝힌 후, 그 상징성을 통해 작가가 드러내고자 했던 지리산의 '문화 정체성'을 살펴보는 데 있었다. 지금까지 살핀 내용을 요약하면 다음과 같다.

---

[66] 위의 책, 255쪽.
[67] 이러한 영향으로 이후 공주 대회전에서 동학농민군 을식은 "우리 몸을 지켜주는 것"은 "부적도 아니고, 두령들의 도술도 아니라 '천하 백성들의 칼' 뿐"이라고 말한다. 또한 장흥 석대들 전투에서 작두 장수인 남원양반 만득이 전사하자 그의 '작두칼'은 아들 '미륵'에게 전해지면서, '지리산의 칼'은 지리산의 혼이 되어, '혁명'의 시기는 언제나 도래할 수 있음을 상징적으로 보여주고 있다.

먼저 서론에서는 송기숙에 의해 새롭게 재창조된 지리산의 상징성을 밝히기 위해, 그가 작품의 서두에서부터 말미까지 긴밀하게 서사의 중심에 지리산과 지리산 권역인 남원을 두고 있는 이유 두 가지를 밝혔다. 하나는 송기숙이 5·18광주민주화운동으로 광주교도소에서 출옥한 뒤, 『녹두장군』을 쓰기 위해 피아골에 칩거했던 개인적 체험이었다. 송기숙은 피아골에서 생활하면서 자신의 태생지였던 외딴 섬 '화도'와 성장지였던 첩첩산중 깊은 산골인 '자랏골', 그리고 지리산 피아골이 '천혜의 피세지'로서 '동학의 후예'들이 살아온 저항의 공간이라는 동일성을 지니고 있음을 확인할 수 있었다. 다른 하나는 지리산 권역인 남원이 왜적과 치열하게 싸웠던 절의의 공간이라는 역사성과 남원을 중심으로 동학농민혁명을 이끌었던 김개남의 협객과도 같은 의기를 높이 평가했기 때문으로 볼 수 있다.

『녹두장군』에서 지리산은 대자연 그대로가 아니라 작가의 세계관을 투영시켜 재구성한 창조된 공간이다. 송기숙은 지리산이라는 공간을 동학농민혁명의 진행 과정에 따라 마치 지리산의 역사를 펼쳐 보이듯 다음과 같이 세 단계로 나눠서 상징적으로 보여주고 있었다. 지리산의 첫 번째 상징성은 동학농민혁명의 불씨를 지핀 '동학사상의 진원지'로서 변혁의 공간이다. 송기숙은 소설의 서두에 지리산 권역인 남원 교룡산성과 지리산 여원재를 설화적 공간으로 상정하여 역성혁명을 이루려는 민중들의 정치적 지향의식을 보여주고 있다. 또한 이성계의 즉위를 반대한 지리산의 여성 산신인 성모 마고를 차용하여 동학농민혁명의 주체가 남성뿐만 아니라 여성도 참여함으로써 '시천주'의 삶을 지향한 진정한 혁명이었음을 보여주고 있다.

두 번째 상징성은 피난지였던 지리산이 동학농민혁명을 조직적으로 준비하면서 도피의 공간에서 저항운동의 중심 공간으로 변모했다는 점이다. 이에 대해 먼저 송기숙은 지리산에 살고 있는 사람들의 처참한 상황을 역사적 사실로부터 도출해 내고, 그 결과로 지리산이 이들의 공통된 분노를 표출하는 저항운동의 중심지가 될 수밖에 없는 필연성을 제시했다. 이어서 지리산권에 거주하고 있는 남원의 임진한, 하동의 후암, 연곡사의 월공 스님이 지리산의 농민들과 동학지도자들의 중간에서 동학농민혁명을 조직적으로 준비하는데 있어서 핵심적 역할을 했음을 구체적으로 보여준다. 남원의 임진한은 '민란에 가담하여 모가지가 위태로운 사람'의 전형이다. 그는 지리산에 있는 농민을 동학에 입도시킨 뒤 총 쏘기와 칼 사용하는 법을 훈련시키고, 이를 통해 '개벽'의 세상으로 가는 길을 제시했다. 하동에 사는 후암은 '역모에 연루되어 멸족이 화를 당하게 생긴' 유배 온 유학자의 전형이다. 그는 '지리산의 현인'으로 불리며, 전봉준에게 '정신적 지주' 역할을 했다. 연곡사의 월공 스님은 임진왜란 때 승병을 일으켰던 서사대사의 뜻을 이어받아 행동으로 실천하는 인물로, 연곡사를 중심으로 지리산에 숨어 사는 농민들이 현실의 문제점을 제대로 인식하도록 교육하여 혁명에 참여할 수 있게 선도하는 역할을 하였다. 이렇듯 송기숙은 지리산이 담고 있는 사물적 자질을 십분 활용하여 치밀하게 공간을 배치함으로써, 지리산이 저항운동의 중심지로 거듭나는 역사적 진실성을 확보했으며, 민중의 한을 새로운 생명력으로 승화시키는 공간이라는 상징성을 부여했다.

세 번째 상징성은 절의와 주체 자각의 공간이다. 동학지도자들은 남원이 '임진왜란 때 절의가 빛나는 곳'이었다는 '문화적 기억'을 끌어냄으로써, 동학농민군에게 이번 전쟁에서도 이길 수 있다는 확신을 심어준다. 동학농민군도 자신의 고통은 스스로 일어서 싸울 때 해결할 수 있다는 자각을 하게 되면서 정치적 민중으로 성장하게 된다. 특히 남원 교룡산성은 최제우가 처음 칼춤을 췄던 장소에서 김개남이 자신의 칼을 사용하는 공간으로 의미가 전이되어 '역리가 세상을 지배할 때는 역리로 대처하는 것이 되레 순리'임을 보여주는 상징적 공간이 된다.

　송기숙이 이상의 세 가지 상징성을 통해 드러내고자 했던 지리산의 '문화 정체성'은 변혁이데올로기를 담고 있는 '조선의 혼'과 '지리산의 혼' 그리고 '지리산의 칼'임을 확인하였다. 문화란 만들어낸 정체성으로, 형성된 담론에 따라 변화된다. 지리산은 '조선의 혼'이라는 동학사상의 진원지였으며, 피난지에서 저항운동의 중심지로 거듭나는 역사적 진실성을 확보하여 민중의 한을 새로운 생명력으로 승화시킨 '지리산의 혼'이 되었다. 그리고 '역리가 세상을 지배할 때는 역리로 대처하는 것이 되레 순리'라는 최제우와 김개남의 칼은 '지리산의 칼'이 되어, 앞으로도 '혁명'의 시기는 언제나 도래할 수 있음을 상징적으로 보여주고 있다.

　이렇듯 『녹두장군』은 지리산만이 가지고 있는 정신사와 저항의 역사를 다양한 설화와 비결, 참언 등을 통해 보여줌으로써 지리산의 '문화 정체성'을 가장 잘 드러내고 있는 작품이라고 평가할 수 있겠다. 따라서 최근 문학 속의 공간들이 각각의 특징에 따라 다양한 문화콘텐츠로 개발되고 있는 실정에 맞게 『녹두장군』에 내포된 이러한 상징성과 문화 정체성에 부합할 수 있는 역동적인 문화콘텐츠를 개발한다면, '지리산'은 그저 물리적으로만 존재하는 대상이 아니라 새로운 문화 창출의 공간으로 거듭날 수 있을 것으로 본다. 이에 본고가 아직까지 연구된 적이 없는 『녹두장군』에 담겨 있는 지리산의 상징성을 밝힌 것은 '동학농민혁명'과 관련된 지리산 문화콘텐츠 개발에 미약하나마 도움이 될 것으로 사료된다.

▌참고문헌

1. 기본자료

송기숙, 『녹두장군』(전12권), 창작과비평사, 1994.

2. 단행본 및 논문

국립공원관리공단 지리산국립공원사무소, 『지리산 이천년』, 보고사, 2010.

국민대학교 국사학과, 『우리역사문화의 갈래를 찾아서-지리산문화권』, 역사공간, 2004.

김양식, 『지리산에 가련다』, 도서출판 한울, 1998.

김용휘, 『우리 학문으로서의 동학』, 책세상, 2007.

김준형, 「조선시대 지리산을 중심으로 한 저항운동」, 『남명학연구』 제31집, 경남 대학교 남명학연구소, 2011.

문동규, 「지리산권 동학농민혁명과 동학의 '시천주': '이상적인 삶'에 대한 지향」, 『지리산권 동학농민혁명과 동학』, 인문한국(HK) 지리산권문화연구단 학술대회 자료집, 2014.

박덕규, 「땅과 우리 문학」, 김수복 편저, 『한국문학 공간과 문화콘텐츠』, 청동거울, 2005.

산청군지편찬위원회, 『산청군지』 상권, 2006.

송기섭, 「기억서사와 문화적 소통-현대소설과 지리산」, 『현대소설연구』 34, 한국 현대소설학회, 2007.

송기숙, 『자랏골의 비가』 상, 창작과비평사, 1977.

_____, 「공동체적 존재로서의 민중: 작가가 본 전봉준과 동학」, 『신인간』 423, 1984.

_____, 「작품 쓰기와 현장 답사」, 『민족의 길, 예술의 길』, 창작과비평사, 2001.

송호근, 『인민의 탄생-공론장의 구조변동』, 민음사, 2011.

알라이다 아스만, 변학수 외 옮김, 『기억의 공간』, 경북대 출판부, 2003.

이동재, 「한국문학과 지리산의 이미지」, 『현대문학이론연구』 제29집, 현대문학이론학회, 2006.

이상진, 「자유와 생명의 공간, 〈토지〉의 지리산」, 『한국소설연구』 37호, 한국현대
　　소설학회, 2008.

장일구, 「서사공간의 상징적 기호」, 『한국언어문학』 58, 한국언어문학회, 2006.

정덕준, 「동학농민혁명 문학적 형상화에 관한 연구-남북한 역사소설의 비교연구
　　를 중심으로」, 한림대학교, 2006.

정찬영, 「역사적 사실과 문학적 진실: 『지리산』론」, 『문창어문논집』, 문창어문학
　　회, 1999.

정치영, 「지리산지 촌락의 입지와 형태」, 한국문화역사지리학회, 『우리 국토에 새
　　겨진 문화와 역사』, 논형, 2004.

조동일, 『한국설화와 민중의식』, 정음사, 1985.

조윤아, 「공간의 성격과 공간 구성」, 최유찬 외, 『〈토지〉의 문화지형학』, 소명출
　　판, 2004.

조은숙, 『송기숙의 삶과 문학』, 역락, 2009.

＿＿＿, 『송기숙 소설의 토포필리아 연구』, 『현대문학이론연구』 제46집, 현대문학
　　이론학회, 2011.

＿＿＿, 「동학농민전쟁의 소설화 전략 비교 연구-송기숙의 『녹두장군』과 한승원
　　의 『동학제』를 중심으로」, 『현대문학이론학회』 제49집, 현대문학이론학회,
　　2012.

표영삼, 「남원의 동학혁명운동 연구」, 『동학연구』 5집, 한국동학협회, 1999.

한국소설학회, 『공간의 시학』, 예림기획, 2002.

한우근, 『동학난 기인에 관한 연구: 그 사회적 배경과 삼정의 문란을 중심으로』,
　　서울대학교 출판부, 1988.

한용한, 『소설의 이론』, 문학아카데미, 1995.

＿＿＿, 『소설학사전』, 문예출판사, 2004.

한원균, 「문학과 공간: 그 이론적 모색」, 김수복 편저, 『한국문학공간과 문화콘텐
　　츠』, 청동거울, 2005.

■「지리산권 동학농민혁명의 상징성 연구 – 송기숙의 녹두장군을 중심으로」, 『남도
문화연구』 제26집, 순천대 남도문화연구소, 2014. 6.

지리산권의 서부지역 동학 포교와 조직화 과정

성주현 | 청암대학교

Ⅰ. 머리말

예로부터 지리산은 두류산 또는 방장산이라고도 한다. 어리석은 사람이 머물면 지혜롭게 된다고 해서 지리산, 백두대간의 주맥이 한반도를 타고 이곳까지 이어졌다고 해서 두류산, 그리고 도교의 삼신산 가운데 하나라는 생각에 방장산이라 한 것이다. 때문에 고유신앙인 성모신앙과 산신신앙을 포유하고 있다. 이후 삼국시대와 고려시대를 거치면서 불교신앙과 밀접한 관계를 맺었을 뿐만 아니라 조선시대는 남명학의 산실이 되었다.

지리산은 또한 정감록 신앙에 연유된 십승지의 하나로, 대한제국 말기에는 동학농민혁명에 참여하였던 동학교도들이 피난하여 살았으며, 이들 일부가 신흥종교를 개창하여 오늘날 각종 민족종교의 집산지를 이루고 있다. 특히 하동군 청암면 묵계리의 도인촌은 갱정유도의 신자들로 구성되어 지금도 댕기머리와 상투에 바지저고리를 입으며, 전통문화관습을 유지하고 있다. 1948년에는 여순반란사건으로 패주한 좌익세력의 일부가 이곳에 들어왔으며, 1950년 6·25전쟁 때는 북한군의 패잔병 일부가 노고단과 반야봉 일대를 거점으로 활동하기도 했다.

이러한 신앙적, 역사적인 경험을 간직한 지리산은 나름대로 '지리산권' 또는 '지리산문화권'을 형성하였다. 지리산권은 지역적으로는 서쪽인 섬진강·남원문화권, 동쪽인 남강·진주문화권으로 크게 나눌 수 있다. 두 문화권은 지리산을 두고 동질성과 차별성을 함께 지니고 있다.[1]

조선후기에서 근대를 여는 여명기에 이르는 시기의 지리산권은 변혁의 근거지였다. 1869년 광양농민항쟁을 비롯하여 1894년 동학농민혁명, 그리고 이어지는 의병투쟁은 한국근대사의 중요한 의미를 갖는다. 특히 동학농민혁명기 지리산권은 영남으로 진격하려는 호남의 동학농민군이 북쪽에서는 운봉을 사이에 두고 민보군과 치열한 전투를 벌인 바 있고, 남쪽에서는 광양, 순천의 동학농민군이 하동과 진주로 나아가 영호남 연합전선을 형성하기도 하였다. 이처럼 지리산권은 동학농민혁명의 근거지라 할 수 있다.

---

[1] 장석흥 외, 『우리 역사문화의 갈래를 찾아서 지리산문화권』, 역사공간, 2004, 23쪽.

지리산권 동학농민혁명에 대한 연구는 강송현, 표영삼, 박찬승, 김양식, 김범수 등[2])에 의해 적지 않은 부분들이 밝혀진 바 있다. 이들 연구는 대부분 동학농민혁명에 집중하고 있다는 한계가 없지 않다. 지리산권을 중심으로 동학농민혁명이 전개할 수 있었던 것은 지리산권에 동학의 포교와 조직화 과정은 매우 중요하다고 판단된다. 즉 동학의 포교와 조직이 동학농민전쟁의 토대가 되었다고 할 수 있다.

이에 본고는 지리산권에서 동학농민혁명이 전개할 수 있었던 동학 포교와 조직화 과정, 동학농민혁명 이전의 동향에 관하여 살펴보고자 한다. 그럼에도 불구하고 본고에서 이를 추적하는 데는 두 가지 한계를 가지고 있다. 첫째는 지역의 한계이다. 지리산권은 앞서 언급하였듯이 서부와 동부라는 지리적으로 매우 광활하기 때문에 이를 포괄하여 다룬다는 것은 적지 않은 어려움이 따르고 있다. 이에 본고에서는 지리산권 서부지역[3])을 중심으로 살펴보고자 한다. 둘째는 자료의 한계이다. 동학농민혁명 이전 지리산권 서부지역과 관련된 자료가 매우 제한적이다. 가장 대표적인 자료는 『종리원사부동학사』[4]) 이외에는

---

2) 지리산권의 동학농민혁명에 관한 연구성과로는 강송현, 「남원권 동학농민전쟁의 전개」, 한국교원대학교 대학원 석사학위논문, 1992; 표영삼, 「남원의 동학혁명운동 연구」, 『동학연구』 5, 한국동학학회, 1999; 성주현, 「동학혁명 참여자의 혁명 이후 활동」, 『문명연지』 6-1, 한국문명학회, 2005; 박찬승, 「1894년 농민전쟁기 남원지방 농민군의 동향」, 『1894년 농민전쟁연구』 4, 역사비평사, 1994; 김양식, 「영호동회소의 활동과 대일항쟁」, 『근대한국의 사회변동과 동학농민혁명』, 새실, 1994; 김준형, 「서부경남지역의 동학군 봉기와 지배층의 대응」, 『경상사학』 7 · 8, 경상대학교 사학과, 1992; 김범수, 「서부경남 동학운동연구」, 『경남향토사총서』 2, 경남향토사연구협의회, 1992 등이 있다.

3) 지리산권 서부지역에는 남원시, 구례군, 곡성군, 광양시, 순천시, 순창군 등이 포함된다. 이에 따라 본고에서는 이들 지역을 중심으로 살펴보고자 한다. 다만 필요한 경우 인근지역에 대해서도 언급하였음을 밝혀둔다.

4) 『종리원사부동학사』는 1924년 천도교 남원군종리원에서 유태홍, 최병현 등이 중심이 되어 남원군의 동학과 천도교 역사를 정리한 자료이다. 이 자료에는 『순교

거의 없다는 사실이다. 이밖에 『천도교회월보』의 「환원」5) 기사와 『천도교창건록』 등에 단편적인 기록들이 있다. 때문에 본고에서는 남원을 중심으로 살펴볼 수밖에 없다는 점을 미리 밝혀두고자 한다. 비록 제한적 자료이지만 이들 자료를 중심으로 살펴보았음을 지적해두고자 한다.

II. 지리산권의 동학 포교와 조직화

동학은 1860년 4월 5일 경주 용담에서 수운 최제우가 창도했다. 초기에는 경주를 중심으로 교세를 확장해 나갔지만 관의 지목과 탄압으로 수운이 호남으로 피신하면서 동학도 자연스럽게 포교되었다. 수운이 호남지역 중 가장 먼저 이른 곳이 지리산권이다. 이에 대해 『수운문집』은 다음과 같이 밝히고 있다.

> 이해 11월에 갑작스레 길을 떠나게 되어 새로 입도한 분들을 생각하니 아직 제대로 깨우치지 못한지라 스스로 탄식해 마지않았다. 전라도로 발행하셨는데 지나는 길에 성주6)로 들어가 충무묘에 배알하였다. 처음 도착한 곳은 남원이었으며 徐公瑞의 집에서 10여 일을 유숙했다. 이 때 같이 동행한 이는 崔仲羲였다. 고을 풍경을 두루 구경하니 산수는 아름답고, 풍속은 순박하니 가희 절승의 고장이라 할 수 있으며, 풍류객과 호협한 사람들로 번화함이 없지 않았다. 여행 차림으로 마을들을 찾아보고, 골짜기들을 구경하

약력』이 포함되어 있어 남원지역의 동학과 동학농민혁명을 이해하는데 매우 중요한 자료로 평가된다.

5) '환원'은 천도교에서 사용하는 용어로 교인이 삶을 마쳤을 때 쓴다.

6) 기록에는 '성주'로 되어 있으나 성주에는 충무공과 관련된 묘가 없다. 아마도 승주가 아닌가 한다.

며 산을 넘고 물을 건너 은적암에 이르니 때는 섣달이요, 이 해도 이미 저물었다. 절에서 때 맞춰 종을 치니 여러 스님들이 모여 불공을 올리며 한 결같이 法句經대로 이루기를 소원했다. 묵은해를 보내고 새해를 맞는 감회는 새벽에 이르도록 금할 길이 없었다. 싸늘한 등잔불 아래 외로운 베게를 베고 엎치락뒤치락 잠 못 이루며 모든 벗들을 마음속에 품는가 하면 번번히 처자가 그리운 생각이 났다. 억지로 도수사를 지었다. 또한 동학론과 권학가를 지었다.

동학은 1860년 4월 5일 창도되었지만 포교는 1861년 6월 이후였다.[7] 동학에 입도하는 사람들이 들어나자 정부의 탄압이 시작되었다. 동학 포교 6개월 만에 수운 최제우는 피하기 위해 1861년 11월 최중희를 대동하고 호남으로 일시적인 피신한 바 있다. 이때 가장 먼저 도착한 것은 남원이었다. 남원 땅을 밟은 수운 최제우는 서공서의 집에서 10여 일을 머물렀다가 교룡산성 은적암[8]으로 거처를 옮겼다. 이 과정에서 동학의 첫 포교가 이루어졌다. 이에 대해『종리원사부동학사』는 다음과 같이 기록하였다.

　　포덕[9] 2년 신유 6월[10]에 대신사[11] 호남으로 向하사 산천풍토 인심풍속을 觀하시고 본군에 到하사 광한루 下 오작교 邊 서형칠(당시 약방)에 留하시고 주인 생질 공창윤 家에 宿寢하사 留數 10일에 서형칠, 공창윤, 양형숙, 양국삼, 서공서, 이경구, 양득삼 제현으로 포덕하시다.

---

7) 동학에서는 이를 '신유포덕'이라고 한다.
8) 은적암의 원래 이름은 덕밀암이었다. 수운 최제우가 머물면서 이름을 바꾸었다.
9) 천도교의 용어로 동학을 널리 편다는 뜻으로, '포교'라는 말에 해당된다.
10) 동학의 초기 기록인『수운행록』,『도원기서』등에는 '11월'이라고 하였다.『종리원사부동학사』는 동학이 포교가 시작된 '신유 6월'을 강조한 것으로 보인다. 그러나 수운 최제우가 호남으로 피신한 것은 '신유 11월'이다.
11) 대신사는 천도교에서 창도주인 수운 최제우에 대한 존칭어이다. 기독교의 '예수', 불교의 '부처'에 해당된다.

즉 호남에서는 지리산권 서부지역인 남원에서 서형칠, 공창윤, 양형숙, 양삼국, 서공서, 양득삼, 이경구 등 7명이 처음으로 동학에 입도하였다. 이들 중 서형칠, 양형숙, 공창윤 등은 이듬해 1863년 봄 동학이 창도된 용담정을 찾아가 교리문답을 통해 동학의 가르침을 받았다. 그러나 1864년 3월 10일 수운 최제우가 대구 관덕정에서 처형되자 이들 역시 동학을 더 이상 포교를 하지 않고 은신하였다.[12] 이로 볼 때 지리산권의 동학 포교는 동학이 창도된 지 불과 1년 6개월, 포교된 지 6개월 만에 이루어졌다는 점이다. 그렇지만 지리산권 동학은 더 이상 동학의 포교를 이어가지 못하고 사실상 맥이 끊어졌다고 할 수 있다.

그러나 지리산권에 동학이 다시 포교되기 시작한 것은 1880년대 후반이었다. 처음 동학이 포교된 지 28년만이었다. 당시 첫 입도는 남원군 둔덕면 탑동리에 살던 김홍기[13]였다. 그는 장인 최찬국의 포교로 1888년 10월 27일[14] 동학에 입도했다. 최찬국은 임실군 운암면 지천리 출신으로 1873년 해월 최시형에게 입도한 바 있다.[15]

동학에 입도한 김홍기는 우선 종형인 김낙기를 비롯하여 김영기,

---

12) 『종리원사부동학사』.
13) 김홍기는 1856년 10월 9일 남원군 둔덕면 탑동리(현 임실군 오수면 탑동)에서 태어났으며 1888년 장인 최찬국의 포교로 동학에 입도하였다. 이후 둔덕면을 포함한 남원 일대에 동학을 적극적으로 포교하였으며, 1892년 삼례교조신원운동, 1893년 1월 광화문교조신원운동, 1893년 3월 보은 척왜양창의운동에 참가하였다. 동학농민혁명기에는 남원에서 기포하여 중심적인 역할을 담당하였으며 1894년 11월 남원 방아치에서 박봉양이 이끄는 민보군과 치열하게 싸웠다. 그러나 민보군에 체포되어 1895년 2월 14일 남원장터에서 포살 당하였다.
14) 『순교약력』. 그런데 『종리원사부동학사』에 "포덕 30년 기축에 김홍기가 교의 대원을 갱주 래하여"라고 하여, 1889년에 입도한 것으로 되어 있다. 그런데 그의 사형 김낙기가 1889년 10월 3일 김홍기로부터 동학에 입도하였다고 한 것으로 보아 김홍기는 1888년 10월에 입도한 것이 더 타당성이 있다고 판단된다.
15) 『천도교임실교구사』.

김종우, 이기면, 이기동, 김종학, 유태홍 등을 포교했다.[16] 김낙기는 1889년 10월 3일, 김영기는 1889년 12월 15일, 김종우는 1890년 9월 20일, 김종학은 1890년 9월 20일,[17] 김창길은 1890년 10월 23일[18]에 각각 동학에 입도했다. 유태홍의 입도 일자는 확인되지 않지만 20살을 전후하여 동학에 입도한 것으로 보아 같은 시기인 1889년으로 추정된다.[19] 이외에도 여성교인 신만화는 1890년 7월 25일, 안치화는 1890년[20]에 각각 입도한 바 있다.[21] 이는 남성뿐만 아니라 적지 않은 여성들도 동학에 입도한 것으로 추정할 수 있다. 또한 1893년 1월 17일에는 주생면 낙동리의 신창우가 동학에 입도한 바 있는데, 그는 전교인은 아버지 신윤휴였다.[22] 이는 신윤휴는 이보다 앞선 1890년을 전후하여 입도한 것으로 추정된다. 동학농민혁명이 일어난 해에도 입도한 사례가 없지 않았는데, 대산면 수정리의 박세충은 1894년 7월 21일 동학에 입도하였다.[23]

이로 볼 때 남원은 1861년 말에 처음으로 포교되었지만 그 명맥은 이어지지 못하였다가 1888년에 다시 재개되었다. 이후 1890년을 기점으로 동학의 교세가 크게 확장되었고 할 수 있다.

곡성군은 1892년 봄 기봉진이 구례지역에 동학을 포교한 바[24]있는데, 이는 그 이전에 동학이 포교되었음을 알 수 있다. 곡성군 오곡면

16) 『종리원사부동학사』.
17) 『순교약력』.
18) 『천도교회월보』 284, 1936.3, 34~35쪽.
19) 유태홍은 1867년 9월 2일에 출생했으므로 스무 살 되는 해는 1887년이다.
20) 『천도교회월보』 202, 1927.10, 24쪽.
21) 『천도교회월보』 162, 1924.3, 38쪽.
22) 『천도교회월보』 265, 1933.4, 42~43쪽.
23) 『천도교회월보』 266, 1933.5, 60쪽.
24) 『구례군교구사』.

승법리의 강치언도 이때 입도했다.[25] 강치언은 1923년 7월에 환원했는데, 동학에 입도한 지 30여 년이 되었다. 『천도교창건록』에 따르면 김기영과 전홍기가 동학농민혁명이 일어난 1894년에 입도했다.[26]

순창군의 경우 동학이 처음 포교된 불확실하지만 『순창교구 교보』(1948)와 『천도교회월보』의 「환원」 기사에 의하면 1889년 동학이 포교되었을 확인할 수 있다. 쌍치면 금성리의 이병선이 1889년에 동학에 입도했다. 이어 쌍치면 시산리의 계두원과 쌍치면 금성리의 김동화는 1890년에,[27] 동계면 관전리의 김만두는 1891년 3월 13일에[28] 각각 입교했다. 안의만은 1891년,[29] 금과면 방성리의 설임철은 1892년 5월 4일,[30] 쌍치면 금성리 임병선은 1892년 7월,[31] 목과면 방축리의 우동원은 1983년 11월,[32] 이계면 세룡리의 신석우는 1894년에[33] 각각 입교한 바 있다. 순창군의 동학 포교는 1890년을 전후하여 포교되었다. 포교의 중심인물은 확인하기 어렵지만 최기환이 그 역할을 한 것으로 추정된다.

지리산 아래 구례군도 1890년을 전후하여 동학이 포교되었다. 『천도교회월보』 환원 기사에 따르면, 용방면 용정리의 강철수가 1889년 10월 28일,[34] 광의면 수일리의 김진석은 1890년 1월 18일에 각각 동학

---

25) 『천도교회월보』 155, 1923.8, 72쪽.
26) 『천도교창건록』, 600쪽.
27) 『천도교회월보』 132, 1921.8, 103쪽.
28) 『천도교회월보』 90, 1918.1, 35쪽. 김만두의 전교인 최기환이다.
29) 『천도교회월보』 103, 1919.2, 44쪽.
30) 『천도교회월보』 197, 1927.5, 29쪽에는 포덕 34년에 입교한 것으로 되어있다.
31) 『순창교구 교보』, 1948.
32) 『우동암행문집』 : 한상호, 「동암 우동원의 갑오년(1894) 행적」, 전북대학교 석사학위논문, 2005, 8쪽.
33) 『천도교회월보』 123, 102쪽.
34) 『천도교회월보』 170, 1924.11, 31쪽.

에 입교했다.[35] 김진석에 대해서는 "갑오 풍파에도 고생이란 고생은
다 받으되 조금도 저외한 바 없이 고를 낙으로 하시고 수도를 하시며
知友親戚의 毁道에도 그이 성력은 불변하고"한 바, 동학농민혁명 이
전에 동학에 입교한 친척과 지우들이 적지 않았음을 보여주고 있다.
이어 1892년 곡성 출신 기봉진이 1892년 허탁, 임양순, 임태순, 조경
묵, 우정공 등에게 포교를 한 바 있다.[36] 이외에도 광의면 구만리의
이두인은 동학농민혁명이 일어난 1894년 9월 9일에 입도한 기록도 있
다.[37] 뿐만 아니라 구례현감을 역임한 남궁표와 당시 현감 조규하도
동학에 입교하여 포교에 앞장선 사례[38]가 있었던 것으로 보아 동학농
민혁명 이전에 동학 교세가 적지 않았음을 알 수 있다.

　　순천지역은 『천도교창건사』에 따르면, 1891년에 박진양, 1893년에
는 김종순, 동학농민혁명이 일어난 1894년에 김학순과 김재일이 각각
입도한 사례가 있다.[39] 광양군에서는 봉강면 조령리의 조두환이 1890
년 12월 12일[40] 동학에 입도하였다.

　　이상으로 지리산권 서부지역 동학의 포교에 대하여 살펴보았다. 이
를 지역별로 정리하면 〈표 1〉과 같다.

35) 『천도교회월보』 275, 1939.4, 30쪽.
36) 『구례교구사』.
37) 『천도교회월보』 275, 1939.4, 30쪽.
38) 『오하기문』 2필; 김종익 역, 『오하기문』, 역사비평사, 1994, 229쪽.
39) 『천도교창건록』, 600~601쪽.
40) 『천도교회월보』 279, 1935.9, 36~38쪽.

〈표 1〉 지리산권 서부지역 동학 포교 상황

지역	포교 상황				
	1888	1889	1890	1891	1892
남원	김홍기	김낙기 김영기 유태홍	김종우 김종학 김창길 신윤휴 신민하(여) 안치화(여)		
곡성	기봉진				강치언
구례		강철수			허 탁 임양순 임태순 조경묵 우정공
순창		이병선	계두원 김동화	김만두 양의만	설임철 임병선
순천				박진양	
광양			조두환		

〈표 1〉에 의하면 지리산권 서부지역은 본격적인 동학의 포교는 1890년을 전후였다. 남원과 곡성이 가장 이른 1888년이었고, 이어 구례, 순창, 광양, 순천에 차례로 포교되었다.[41]

그렇다면 이 시기 동학에 입도한 배경은 무엇일까? 이에 대해서는 1893년 11월 동학에 입도한 우동원[42]을 통해 살펴보고자 한다. 우동원은 동학에 입교한 경위를 다음과 같이 밝히고 있다.

단기 4226 계사 춘 3월에 순창군수 이성렬에게 수성 당번 불응죄로 인촉되어 태장과 고장으로 난타 악형이 고심하였다. 공은 제압강명을 피할 도리

---

[41] 하지만 이러한 것도 현존한 기록에 의한 것이기 때문에 한계가 없지 않다. 이보다 앞선 1880년대 중반에 이미 지리산권 서부지역에 동학이 포교되었을 가능성이 충분히 있다고 판단된다.

[42] 우동원의 행적은『우동암행문집』에 정리되어 있다.『우동암행문집』은 우동원의 둘째 아들 우치홍이 아버지의 유고와 자료를 정리하여 기록한 책으로 1951년 2월에 작성한 것이다. 가로 19cm, 세로 26cm의 크기로 40쪽 분량의 국한문혼용체 기록이다.

가 없어 강제당번을 하고, 이의 불평 불만한 정치를 항시 염두에 두고 있었다. 때에 따라 탐관학민오리의 악정이 연만함으로 癸巳 秋에 각 방곡에서 민요가 봉기함으로 공은 '시기이다'하고 담양군 남응삼과 상의하고 同年 癸巳 11월 26일 동학당에 가입한 후로 동학의 본지인 포덕천하 광제창생 보국안민의 대지를 달성코자 其 신앙심이 절실하였다.[43]

우동원은 당시 1893년 3월 당시 순창군수 이성열이 읍성을 수성하라는 명령을 어긴 바 있고, 이로 인해 태장과 곤장 등 체형을 당하였다. 평소 불합리한 사회에 불평불만을 가지고 있던 우동원은 탐관오리를 징치하고 사회개혁을 요구하는 민란들이 일어나자 담양군에서 활동하는 접주 남응삼을 찾아가 상의한 후 이해 11월 26일 동학에 입도했다. 우동원이 동학에 입교한 동기는 다음과 같다.

> 동학은 근대 조선사회가 封壞하고 근대화가 비롯하려는 전환기에 衝現하였다. (중략) 이에 痛心이 入骨하며 貪官 虐民 汚吏의 악정을 항시 불평불만으로 험세를 지내다가 동년 癸巳 秋로 각 坊谷에서 民擾가 봉기할 기상이 농후함을 아는 우공은 통일이 없고 연락 없이 渙散한 사회에서는 도저히 자신 일인만이 起發할 수 없음을 각오하고 물론 협동단결적 단체를 요구하였다. 우공은 담양군 남응삼과 相接한 바, 今期 동학은 국가의 정책을 시정하고 인민 상하계급을 철폐하며 빈부귀천의 차별을 一齊하고 탐관오리를 掃淸한다는 意를 듣고, 공은 여기에 頃心(결심)하고 동년 계사 11월 26일로 동학회에 입회한 후 동학의 본지인 포덕천하 광제창생 보국안민의 대지를 달성코자 其 실행방도를 신실히 하여오던 차에[44]

---

43) 『우동암행문집』.
44) 『우동암행문집』.

우동원이 동학에 입교한 가장 큰 동기는 "국가의 정책을 시정하고 인민 상하 계급의 철폐 하며 빈부귀천의 차별을 일제하고 탐관오리를 소청한다"는 동학의 반봉건적 변혁사상에서 비롯되었다. 동학의 사상적 특성은 시천주와 사인여천의 인간존중사상, 후천개벽의 혁세사상, 척양척왜의 민족주체사상, 유무상자의 공동체사상으로 요약할 수 있는데, 우동원은 동학의 인간존중과 혁세사상에 관심을 가졌던 것이다. 우동원은 당시 모순에 가득한 사회를 동학만이 국가의 정책을 시정하고 사회를 변화시키는 구심점으로 인식했던 것이다. 또한 신분제도를 철폐하고 빈부귀천의 차별을 없애며,[45] 탐관오리를 제거할 수 있다고 믿었다. 우동원의 임교 동기는 당시 동학에 입교한 대부분의 민중들의 염원을 말해주고 있다고 보여 진다.

한편 지리산권 동학의 포교 과정을 통해 어떻게 조직화되었는지 살펴보자. 다만 지리산권 서부지역 전체를 살펴보기에는 한계가 있기 때문에 『순교약력』을 통해 남원을 중심으로 살펴보고자 한다.

김홍기로부터 시작된 지리산권 서부지역 동학 포교는 1890년을 전후하여 순창, 구례, 옥과, 곡성 등으로 확장되었다. 『순교약력』에 의하면 동학농민혁명이 일어난 1894년까지 동학에 입도한 인물을 살펴보면 〈표 2〉와 같다.

---

[45] 동학은 당시 신분제가 가지고 있는 모순을 가장 크게 비판하였다. 해월 최시형은 "선천의 썩어진 문벌의 고하와 귀천의 등분이 무슨 관계가 있느냐. 그러므로 선천 일찍 두 여비를 해방하여 한 사람으로 양녀를 삼고 한 사람으로 자부를 삼았으니 선사의 문벌이 제군과 같지 못하랴. 제군은 먼저 이 마음을 깨치고 자격을 다라 지휘에 따르라"고 하였다.(이돈화, 『천도교창건사』 제2편, 44쪽)

〈표 2〉『순교약력』에 나타난 동학 포교 상황

이름	입도일자	지역	전교인	비고
김홍기	1888.10.27	남원군 둔덕면	최찬국	장인
최진악	미상	남원 지사면	김재홍	접주, 1894년 12월 12일 오수에서 포형 당함
김낙기	1889.10.3	남원군 둔덕면	김홍기	접주
김영기	1889.12.15	남원군 둔덕면	김홍기	접주
강윤회	1889. 봄	임실군 신평면	김홍기	
임익서	1890.2			1894년 12월 2일 오수에서 포형 당함
이창우	1890.3.2	남원군 둔덕면	김홍기	
김종문	1894. 가을	남원군 둔덕면	김홍기	김홍기 장자
이기면	1890.4.24	남원군 둔덕면	김홍기	
김해종	1890.4.5	남원군 덕고면	김홍기	접주, 1894년 12월 2일 오수에서 포형 당함
김연호	1890.12.3	남원군 덕고면	김홍기	접주
심노환	1892.3.15	남원군 장흥면	이규순	접주, 1894년 12월 5일 남원시장서 포형 당함
전태옥	1889.3.13	남원군 지사면	강윤회	접주, 1894년 12월 14일 남원시장서 포형 당함
변홍두	1893.2.2	남원군 덕고면	김낙기	접주, 1894년 12월 12일 오수에서 포형 당함
이규순	1889. 봄46)	남원군 서봉면		수접주, 1895년 2월 남원시장에서 포형
정동훈	1890.3.29	남원군 견소곡면	김홍기	접주, 집강, 1894년 12월 포형
김현숙	미상	남원군 반암면		접주, 1894년 겨울 반암시장서 포형
하치구	1890. 봄	남원군 두동면		
박중래	1892	남원군 산동면		접주, 접사, 1895년 1월 운봉시장서 포형
박경래	1893	남원군 산동면		1984년 12월 9일 운봉 반암 원촌시장서 포형 당함
김춘영	1893	남원군 산동면		1894년 12월 9일 원촌시장서 포형 당함
최도준	1893	남원군 산동면		1894년 12월 9일 원촌시장서 포형 당함
최경현	1893	남원군 산동면		1894년 12월 10일 원촌시장서 포형 당함
이익우	1891	남원군 산동면		
김부칠	1893 봄	남원군 산동면		동학농민혁명 참가, 남원서 참형 당함
소화숙	1892	남원군 상원천면		접주, 교장, 1894년 12월 운봉시장서 포형 당함
안재언	1892	남원군 산동면		동학농민혁명에 참여하였다가 남원시장서 포형 당함
이동기	1893	남원군 산동면		동학농민혁명에 참여하였다가 관음치전추에서 포형 당함
양주칠	1894 봄	남원군 산동면		동학농민혁명 참가, 이해 12월 20일 남원지장에서 포형 당함
최성우	1894.4.5	남원군 지사면		동학농민혁명 참가, 12월 20일 오수시장서 포형 당함

이름	입도일자	지역	전교인	비고
황내문	1892	남원군 서면	김종학	대접주, 동학농민혁명 참가, 12월 10일 포형 당함
오한복	1893	남원군 주천면		접사, 동학농민혁명 참가, 12월 10일 포형 당함
권이갑	1893	남원군 둔덕면	이기동	동학농민혁명 참가, 11월 14일 고남산서 포형 당함
이사명	1892.3	진안군 백운면		접주, 동학농민혁명 참가, 12월 9일 오수시 장서 포형 당함
정규봉	미상	남원군 오지면		동학농민혁명 참가, 12월 평당리에서 포형 당함
정극중	미상	남원군 소견곡면	김홍기	접주, 동학농민혁명 참가, 12월 남원시장서 포형 당함
장남두	1894 봄	남원군 산동면	김홍기	도성찰, 동학농민혁명 참가, 12월 남원시 장서 포형 당함
양주신	1893.7.10	구례군 광의면	임정연	접주, 동학농민혁명 참가, 12월 20일 참형 당함
이치년	1890	구례군 광의면	임정연	동학농민혁명 참가, 12월 13일 참형 당함
표명식	1894.6		유태홍	동학농민혁명 참가, 12월 남원시장서 포형 당함
이응삼	1890	남원군 갈치면		수업주, 동학농민혁명 참가, 12월 남원시 장서 포형 당함
김종우	1889.9.20	남원군 둔덕면	김홍기	동학농민혁명 참가
박기영	1894.7.6	남원군 영계면		접주
김종웅	1890.10.3	남원군 둔덕면	김홍기	김낙기의 장자, 동학농민혁명 참가
김동환	1894.7	남원군 영계면	김영선	김영선과 사형 관계
최한수	1891.9	남원군 지사면	최진악	최진악과 종숙 관계, 봉훈
김종학	1890.9.20	남원군 둔덕면	김홍기	김홍기와 종숙 관계, 동학농민혁명 참가
황남현	1891.4	남원군 고절면	이기동	봉훈, 동학농민혁명 참가
황한주	1894.7	남원군 고절면	이기동	
안규환	1891	남원군 산동면		접주, 봉훈
오창섭	1894.6	남원군 백파면	유태홍	봉도
김종태	1890.10.3	남원군 둔덕면	김홍기	김홍기와 숙부 관계, 동학농민혁명 참가
김종훈	1891.9.4	남원군 둔덕면	김홍기	김영기의 자
김맹철	1891.10	임실군 하운면		접주
최진팔	1891.8.30	남원군	김재홍	
하영도	1891.5.20	남원군 둔덕면	김종우	접주
김성주	1892.8.20	남원군 둔덕면	김종우	
조동욱	1894.7	남원군 옥과면	이기동	봉훈

이름	입도일자	지역	전교인	비고
김응선	1891.3	남원군 매안면	이기동	봉훈
김종오	1892.3.10	남원군 둔덕면	김종황	김종황과 사형 관계
김종호	1892.10.10	남원군 둔덕면	김종황	김종황과 종형 관계
김성윤	1892.3.10	남원군 둔덕면	김재홍	
한용욱	1891.3.10	남원군 오지면		
이성의	1893.3.15	남원군 둔덕면	김종황	봉훈
하영석	1890.11.3	남원군 둔덕면	김홍기	중정, 대정, 집강, 교수, 교장, 동학농민혁명 참가
김종황	1890.11.24[47)	남원군 둔덕면	김홍기	김홍기와 족속 관계, 수접주, 봉훈, 동학농민혁명 참가
조경묵	1891.1.23	구례군 산외면		
장남선	1892.6.23	남원군 대산면		접사, 접주, 수접주, 대접주, 동학농민혁명 참가
우학로	1894.3.10	곡성군 곡성면		교수, 교장, 접사
양해성	1894.2.16	남원군 남원면		봉훈
장형기	1892.3.27	남원군 보절면		교수, 접주, 집강, 봉훈
윤병달	1894.2.5	남원군 죽곡면		동학농민혁명 참가
표영호	1890.10.28	남원군 둔덕면		교훈, 봉훈

위의 〈표〉에 의하면, 남원지역 동학의 연도별 포교 상황은 다음과 같다.

1888년 1명, 1889년 6명, 1890년 15명, 1891년 11명, 1892년 12명, 1893년 11명, 1894년 13명이었으며, 입도연대는 알 수 없지만 적어도 동학농민혁명 이전의 4명을 포함하여 동학농민혁명 이전에 입교한 사람은 72명이었다. 연도별로 볼 때 이른 시기인 1888년과 1889년을 제외하곤 해마다 10명 이상씩 입교하여 교세가 꾸준히 증가하고 있음을

---

46) 봄에 입도한 것은 4월 5일로 추정된다. 이 날은 수운 최제우가 동학을 창도한 날이다. 그래서 이 날을 기념하여 입도하는 사례가 많았다.

47) 『순교약력』에는 "동 36년 경인 11월 24일"에 동학에 입도하였다고 하였다. 그런데 『종리원사부동학사』에는 1890년경에 입교한 것으로 되어 있다. 그리고 『순교약력』에서도 동학농민혁명에 참가하였다고 한 것으로 보아 1890년에 입도한 것으로 보인다.

알 수 있다. 지역적으로 볼 때는 남원군 둔덕면이 가장 많았다. 둔덕면은 남원지역에서 가장 먼저 동학이 포교된 곳으로 바로 김홍기의 활동무대였다. 김홍기는 1888년 동학에 입도하여 우선 자신의 활동무대를 중심으로 동학을 포교했다. 이는 전교인에서도 확인할 수 있다. 남원 이외에도 임실, 구례, 곡성 등 인근 지역에까지 동학의 세력이 확대되었다.

또한 동학의 포교과정을 보면 우선 친인척을 중심으로 포교하였음을 할 수 있다. 김홍기 역시 장인으로부터 동학을 포교를 받았고, 자신도 종숙이나 아들에게 동학을 포교하였다. 이외에도 김종황은 종형이나 사형, 김영기도 아들에게 동학을 포교했다. 이는 동학교단의 포교가 친인척을 중심으로 하였음을 명확하게 보여준다.

이상으로 섬진강과 남원을 중심으로 한 지리산권의 서부지역을 중심으로 동학의 포교과정을 살펴보았다. 이 지역 동학의 포교는 크게 두 가지로 정리할 수 있다. 첫째는 수운 최제우가 남원 은적암으로 피신하는 과정에서 처음으로 지리산권에 동학을 포교하였다는 점이다. 그러나 이와 같은 초기의 동학 포교는 수운 최제우 순도 이후 더 이상 확산되지 못하였다. 둘째는 1890년을 전후하여 남원을 비롯하여 순창, 구례, 곡성, 순천 등 지리산권 서부지역에 다시 동학이 포교되었다는 점이다. 이후 동학의 포교는 1894년 동학농민혁명이 일어나는 시기까지 꾸준히 확산되었다. 이를 기반으로 지리산권 동학은 1894년 동학농민혁명을 전개하는 중심세력으로 성장하였다.

III. 동학농민혁명 전후 지리산권 동학의 동향

앞서 살펴보았듯이 지리산권 서부지역 동학은 1890년대를 전후하여 본격적으로 포교되었다. 이후 김홍기를 비롯하여 이기동, 김종황, 유태홍, 최기환, 남응삼, 임정연 등의 적극적인 포교로 동학의 교세는 크게 확산되었다. 이들 동학은 동학교단이 전개하였던 교조신원운동에 적극 참여했다.

동학교단은 1871년 3월 10일 영해에서 교조신원운동을 전개한 바 있지만, 오히려 교단은 위기에 빠졌다. 이후 강원도의 태백산 일대와 충청도 소백산 일대에서 교세를 유지하였던 동학교단은 1880년대 이후 전주와 삼례 등 호남지역을 중심으로 교세를 확장해 나갔다. 이처럼 호남지역에서 교세가 급증하게 되자 1892년 7월부터 동학교단 내에서는 교조 최제우의 伸冤에 대한 논의가 시작되었다. 서인주와 서병학은 도주 최시형에게 "우리 道의 急務가 先師의 伸冤一事" 즉, 수운 최제우의 신원이라고 주장하였다. 이는 비록 서인주와 서병학이 교조신원을 주장하였지만, 실제적으로는 이미 교인들 사이에 교조신원에 대한 공감대가 형성되었던 것이다.

그렇지만 최시형은 아직 시기상조라 하여 이를 받아들이지 않았다. 그렇지만 이해 10월에 이르러 보다 많은 다수의 교인들이 교조신원을 요구하자, 최시형을 이를 수용하는 입의문을 발표하였다.[48] 이에 서병학과 서인주는 충청지역 교인을 모아 호서의 중심인 공주에 집결하여 교조신원운동을 전개하였다.[49] 공주신원운동에서 교조의 신원 즉 동학의 포교 공인이라는 궁극적인 목표를 달성하지는 못하였지만, 동

---

48) 이돈화, 『천도교창건사』제2편, 45쪽.
49) 오지영, 『동학사』제2편, 71쪽.

학교인에 대한 각종 폐단을 일체 중지할 것[50])이라는 적지 않은 성과를 거두었다. 이에 고무한 동학교단은 곧이어 전라감사를 대상으로 삼례에서 신원운동을 전개하였다. 최시형은 각지의 교인에게 경통을 보내 보다 적극적으로 신원운동에 참여할 것을 촉구하였다.

삼례신원운동에서는 '수운선사의 신원, 탐관오리 제거, 교당설치 허가'[51])를 요구하였다. 이에 대해 전라감사 이경식은 동학을 이단으로 규정하고 집회를 해산하라고 하였으나 동학교인들은 해산하지 않았다. 그 결국 '동학교인에 대한 토색 금지'라는 결과를 받아냈다.[52]) 그러나 포교의 자유 내지 신앙의 자유를 획득하지 못한 동학교단은 지방보다는 중앙을 상대로 신원운동을 전개하기도 함에 따라 1893년 1월 광화문 앞에서 신원운동을 전개하였다. 이어 이해 3월 10일 충북 보은군 장내리와 전북 원평 금구에서는 척양척왜를 내용으로 하는 창의운동을 전개하였다.

이와 같이 동학교단에서 교조신원운동과 척왜양창의운동을 전개하는 과정에서 지리산권 동학도 적극적으로 참여하였다는 것이다. 특히 보은에서 전개한 척왜양창의운동에 경기도나 충청도, 강원도, 경상도 등 다른 지역보다 지역적으로 먼 곳임에도 불구하고 지리산권 동학은 적극적으로 참여했던 것이다.

먼저 『종리원사부동학사』에 의하면, 남원의 동학교인들은 1892년 가을 삼례에서 전개한 신원운동에 수백 명이 참여하였다. 특히 남원의 유태홍은 전라좌도를 대표하여 전라우도 전봉준과 함께 전라관찰

50) 「甘結」, 『한국민중운동사자료대계(동학서)』, 여강출판사, 1985, 68~70쪽.
51) 최영년, 「동도문변」, 『동학농민혁명국역총서』 5, 동학농민혁명참여자명예회복심의위원회, 299, 156쪽.
52) 오지영, 『동학사』 제2장, 74쪽.

사에게 소장을 제출하였다. 이와 관련하여 다음과 같이 밝히고 있다.

　　仝 三十三年 壬辰 秋에 大神師 伸寃 次로 各道 敎人이 全州 參禮驛에 會
集할 時에 本郡 道人 數百이 往參하야 義訟할 새, 官吏의 壓迫危險으로써
訴狀을 告呈할 人이 업서서 疑訝惶恐 中에 左道에 柳泰洪 右道에 全琫準氏
가 自願 出頭하야 觀察府에 訴狀을 提呈則 觀察使가 營將 金始豊을 命하야
出兵散會하엿고[53]

　1892년 가을 호남지역 동학교인들이 처음으로 전개한 삼례교조신
원운동을 전개하자 남원 관내에서 적지 않은 즉 수백 명의 동학교인
들이 참여하였다. 이때 전라관찰사 이경직에게 소장을 전달해야 하는
데, 적임자가 없자 남원 동학지도자 유태홍은 전라좌도를 대표하고,
전봉준은 전라우도를 대표하여 함께 제출했던 것이다. 이는 남원지역

─────────

53) 『종리원사부동학사』, 남원군종리원, 1924.9. 이에 비해 『天道敎南原郡東學史』에
의하면 당시의 상황을 좀 더 구체적으로 기록하고 있는데, 그 내용은 다음과 같다.
"仝 三十三年 壬辰 冬에 大神師 伸寃의 件과 各郡 官吏 土胡딘 性格을 改善키 위
ᄒ여 各道 道人 三萬餘名이 公州觀察府에 訴狀을 提出타가 未果하고 全州 參禮
驛에 又 大會하여 徐秉學의 文筆로 訴狀을 陳送하여 議送코자 할 새 官吏壓迫의
威嚴으로 因하여 訴狀을 告呈할 人이 없어서 躊躇彷徨 中에 右道에 全琫準 左道
에 柳泰洪氏가 自願出頭하여 觀察府에 訴狀을 提呈한즉 觀察府가 營將 金始豊을
命하여 火鉋軍(一名 羅伍軍) 三百 餘名을 率하고 全州 寒川에 來하여 通知 曰 東
學 魁首가 誰인지 來하라함에 徐仁周(號日海) 答曰 營將 金始豊이가 此處로 來
하라 한즉 始豊이 率兵施威하고 參禮 卽來하여 兵率을 左右에 羅立하고 裂目視
之 曰 爾等이 如何 聚黨하여 太平聖世에 民心을 眩惑하느냐. 徐仁周 答曰 忠君
上孝父母의 道로 安心修道하며 各安其業하거늘 爾官吏輩가 修道人을 傷害하여
掠財殺人하기에 抑鬱의 心을 不勝하여 議送을 提呈한 일이 어찌 民心을 眩惑한
일이냐. 金始豊이 拔劍敲地 曰 이 칼로 斬之하리라. 칼 받아라 한데 徐仁周 完然
이 答曰 칼 받기야 어렵지 않다. 치려면 치라 한데 金始豊이가 日時間이나 裂視
하다가 正坐하며 謝曰 내가 日前에 들은 바 東學이 亂黨이라 하기에 나의 堂姪
兄弟가 東學에 犯하였다 하기로 絶對로 禁하였더니 今日에 와본즉 前言과 反對
로 事實 寬大한 道인즉 上官에 告達하여 依願解結하여 줄 터이니 各歸其家하여
各修其道하고 各安其業하라 하기로 卽時 解散할 새"

동학교인뿐만 아니라 전봉준도 삼례교조신원운동에 적극적으로 참여
하였음을 밝혀주고 있다. 동학교단은 이어 공주에서도 교조신원운동
을 전개한 바 있는데, 이때는 주로 호서지역 동학교인들이 중심이 되
었기 때문에 남원을 비롯한 지리산권 서부지역 동학교인들은 참여하
지 않은 것으로 보인다.

그러나 이듬해에도 동학교단은 광화문에서 다시 신원운동을 전개
하였는데, 이 교조신원운동에도 적극 참가하였다. 그런데 중요한 것
은 이보다 앞서 지리산권 서부지역의 중심인 남원의 동학교인들은 전
봉준이 작성한 창의문을 남원, 운봉, 구례, 곡성 등지의 관아에 부쳤
다는 점이다. 즉 전봉준으로부터 전달받은 창의문을 1893년 1월 10일
새벽 3시에서 5시경, 남원은 김영기, 운봉은 김성기, 구례는 유태홍,
곡성은 김재홍이 각각 관아에 부착하였다.[54] 이와 관련하여 남원 유생
金在洪이 쓴 『영상일기』에는 이와 관련하여 다음과 같이 기록하였다.

> 동학이 倡義를 칭하면서 은밀히 전라도 여러 고을 관아에 榜文을 붙
> 였다. 그 내용은 倭洋과 청나라 사람들이 우리나라에 횡행하지만 전혀
> 제어할 수가 없어 자신들이 그들을 소멸시키려고 행동하니, 관에서 각
> 기 지혜와 용기가 있는 사람을 추천하여 보내라고 하였다. 아, 이 무리
> 들이 倭洋을 배척하는 것으로 큰 소리를 치는 것은 가상하지만, 그들 스
> 스로 난리의 화근이 되지 않을 것이 없었다.[55]

---

[54] 『종리원사부동학사』. "仝 三十四年 癸巳 正月에 全琫準의 文筆로 昌義文을 著作
하야 各郡 衙門에 揭示할 새, 南原에 金榮基 雲峰에 金聖基 求禮에 柳泰洪 谷城
에 金在泓 諸氏가 仝 十日 寅時에 粘付한 後"
[55] 「영상일기」, 『동학농민혁명국역총서』 5, 동학농민혁명참여자명예회복심의위원
회, 2009, 9~10쪽.

이어 남원지역 동학교인들은 광화문에서 전개한 신원운동을 비롯하여 보은 장내리, 원평 금구의 척왜양창의운동에 참여하였다. 이에 대해 『종리원사부동학사』는 다음과 같이 밝힌 바 있다.

> 大神師 伸寃 次로 京 光化門 前에서 伏閣하고 또 報恩 帳內와 金溝 院坪 會集時에 本郡 敎人 數千이 往參하엿는대 慰撫使 魚允仲이 奉綸音 散會하엿는대, 兩年 會集에 家産을 一傾하다.[56]

위의 글에 따르면, 남원의 동학교인들이 보은 장내와 금구 원평에 수천 명이 참가하였다고 하였는데, 이는 적지 않게 과장된 것으로 보인다. 『취어』에 따르면 지리산권에 속하는 남원지역과 순창지역 동학교인들이 함평, 무산[57], 태인, 영광 등지와 함께 2백여 명이었다고 밝힌 바 있다. 이로 볼 때 기록에 따라 차이가 있지만 '수천 명'이 참가하였다는 것은 과장이 적지 않았음을 알 수 있다.[58] 이밖에 『취어』에 의하면 순창, 순천 등지에서 50여 명이 참여한 것으로 보고 있다.

이와 같이 교조신원운동과 척왜양창의운동에 지리산권 서부지역 동학교인들이 참가한 사실은 광양군 봉강면 조령리 출신 조두환의 활동에서도 확인할 수 있다. 조두환은 1890년 12월 12일 유수덕의 포교로 동학에 입도하였다. 그는 1893년 2월 광화문에서 전개한 교조신원운동에 참가하였으며 이어 3월 10일 보은 장내리에서 개최한 척왜양창의운동에도 참가하였다.[59] 이러한 사실은 조두환 개인뿐만 아니라

---

56) 『종리원사부동학사』, 남원군종리원, 1924.9.
57) 무산은 무주의 오기로 보인다.
58) 그 밖의 호남지역인 장수접이 230여 명, 영암접이 40여 명, 나주접이 70여 명, 무안접이 80여 명, 순천접이 50여 명 정도였다. 이로 볼 때 남원지역 동학군은 50여 명 내외로 추정된다.

다른 동학교인들도 마찬가지였을 것으로 판단된다. 이로 볼 때 적지 않은 지리산권 서부지역 동학교인들이 교조신원운동과 척왜양창의운동에 참가하였다고 할 수 있다.

한편 경기도와 충청도 지역에서 참가한 동학교인들은 자신들의 지역을 표시하는 깃발을 내세웠지만 호남 일대에서 참가한 교인들의 지역명 깃발은 보이지 않는다. 이는 경기도와 충청도의 경우 일찍 참여하였기 때문에 관군 측에서 정보를 수집하기 용이하였던 것으로 풀이된다. 또한 호남지역의 경우 거리상 멀었을 뿐만 아니라 금구 원평에서 별도로 척왜양창의운동을 전개하였기 때문이다.

한편 금구집회에 대한 기록이 매우 제한적이어서 규모나 과정에 대해서도 구체적으로 살펴보기에는 적지 않은 어려움이 있다. 일단 원평 금구의 척왜양창의운동에 모인 인원은 대체로 1만 명 정도로 추정된다. 『영상일기』에 의하면 '수만 명', 「동도문변」에는 '만여 명',60) 「면양행견일기」에는 '수만'61)과 '만여 명'62)이라고 하였다. 이에 따르면 금구집회에 모인 인원은 적어도 1만 명이 넘었다고 할 수 있다. 1만여 명이 모인 금구 원평의 척왜양창의운동은 호남 일대 동학교인들이 주도하였다는 점에서 남원뿐만 아니라 지리산권 일대 동학교인들도 당연히 참여하였다고 본다.

한편 1890년대를 전후하여 지리산권에 포교되기 시작한 동학은 교조신원운동과 척왜양창의운동을 거치면서 교세가 비약적으로 성장하였을 것으로 추정된다. 왜냐하면 동학이 포교된 지 불과 4, 5년 만인

59) 허남호, 「고 소암 조두환씨를 추모함」, 『천도교회월보』 279, 1935.9, 36~38쪽.
60) 「동도문변」, 『동학농민혁명국역총서』 5, 157쪽.
61) 「면양행견일기」, 『동학농민혁명국역총서』 10, 동학농민혁명기념재단, 2012, 22쪽.
62) 「면양행견일기」, 26쪽.

1894년 동학농민혁명에 적지 않은 지리산권 지역에서 참여하였기 때문이다. 『동학사』와 『천도교창건사』에 의하면 지리산권에서 동학농민혁명에 참여한 주요 접주급 인물을 살펴보면 다음과 같다.

〈동학사〉
남원 : 김홍기, 이기동, 최진학, 김태옥, 김종학, 이기면, 이창수, 김우칙,
　　　 김연호, 김시찬, 박선주, 정동훈, 이교춘
순창 : 이용술, 양회일, 오동호, 김치성, 방진교, 최기환, 지동섭, 오두선
곡성 : 조석하, 조재영, 강일수, 김현기
구례 : 임춘봉[63]
순천 : 박낙양[64]

〈천도교창건사〉
남원 : 김홍기, 김낙기, 이기동, 이기면, 최진학, 전태옥, 강종실, 김종학,
　　　 김종황, 이규순, 장남선, 조동섭, 변한두
순창 : 양해일, 오동호, 전치성, 방진교, 최기환, 지동섭, 오두선
구례 : 임봉춘
곡성 : 조석하, 조재영, 기봉진, 오정선, 강일수, 김현기
순천 : 문상혁, 유하덕, 정우영, 장익열, 박낙양[65]

　『동학사』와 『천도교창건사』에 서로 중복되거나 잘못 기록된 오기가 없지는 않지만, 동학농민혁명 당시 접주급으로 참여한 인물은 김홍기 등 46명에 달하고 있다. 이외에도 우학규,[66] 이문경,[67] 임창순,[68] 강사원,

---

63) 임춘봉은 임봉춘의 오기이다.
64) 오지영, 『동학사』 제2편, 113~114쪽.
65) 이돈화, 『천도교창건사』 제2편, 62~63쪽.
66) 『영상일기』.
67) 『오하기문』.

안귀복,[68] 김형진[70] 등도 기포한 바 있다. 이는 다른 지역에 비해서도 결코 적지 않은 수라 할 수 있다. 뿐만 아니라 "남원부(南原府)에 모인 비도(匪徒)들이 5, 6만 명이나 되는데 각각 병기를 가지고서 밤낮으로 날뛰고 있고"[71]라고 하였듯이, 남원성에 웅거한 동학농민군이 5, 6만 에 헤아릴 정도로 적지 않았음을 보여준다.

당시 남원성에 집결한 동학군은 대부분 지리산권의 동학농민군으로 추정된다. 전주화약 이후 남원은 김개남 대접주가 동학농민군을 지도하였지만 10월 중순 남원을 떠나 금산을 거쳐 청주로 향하였다. 이로 인해 남원에는 남원 토박이 접주인 화산당 이문경과 오수접주인 김홍기, 임실접주 최승우, 흥양접주 유복만, 담양접주 남응삼, 장수접주 황내문 등이 서로 협력하여 남원성으로 집결하였다. 이는 김개남 남원 출정 이후 지리산권 서부지역의 동학농민군은 남원성으로 집결 하였음을 알 수 있다. 이들 지리산권 동학군은 운봉의 민보군과 치열한 전투를 벌이기도 했다.

이처럼 남원을 중심으로 한 지리산권 서부지역에서 동학농민혁명이 진행되는 동안 5, 6만 명 또는 7만여 명의 동학농민군이 참여하였다는 것은 동학 조직이 빠른 시간 내에 성장하였음을 보여준다. 이처럼 동학 조직이 성장한 것은 1892년부터 시작된 교조신원운동, 척왜양창의운동 등 신앙의 자유획득이라는 내적 조직 강화, 그리고 보국안민과 사회변혁을 지향하는 인식이 맞물리면서 진행되었다.

앞서 살펴보았듯이 순창군수 이성렬이 1893년 3월을 전후하여 수성

---

68) 『박봉양경력서』.
69) 『선봉진정보첩』.
70) 『노정약기』.
71) 『갑오실기』 9월 22일조.

을 하는 등 상황의 불리함으로 인식했던 사건은 동학교인들의 교조신
원운동의 움직임에서 비롯되었다. 공주와 삼례에 이어 광화문에서도
동학교인들이 신원운동을 하였을 뿐만 아니라 척양척왜를 주장하는
방문을 내거는 동학교인들의 활동은 당시 조정과 외국인들에게는 두
려움이었다. 더욱이 동학의 최고지도자 해월 최시형이 전국의 동학교
인에게 통문을 보내 3월 10일 교조의 순도일에 보은 장내리로 모이라
고 지시함으로써 그 두려움은 더욱 심하였다. 3월 10일부터 4월 2일
해산까지 도소가 있는 보은 장내리로 모인 동학교인들은 기록마다 차
이는 있지만 수만 명에 달할 정도였다. 전국적인 동학교인들의 움직
임에 순창군수 이성렬은 관내 수성을 무리하게 요구하였고, 이에 불
만을 품은 우동원이 동학에 입도했다. 이는 순창뿐만 아니라 지리산
권의 동향이라 할 수 있다.

  이처럼 교조신원운동과 척왜양창의운동을 통해 어느 정도 동학이
라는 존재가 대외적으로 인식을 받게 되자 그동안 망설였던 많은 일
반 민중들은 보다 적극적으로 동학을 수용하였다. 이로 인해 동학의
교세는 급격하게 확장되었다. 남원을 중심으로 순창, 구례, 곡성, 순천
등 지리산권 서부지역도 동학의 교세가 크게 확장되었고 이듬해 동학
농민혁명의 기반이 되었던 것이다.

Ⅳ. 맺음말

  이상으로 남원을 중심으로 한 지리산권 동학의 포교과정과 동학농
민혁명 이전의 동향에 대하여 살펴보았다. 이를 정리하면서 맺음말을
대신하고자 한다.

지리산에 동학이 처음으로 전래된 것은 동학을 창도한 수운 최제우가 활동하던 1860년대 초였다. 당시 수운 최제우는 관의 탄압을 피해 남원으로 은신하였는데, 이때 서형칠 등이 동학에 입도하였지만 수운 최제우의 죽음 이후 절멸되었다. 이후 1880년대 후반 들어서야 본격적으로 지리산권에 동학이 포교되기 시작했다. 지리산권 동학 포교의 루트는 지리산권의 외곽이라고 할 수 있는 임실에서 시작되었다. 임실 출신의 최찬국은 1888년 자신의 사위 김홍기에게 처음으로 포교했다. 김홍기의 생활무대인 남원 둔덕은 지리산권 동학의 중심지로 자리를 잡았다. 이후 동학의 포교는 지역과 혈연을 중심으로 지리산 일대로 교세를 확장해나갔다. 동학에 입도한 배경은 비록 우동원의 사례이지만 신분해방과 사회개혁이라는 동학이 가지고 있는 이념이라고 해석할 수 있다.

동학농민혁명이 일어나기 전 지리산권 동학의 동향은 동학의 성장과정과 늘 함께 했다. 1890년대 들어 동학 교단은 신앙의 자유를 획득하기 위한 교조신원운동을 전개하였다. 교조신원운동은 공주, 삼례, 광화문으로 이어졌다. 지리산권 동학은 이와 같은 교조신원운동에 적극 참여하였다. 특히 삼례에서 전개한 교조신원운동에서는 남원의 유태홍이 전라좌도를 대표하여 전봉준과 함께 전라감사에게 소장을 제기할 정도로 지리산권 동학은 교조신원운동의 중심에서 그 역할을 다하였다.

교조신원운동에 이어 보은 장내와 금구 원평에서 전개한 척양척왜를 외치는 척왜양창의운동에도 적극 참여했다. 당시 동학의 조직은 보은 장내나 금구 원평의 척왜양창의운동 중 한 곳에 참여했지만 지리산권 동학은 이들 두 지역에 모두 참여할 정도로 척양척왜의 반제국, 반침략, 반외세의 정신에 철저했다고 평가할 수 있다.

  1894년 동학농민혁명이 전개되자 지리산권 동학도 적극 참여하였
다. 남원을 비롯한 순창, 구례, 곡성, 순천, 광양 등 지리산권에 속하는
지역에서 46명의 접주급 지도자들이 자신의 조직을 이끌고 참여했다.
이들 지역 동학조직은 다른 지역과 달리 호남 및 호서의 연합전선에
참여하지 않고 지리산 일대에서 활약하였다. 다만 동학농민혁명 초기
에 적극적으로 참여하지 않은 점은 아쉬움으로 남는다.

▌참고문헌

『종리원사부동학사』, 『순교약력』, 『수운행록』, 『도원기서』, 『천도교임실교구사』,
『천도교회월보』, 『순창교구 교보』, 『우동암행문집』, 『구례교구사』, 『오하기문』,
『천도교창건사』, 『동학사』, 『동학농민혁명국역총서』, 『天道敎南原郡東學史』,
『영상일기』, 『박봉양경력서』, 『선봉진정보첩』, 『노정약기』, 『갑오실기』

장석흥 외, 『우리 역사문화의 갈래를 찾아서 지리산문화권』, 역사공간, 2004.
강송현, 「남원권 동학농민전쟁의 전개」, 한국교원대학교 대학원 석사학위논문,
    1992.
표영삼, 「남원의 동학혁명운동 연구」, 『동학연구』 5, 한국동학학회, 1999.
성주현, 「동학혁명 참여자의 혁명 이후 활동」, 『문명연지』 6-1, 한국문명학회,
    2005.
박찬승, 「1894년 농민전쟁기 남원지방 농민군의 동향」, 『1894년 농민전쟁연구』 4,
    역사비평사, 1994.
김양식, 「영호동회소의 활동과 대일항쟁」, 『근대한국의 사회변동과 동학농민혁
    명』, 새실, 1994.
김준형, 「서부경남지역의 동학군 봉기와 지배층의 대응」, 『경상사학』 7·8, 경상
    대학교 사학과, 1992.
김범수, 「서부경남 동학운동연구」, 『경남향토사총서』 2, 경남향토사연구협의회,
    1992.
한상호, 「동암 우동원의 갑오년(1894) 행적」, 전북대학교 석사학위논문, 2005.
김종익 역, 『오하기문』, 역사비평사, 1994.

지리산권 남원지역의 동학과 동학농민혁명
-'이상적인 삶'을 위한 토대와 실천

문동규 | 순천대학교

Ⅰ. 시작하는 말

잘 살고자 하는 것은 모든 사람의 '바람'이리라.[1] 그런데 그 바람은

---

[1] 여기에서의 '바람'은 '유토피아(utopia)'와 연관되어 있다. 이때 '유토피아'는 알려져 있듯이 '우토포스(utopos)'라는 그리스어에서 유래한 것으로서, 우선은 '여기에 없는 장소'라는 뜻을 지닌다. 왜냐하면 '우 토포스'에서 '우(u)'는 '없는'이라는 뜻을 가지고 있고, '토포스'는 장소를 뜻하기 때문이다. 그러나 '우'는 그러한 뜻만 가지고 있는 것이 아니라 '좋은'이라는 뜻도 함께 지니고 있다. 그래서 '우 토포스'를 우리는 '좋은 장소'라고 새길 수도 있다. 이것을 따를 때, 우리는 여기에서의 '바람'을 '좋은 삶'으로 여길 수 있을 것이다. 그런데 '유토피아'를 우리가 '이상

바람과 더불어 우리 곁을 떠돌고 있지만, 우리는 그것을 붙잡아 잘 살고자 하는 우리의 바람을 이루기 어렵다는 것 또한 잘 안다. 바람을 이루기 어려운 이유야 다양하겠지만, 그러한 이유 중 하나는 아마 이미 갖추어진 틀을 부수고 새로운 삶을 살기 어렵다고 여기는 데에 있을 것이다. 아니 기존의 삶을 벗어나 새로운 삶을 산다는 것 자체가 두렵기 때문일 것이다. 그래서 대부분의 인간들은 기존의 틀을 깨지 못하고 그것을 수용하면서 단지 아픔을 견디어낸다.

그러나 혹시 지금 살고 있는 삶 자체가 자신을 억누른다면, 사실 그것을 벗어나 새로운 삶을 살고자 하는 것이 더 올바른 일이 아닐까? 단지 그 삶을 가슴에 안고 살기보다는 저 멀리 내던져 버리고, 새로운 삶을 가슴에 안아야 하는 것이 더 옳은 일이 아닐까? 계속해서 자신을 억누르는 그러한 삶을, 아니 이미 짜인 제도와 틀을 팔에 안고 춤 출 수만은 없기 때문이다. 만일 그렇다면 이러한 상황에서 우리에게 필요한 것은 도대체 무얼까? 그것은 바로 올바른 삶이자 좋은 삶인 이상적인 삶을 위한 토대 구축과 그것을 지향하는 실천 이외에는 답이 없으리라. 이상적인 삶을 지향하면서 '유토피아'를 실현 하는 것 말이다.

물론 우리는 이상적인 삶과 관련된 것을 동서양에 걸친 다양한 사상에서 볼 수 있다.[2] 그러나 우리는 우리의 전통에서 나타난 동학에

사회'라고 번역한다면, '좋은 삶'은 '이상적인 삶'이 될 것이다. 또한 우리는 '좋은 자세'를 '올바른 자세'라고 말할 수 있으므로 '올바른 삶' 또한 '이상적인 삶'이라고 표현할 수 있을 것이다. 따라서 이 글에서는 '올바른 삶', '좋은 삶'. '이상적인 삶'을 동일한 의미로 사용할 것이다.

[2] 이를테면 '인간의 욕구가 절제되어 자연과 조화를 이루는 곳인 아르카디아(Arcadia)에서의 삶, 인간의 욕구가 충족된 환락과 쾌락의 장소인 코케인(Cockaygne)에서의 삶, 기독교의 천년왕국(Millennium)에서의 삶, 살기 힘든 이 세상을 살기 좋은 새로운 세상으로 바꾸어 그곳에서 사는 삶 등 말이다. 물론 이러한 것의 구체적인 이야기는 다음을 참고하기 바란다. 김영한, 「유토피아주의」, 『서양의 지적 운

서도 그것을 볼 수 있다. 동학이 지향했던 것은 새로운 삶을 살고자 하는, 이상적인 삶을 살고자 하는, 다시 개벽의 세상에서 살고자 하는 것이었기 때문이다. 그리고 이것을 바탕으로 이상적인 삶에 대한 지향이 후에 1894년의 동학농민혁명으로 나타났기 때문이다.[3] 이러한 것은 지리산권에서도 마찬가지였다. 지리산권 남원지역에서도 그 토대와 지향이 나타났다는 것이다. 특히 최제우가 머물면서 동학경전을 저술하였던 그곳에서 말이다. 그래서 지리산권 남원지역이 동학과 동학농민혁명에서 중요한 위치를 점하고 있다는 것은 누구나 다 아는 사실이다. 사실 지리산권 남원지역은 1894년 동학농민혁명이 발생하고 그 후의 상황에서 전라좌도를 호령했던 동학농민혁명의 주요 거점이자, 동학사상에서 매우 중요한 위치를 차지하고 있는 「논학문」이 지어졌던 곳이기 때문이다.

따라서 이 글에서 필자는 지리산권 남원지역의 동학과 동학농민혁명을 이상적인 삶을 위한 토대와 실천으로 전제하면서 이 글을 전개하도록 할 것이다. 그러나 어떻게 전개할 것인가? 우선 남원지역의 동학 발생과 최제우가 남원에 거주해서 지은 그의 저술들을 통해 이상적인 삶에 대한 토대를 살펴보도록 할 것이다. 다음으로 필자는 남원지역의 동학농민혁명을 살펴볼 것인데, 이것은 이상적인 삶을 실천하기 위한 것이라고 주장할 것이다. 왜냐하면 그 혁명은 잘 살고자 하는 인간 열망의 분출이었기 때문이다. 이러한 고찰을 통해 우리는 지리산권 남원지역의 동학과 동학농민혁명이 이상적인 삶을 위한 하나의

동 I 』(김영한·임지현 편), 지식산업사, 2004, 5~46쪽. 그리고 동양에서 말하는 '무릉도원과 대동 사회에서의 삶'이 있다.

[3] 1894년의 '농민혁명'을 '동학농민혁명'으로 표기한다. 이 명칭 사용과 관련된 내용에 대해서는 다음을 참고하기 바란다. 김창수, 「동학혁명론, 동학혁명인가, 갑오농민전쟁인가」, 『동학학보』 제3권, 동학학회, 2002.

투쟁이었음을 확인할 수 있을 것이다. 그리고 남원지역의 동학농민혁명이 그 시기의 조선의 동학농민혁명과 밀접한 연관관계에 있다면, 조선의 동학농민혁명 또한 마찬가지임을 확신할 수 있으리라.

II. 남원과 동학, 그리고 동학경전

지리산권 남원지역이 동학과 인연을 맺은 것은 동학의 교조 최제우 때문이다. 왜냐하면 남원에서의 동학 포교는 경주 용담을 떠나 남원에 도착한 최제우에 의해 이루어졌기 때문이다. 그래서 지리산권 남원지역에서의 동학을 이야기 할 때, 빼 놓을 수 없는 것이 바로 최제우의 행적이다. 그리고 남원에 도착한 최제우는 다양한 동학경전을 저술한다. 그것도 '동학'이라는 명칭이 표현되어 있는 「논학문」을, 흔히 '동학론'이라고 불리는 것을 말이다. 그런데 뒤에서 보겠지만 최제우의 저술들은 다 이상적인 삶에 대한 지향을 내포하고 있다. 따라서 지리산권 남원지역은 최제우 자신이 표출하고자 하는, 아니 모든 사람이 바라는 이상적인 삶 내지는 이상사회에 대한 이야기가 서려있는 곳이다.

1. 동학 탄생과 최제우의 남원행

동학은 수운 최제우에 의해, 그것도 최제우의 종교체험을 통해 탄생하게 된다. 시대의 아픔을 꿰뚫어 보면서 이미 열려진 세상을 벗어 던지고 다시 새로운 세상을 열고자 하는 최제우의 '마음(정신)'에서 탄생하게 된다.[4] 모든 사람의 삶을 옥죄면서 핍박하는 지긋지긋한 그

시대의 삶으로부터 벗어나 살기 좋은 새로운 세상을 만들어 그곳에서 모든 사람이 평등하고 올바르게 살아가고자 하는 그의 마음에서 탄생했다는 것이다. 알려져 있듯이 최제우는 그의 나이 37세 되던 해인 경신년(1860년) 4월 5일(음력)에 종교체험을 하는데, 「포덕문」에 따르면 다음과 같다.

> 뜻밖에도 사월에 마음이 섬뜩해지고 몸이 떨려 무슨 병인지 알 수 없고 말로 형언하기도 어려울 지경에, 어떤 신선의 말씀이 문득 귀에 들리므로 놀라서 캐어물은 즉 대답하시기를, '두려워하지 말고 두려워하지 마라. 세상 사람들이 나를 상제라 이르거늘 너는 상제를 알지 못하느냐.' 어찌된 일인지 몰라 물으니, 대답하시기를 '나 또한 공이 없으므로 너를 세상에 내어 사람에게 이 法을 가르치게 하니 의심하지 말고 의심하지 말라.' 묻기를 '그러면 서양의 도(西道)로써 사람을 가르치리이까.' 대답하시기를 '그렇지 아니하다. 나에게 신령한 부적이 있나니 그 이름은 신선의 약이요 그 형상은 태극이며 또 그 형상은 륵륵이다. 나의 이 신령한 부적을 받아 사람들을 질병에서 건지고 나의 주문을 받아 사람을 가르쳐서 나를 지극히 위하도록 하면 너도 또한 장생할 뿐만 아니라 덕을 천하에 펼 수 있을 것이니라.'

이 인용문에 따르면 그의 종교체험은 대부분의 서양종교에서 말하는 종교체험과 비슷하다. 특히 무함마드 마호메트가 체험한 것과 비슷하다.[5] 보통 때와 달리 무서워서 몸이 몹시 떨리고 마음이 섬뜩해

---

4) 여기에서 '다시 새로운 세상을 연다'는 것은 '다시개벽의 세상', '후천개벽의 새로운 세상'을 말한다. 이러한 개벽에 대한 역사철학적인 조명에 대해서는 다음을 참고하기 바란다. 조극훈, 「동학개벽사상의 역사철학적 의미」, 『동학학보』 제27호, 동학학회, 2013.

5) 김용옥, 『동경대전 1』, 통나무, 2004, 161쪽 참조. 김용옥은 수운 최제우를 우리가 보통 성인이라고 지칭하는 자들과 비슷하다고 말한다. "기나긴 탐색 끝에 3년의

진 상황, 무언가에 홀려 종잡을 수 없는 상황, 말하자면 신령을 접한 상황에서 최제우에게 上帝, 하늘님(天主), 신선의 말씀이 들려오는 것이 무함마드 마호메트가 체험한 것과 비슷하다는 말이다.[6]

그런데 그러한 상황에서 하늘님이 최제우에게 무슨 말을 하는가? 사람들에게 '법(法)'을 가르치라는 것이다. 아니 '도(道)'를 가르치라는 것이다. 어떤 도 말인가? 그것은 서양의 도가 아닌 '무궁하고 무궁한 도'인 '하늘의 도(天道)', 즉 '우주를 아우르는 도로서 동서양을 막론하고 우주 만물의 근원이 되는 것'을 가르치라는 것이다.[7] 그러나 이 도를 어떻게 가르쳐야 하는가? 그것은 바로 하늘님의 呪文[8]을 통해서이다. 즉 사람들이 그것을 통해 하늘님을 지극히 위하게 되면 모든 사람들이 올바로 살아갈 수 있게 하는 글을 통해서이다.

이러한 종교체험을 통해 최제우는 1년간 수련을 한 후 포덕하기 시작한다. 그가 포덕을 하자 수많은 사람들이 그의 주변으로 몰려들었다. 그 이유는 분명하다. 최제우가 설파한 하늘님의 주문을 통해 모든

공생애를 살았다는 것은 예수와 비슷하고, 늙은 아버지와 젊은 엄마 밑에서 불우한 처지로 태어난 것은 공자와 비슷하며, 생애의 어느 시점에 어쩔 수 없는 운명적 힘에 의하여 계시를 받았다는 것은 무함마드와 비슷하며, 시대를 어지럽혔다는 사회적 죄목으로 참형을 받은 것은 소크라테스와 비슷하고, 기존의 사유체계와 가치관을 완전히 뒤엎는 새로운 논리적 사고를 하였다는 측면에서는 싯달타와 통한다."(김용옥, 앞의 책, 160~161쪽)

6) 「논학문」에 따르면 "몸이 몹시 떨리면서 밖으로는 신령을 접하는 기운이 있고 안으로는 降話의 가르침이 있었다."고 한다. 무함마드 마호메트도 메카의 히라산에 있는 동굴에서 기도하고 있을 때, 천사 가브리엘을 통해 이와 비슷한 체험을 하기 때문이다.

7) 윤석산, 『주해 동학경전』, 동학사, 2009, 87쪽 참조(이하에서는 『주해 동학경전』으로 표기함). 따라서 서양에서 서양인에 의해 나온 서도(西道) 역시 천도에 포괄된다.(『주해 동학경전』, 88쪽)

8) 최제우가 하늘님으로부터 받아 지은 21자 주문은 至氣今至 願爲大降 侍天主造化定 永世不忘萬事知'이다.

사람이 평등하게 되며, 새로운 세상이 나타날 수 있다는 것 말이다. 그러나 최제우는 1861년 11월(양 12월 초) 그가 포덕하면서 지냈던 경주 용담을 떠나고 만다. 그의 제자 최중희를 대동하고 말이다.

　그런데 그는 도대체 왜 경주 용담을 떠났을까? 이것에 대한 대체적인 이야기는 첫째, '세상의 음해와 시기, 그리고 관의 탄압', 둘째, '포덕' 등으로 대별될 수 있다.9) 최제우는 「通諭」에서 자신이 경주 용담을 떠난 이유를 다음과 같이 말하고 있다.

　　지난해 중동(11월) 때 길을 떠난 것은 본래 강가의 맑은 바람과 산속의 밝은 달을 즐기려 함이 아니라, 상도를 벗어난 세상을 살피기 위함이었고, 지목당할 것을 염려해 무극대도를 닦아 포덕하고자 하는 마음을 애석하게 여겼기 때문이다.

　이 인용문에 따르면 최제우가 용담을 떠난 것은 상도를 벗어난 세상을 살펴보기 위해서였고, 지목을 당할 것을 염려해서였으며, 포덕을 하기 위해서였다. 그런데 최제우가 용담을 떠난 사실에 대해 '관의 지목' 때문이라는 이야기가 널리 알려져 있다. 이를테면 윤석산, 표영삼의 이야기가 그렇다.10) 그러나 박성주에 따르면 최제우가 경주를

────────────

9) 박성주, 「수운 최제우의 남원행 재검토」, 『동학연구』 제30집, 한국동학학회, 2011, 27쪽 참조. 최제우가 경주 용담을 떠난 이유에 대해 동학(천도교) 경전과 연구자들의 다양한 이야기는 다음을 참조하기 바란다. 박성주, 앞의 글, 25~27쪽.
10) "이해(1861) 11월에 이르러서 경주부사가 직접 관인을 시켜 포덕을 중지하도록 엄명을 내린다……수운 선생은 세상의 음해와 시기, 그리고 이로 인한 관의 탄압을 탄식하며, 자신의 제자이며 먼 친척이 되는 최중희라는 사람 한 명만을 대동하고 정처 없이 떠날 것을 결심하게 된다."(윤석산, 『동학 교조 수운 최제우』, 모시는 사람들, 2004, 10, 150~151쪽 ; 박성주, 앞의 글, 26쪽에서 재인용) "수운은 찾아오는 사람들을 상대로 포덕활동을 하였으므로 관의 명령대로 포덕활동을 중지하려면 곧 용담을 떠나야 했다. 그러나 갑자기 어디로 가야할지 당황하였다. 여

떠난 것은 관의 지목 때문이 아니다.[11] 사실 경주 관아의 탄압(지목)
은 임술년(1862년)에 시작되었고, 그래서 관의 지목은 최제우가 남원
을 떠나 경주로 되돌아온 이후의 일이라는 것이다.[12] 박성주의 이러
한 이야기를 받아들인다면, 최제우는 관의 지목 때문에 경주 용담을
떠난 것은 아니라고 말할 수 있을 것이다. 그러나 문제는 계속 남는
다. 이 인용문에서 '지목'이 무엇인가 하는 것 말이다. 이것이 관의 지
목과 연관되어 있지 않다면, 도대체 무슨 지목일까 하는 것 말이다.[13]

어쨌든 용담을 떠난 최제우는 여러 곳을 주유하다 남원에 머물게
된다.[14] 그러면서 그는 이곳에 동학을 전파한다. 그리고 그는 그해 12
월에 남원의 교룡산성 안에 있는 '덕밀암'이라는 암자에서 생활하게
되었는데, 그 암자 명을 '은적암'이라고 했다. 이곳이 바로 남원지역
동학에 있어 성지라 일컬을 만한 곳이다. 최제우가 동학경전에서 중
요한 저술을 했던 곳이기 때문이다.

이상과 같은 이야기에 따르면 최제우의 남원행은 어떻게 이해되어
야 할까? 그것은 관의 지목을 피하는 것뿐만 아니라, 서학에 대항해서
그가 체험한 무극대도를 체계화하고 이론화하고 그것을 포덕하기 위

러모로 생각하던 수운은 11월(양 12월 초) 초순에 장기에 사는 제자 최중희를 대
동하고 우선 집을 나서기로 했다."(표영삼, 『동학 1, 수운의 삶과 생각』, 통나무,
2004, 148쪽, 이하에서는 『동학 1』로 표기함)

11) 박성주, 앞의 글, 25~32쪽 참조.

12) 박성주, 앞의 글, 30쪽 참조.

13) 물론 이것에 대해 박성주는 여기에서의 지목이라는 것은 '관의 지목이 아니라 당
시 '무극대도'(이후 '동학'이라고 일컬어짐)가 '서학과 같다'는 혐의를 받고 있다는
것을 의미하는' 것으로 받아들이고 있다.(박성주, 앞의 글, 29쪽 참조)

14) 최제우가 여러 곳을 주유하다 남원에 머문 이유를 풍수지리학적으로 남원이 지
리산을 품고 있어 은신하기에 알맞은 지역이라고 말하는 경우도 있다.(남원시·
전북역사문화학회, 『남원 동학농민혁명 연구용역』, 2014, 39쪽 참조, 이하에서는
『남원 동학농민혁명 연구용역』으로 표기함)

해서였을 것이다. 그리고 더 나아가 이상적인 삶을 위한 길을 제공하기 위해서였을 것이다. 왜냐하면 그의 기본 정신은 이미 열린 세상으로부터 벗어나 새롭게 열린 세상에서 잘 사는 것을 추구하는 것이기 때문이다.

2. 남원 은적암에서 최제우의 동학경전 저술: '이상적인 삶'을 위한 토대

최제우는 왜 동학경전을 저술했는가? 다양한 이야기가 전개될 수 있겠지만, 앞에서 보았듯이 그가 체험한 무극대도를 체계화하고 이론화하여 그것을 포덕하기 위해서였다. 말하자면 '이상적인 삶'을 위한 토대 구축을 통해 그것을 널리 알리기 위해서였다는 것이다. 그리고 다시 열린 세상에서 이상적인 삶을 살기 위해서였다. 왜냐하면 최제우가 보았던 그 시기는 모든 사람이 살기 힘든, 즉 병들어 있는 시기였기 때문이다.

어쨌든 알려진 바에 따르면 이곳저곳을 떠돌다 1861년 12월 남원에 도착한 최제우는 우선 「道修詞」를 짓고, 은적암에서 1862년 새해를 맞이하여 「勸學歌」와 「論學文」를, 6월 중순에는 「通諭」를, 하순부터는 「夢中老少問答歌」와 「修德文」을 지었다.[15] 그러나 이러한 저술들은 도대체 어떤 것들인가? 다양하게 분석될 수 있겠지만, 필자는 이러한 저술들 속에서 이상적인 삶에 대한 지향을 읽는다.

---

[15] 최제우가 남원에서 지은 글이 무엇인가에 대해서는 의견이 분분하다. 그것은 최제우의 남원 체류에 대한 의견 때문에 그렇다. 이를테면 최제우가 남원에서 경주로 돌아온 것에 대해 혹자는 3월로, 혹자는 7월이라고 생각하는 것 때문에 그렇다. 필자는 최제우가 남원에서 경주로 돌아온 시기를 표영삼의 이야기를 따라 7월 초로 여기고 이 글을 서술한다.(『동학 1』, 199쪽 참조)

우선 「도수사」는 1861년 12월 하순경에 최제우가 전라도 남원으로 떠나올 때를 회상하는 것으로 시작하고 있는 가사로서, 제자들과 멀리 떨어져 있는 최제우가 제자들을 직접 지도할 수는 없으나 제자들에게 정성과 공경이라는 두 글자를 지키면서 차츰 차츰 도를 닦고, 또한 법도를 어지럽히지 말 것이며, 마음을 단단히 먹고 도를 닦아 좋은 시절에 다시 만날 수 있음을 역설하고 있는 작품이다. 그런데 이 작품에서 우리가 주목해야 할 것은 마음을 굳게 먹고 바르게 도를 닦으면 도가 무르익은 좋은 시절을 만날 수 있다는 것이다. 그러니까 도 닦음을 통해 이상적인 삶을 살 수 있다는 것이다. 왜냐하면 여기에서 '도가 무르익은 좋은 시절'이란 바로 이전의 삶을 벗어던진 바로 그 자리에 좋은 삶을 살 수 있는 시절이 나타난 것이기 때문이다.

「권학가」16)는 남원 은적암에서 임술년(1862년) 새해를 맞이하면서 지은 가사다. 우선 최제우는 묵은 한 해를 보내고 새해를 맞는 자신의 근황과 심경을 토로하면서 글을 시작한다. 그리고 무정한 세월을 말하면서 '춘삼월과 같은 좋은 시절이 오면 함께 즐겁게 놀고 잘 먹으며 살자' 라고 하면서 이 글을 지은 뜻을 이야기한다. 그리고 인심풍속에 대해 한탄하고 사람들이 어찌해서 하늘님을 공경하지 않고 따르지 않는지 안타까워하면서 당시 천주교 신자들의 행동에 대해 비판하고 탄식한다. 그러나 그는 자신이 창도한 도가 시절의 운수이므로 사람들이 정성과 공경이라는 두 글자를 지켜서 하늘님을 공경하면 좋은 삶이 이루어질 것임을 말하면서, 이 글을 공경하는 마음으로 받아서 가르침의 말씀으로 삼으라고 하면서 끝맺는다. 그런데 이 작품에서 우

---

16) 표영삼은 최제우가 이 「권학가」를 지은 이유를 다음과 같이 말하고 있다. "조선 왕조 체제가 무너지고 서양 침략세력마저 위협을 가하는 당시의 상황을 설명하고 절망에 빠진 민중들에게 희망을 주려고 지은 것이다."(『동학 1』, 166쪽)

리가 주목해야 하는 것은 '정성과 공경이라는 두 글자를 지켜서 하늘님을 공경하면 좋은 삶을 살 수 있다는 것', '춘삼월과 같은 좋은 시절에서 서로 즐겁게 살 수 있다는 것'이다. 무슨 말인가? 그것은 바로 정성과 공경이라는 것을 통해 하늘님을 공경하는 도를 닦으면 이상적인 삶을 살 수 있다는 것을 말하는 것이리라.

「논학문」은 동학이라는 명칭을 세상에 알린 저술이자 동학의 본질을 드러내고 있는 작품이다. 그리고 이 작품에는 혼란한 시기에 태어난 것을 한탄하던 중 갑자기 하늘님으로부터 도를 받는 상황이 기술되어 있다. 이러한 종교체험 후 최제우는 1년간 수련을 한 후 주문을 짓는데, 그것을 21자로 정리한다. 해가 바뀌어 사람들이 최제우를 찾아와 최제우 자신이 받은 도가 무슨 도인지를 묻자, 최제우는 그것은 천도인데, 그 천도는 서학과는 다르며 자신이 도를 동방에서 받았으니 그 도를 학문이라고 할 때는 동학이라고 말한다. 바로 여기에서 '동학' 명칭이 세상에 알려진다. 그리고 최제우는 자신이 정리한 '주문'의 뜻을 밝힌다.[17] 그리고 인간의 선악문제에 대해 답하고 있다. 그런

---

[17] 최제우가 「논학문」에서 밝힌 주문의 뜻은 다음과 같은데, 여기에서는 박맹수의 번역을 따른다. "至란 더 이상 위가 없음을 이름이고, 氣란 비었으되 신령하고 창창해 우주만물에 대해 간섭하지 않음이 없고 명령하지 않는 일이 없다. 형체가 있는 것 같지만 형용하기 어렵고 들리는 것 같지만 보기 어렵나니 바로 渾元한 하나의 기운인 것이다. 今至란 이 도에 입도해 하늘님 기운과 접하게 되는 것을 안다는 뜻이요, 願爲란 간청하면서 축원한다는 뜻이고, 大降이란 하늘님 조화인 氣化를 바라는 것이다. 모심(侍)이란 안으로 신령함이 있고 밖으로 기화가 있으며 온 세상 사람들이 각각 자기의 본성으로부터 옮기지 못할 것임을 안다는 뜻이다. 主란 존칭해 부모처럼 섬긴다는 뜻이요, 造化는 억지로 하지 않아도 저절로 이루어진다는 것이며, 定은 하늘의 덕에 합일해 하늘같은 마음을 정한다는 뜻이다. 永世는 사람의 한 평생이요, 不忘은 언제나 마음속에 간직해 잊지 않는다는 뜻이며, 萬事는 수가 많다는 뜻이고, 知는 하늘의 도를 알아서 하늘의 지혜를 받는다는 뜻이다. 그러므로 밝고 밝은 하늘의 덕을 생각하고 또 생각해서 잊지 아니하면 지극한 至氣로 화하여 지극한 성인의 경지에 이르게 되는 것이다."(박

데 이 작품에서 우리가 주목해야 하는 것은 최제우가 말하는 주문 중 '시천주'라는 문구이다. 왜냐하면 '시천주'야 말로 동학의 요체를 이해하는데 있어 필수적인 것이기 때문이다. 도대체 '시천주'란 무엇일까? 다양한 이야기들이 있을 수 있겠지만,[18] 필자는 그것을 인간이 인간이 될 수 있는 근거라고 생각한다. 왜냐하면 '시천주'가 '하늘님을 우리 안에 모신다'는 것이라고 할 때, 그것은 우리가 하늘님과 같은 존재론적 지위를 부여받고 하늘님처럼 자유롭게 살 수 있는 근거가 되기 때문이다. 아니 자유롭게 살 수 있다는 것이다. 그런데 이 자유로운 삶이야말로 이전의 틀에 밝힌 삶으로부터 벗어나 자신의 삶을 진정으로 누리는 삶 아니겠는가? 따라서 우리는 이 작품에서도 이상적인 삶에 대한 지향을 볼 수 있는 것이다.

「통유」는 최제우가 남원 은적암에 있을 때 경주 용담에 있는 제자들에게 보낸 편지로, 어쩔 수 없이 경주 용담을 떠나게 된 사연, 그리고 현재 겪고 있는 어려움과 경주 용담으로 돌아갈 것을 제자들에게 약속하는 글이다. 최제우는 우선 이 글 속에 있는 것을 사람들이 하나라도 놓치지 말고 실행하는 것이 어떻겠느냐고 하면서 글을 시작한다. 그리고 그는 자신이 경주 용담을 떠나온 것에 대해 이야기하는데, 그것은 세상 사람들이 상식을 벗어난 도리로 자신을 음해하고 의심의 눈초리로 주목하였기 때문이고, 다른 하나는 그런 상황에서도 큰 도를 닦아 앞으로도 계속해서 포덕하려는 마음을 소중하게 여겼기 때문이라고 한다. 또한 은적암에 들어올 때의 뜻에 대해 말하는데, 그것은 사람들을 만나지 않고 공부를 열심히 하고 마음 속에 쌓인 것을 씻어

맹수 역, 『동경대전』, 지식을만드는지식, 2012, 15~16쪽)

[18] 이것에 대해서는 다음을 참고하기 바란다. 김용휘, 『최제우의 철학』, 이화여자대학교출판부, 2012, 39~85쪽.

내고자 하는 뜻도 있었다고 한다. 그러나 사람들이 너무나 많이 찾아
와 힘든 상황에 처해 있지만 사람들을 만나 포덕을 하고 있는데, 찾는
이들이 너무나 많아 어쩔 수 없이 이곳을 떠날 수 밖에 없으므로 이곳
에 있는 자신을 돌보아 준 제자들에게 고마움을 표한다. 그리고 그는
경주 용담에 있는 제자들에게는 지극히 도를 닦아 좋은 때에 좋은 얼
굴로 만나자고 하면서 글을 끝맺는다. 이 글에서 필자가 주목하는 것
은 경주 용담에 있는 제자들에게 하는 최제우의 이야기다. '지극하게
도를 닦아 좋은 때에 좋은 얼굴로 만나기를 간절히 바란다'는 것 말이
다. 무슨 말인가? '좋은 때', '좋은 얼굴'이 중요하다. '좋은 때'란 무엇을
의미할까? 그것은 바로 이미 이루어진 세상이 바뀐 다시 개벽의 세상
을 말하는 것 아닌가? 좋은 얼굴은? 다시 개벽의 세상에서 활짝 웃으
면서 살아가는 사람들의 모습 아니겠는가? 그렇다면 우리는 이 글에
서도 이상적인 삶에 대한 지향을 볼 수 있으리라.

「수덕문」[19]은 최제우가 은적암을 떠나기 전인 1862년 6월에 지은
글이다. 이 글은 우선 先儒들의 가르침에 대한 존중, 아버지에 대한
추모, 자신의 어려웠던 상황을 그리고 있다.[20] 그리고 동학이 근원적
인 면에서는 유교와 그렇게 먼 것이 아니므로(그렇다고 같은 것도 아
니다) 이단이 아님을 말하고 있고, 최제우 자신이 포덕을 할 때 제자
들에게 가르쳤던 이야기와 '信敬誠'으로 바르게 도를 닦으라는 가르

19) 표영삼은 최제우가 「수덕문」을 집필한 동기를 다음과 같이 말하고 있다. "하나는
   도인들이 잘못 수행하지 않도록 바로잡기 위함이요, 하나는 유생들의 탄압을 완
   화시켜보려는데 있다."(『동학 1』, 188쪽) 이와 비슷하게 김용휘도 다음과 같이 말
   한다. "이 글은 제자들이 잘못 수도하지 않도록 수도의 올바른 마음가짐과 방향,
   수칙을 제시하는 한편, 선생이 깨달은 도가 유학과 별반 다르지 않다는 것을 서
   술함으로써 유생들의 탄압을 막으려는 의도도 담겨 있다고 보여집니다."(김용휘,
   앞의 책, 30~31쪽)
20) 김용휘, 앞의 책, 30쪽 참조.

침, 특히 공경과 정성을 다하여 자신이 가르친 말을 어기지 말 것을 바라는 것 등으로 이루어져 있다. 여기에서 우리가 주목해야 하는 것은 최제우 자신이 제자들에게 가르친 것이 무엇인가 하는 것이다. 그것은 당연히 말로 나타나는데, 그 말 가운데 옳은 것을 받아들이고 마음을 정하는 것이 중요하다. 이때 마음이 정해지고 나면 다른 말을 믿지 않는 것이 바로 믿음(信)이다. 그러나 우리는 무엇을 믿어야 하는가? 그것이 바로 최제우가 말한 것이다. 무슨 말인가? 그것은 '시천주'를 통해 이상적인 삶을 사는 것이다. 따라서 우리는 이 작품에서도 이상적인 삶에 대한 지향을 끄집어내 볼 수 있다.

「몽중노소문답가」는 제목과 같이 꿈 속에서 늙은이와 젊은이가 문답을 하는 형식으로 이루어져 있으며 당시에 횡행하던 비결들에 대해 비판하고 마음공부에 힘쓸 것을 당부하고 있는 글이다.[21] 그런데 이 가사에 나오고 있는 '奇男子'로 지칭되는 한 사람의 탄생이나 성장과정 등이 최제우와 유사해서 이 글은 최제우의 出自를 비유적으로 노래한 것으로 추정되고 있다. 특히 이 글에는 세상 사람들이 모두 자기 자신을 위해서만 살고자 우왕좌왕하는 '各自爲心'의 세태를 讖書에서 말하는 궁궁촌을 찾아 떠나는 모습에 비견하여 노래하고 있다. 따라서 이 글은 이러한 비유를 통해 당시의 세태를 비판하는 한편, 머지않아 세상을 구할 새로운 도가 출현할 것을 암시하고 강조하고 있는 노래다.[22] 여기에서도 우리는 새로운 도의 출현에 대해 주목해야 한다.

---

[21] 김용휘, 앞의 책, 34쪽 참조.

[22] 『주해 동학경전』, 413쪽 참조. 표영삼은 이 「몽중노소문답가」의 특색을 '풍수지리설과 도참설을 원용하여 새로운 시대가 도래한다는 것을 알리는데 초점을 두고 있다'고 말한다.(『동학 1』, 195쪽 참조) 물론 이러한 이야기는 그 시대의 사회상 반영과 연관되어 있다. 1862년 삼남 일대에서는 민중들이 계속해서 봉기했는데, 이때 그들은 사회를 변혁시키고자 하였다. 그리고 정감록 사상과 모든 사람들이

도대체 무슨 도인가? 만고에 없는 무극대도이다. 그래서 그것은 바로 이미 열린 세상을 넘어 다시 새로운 세상이 열림을 말하고 있는 것이다. 다시 개벽 말이다. 따라서 우리는 여기에서도 이상적인 삶에 대한 지향을 엿볼 수 있으리라.

이상과 같은 이야기에 따르면 우리는 최제우가 남원에서 저술한 작품들의 면면에서 동학이 추구하고자 하는 '이상적인 삶의 지향에 대한 토대를 확인할 수 있다. 물론 그것은 바로 다시 새로운 세상이 열린 다시 개벽 속에서 자유롭고 이상적인 삶을 사는 것이다. 그러니까 이전에 열린 세상을 벗어던지고 이제 다시 새롭게 열린 세상에서 누구나 평등하고 서로를 위하면서 살아가는 아름다운 삶 말이다.

Ⅲ. 남원지역의 동학농민혁명

1. 남원지역의 동학과 동학농민혁명

남원지역에 동학이 전해진 것은 최제우에 의해서였다. 『南原郡宗理院史』에 따르면 최제우의 포교에 의해 한약방을 경영하던 서형칠과 공윤창이 입교하였고, 그리고 뒤이어 양형숙, 양국삼, 서공서, 이경구, 양득삼 등이 차례로 입교하였다.[23] 이러한 포교를 통해 입교한 이들이 남원을 중심으로 포교활동을 하였고, 이후 남원 동학의 토대 역할을 하였다. 그러나 여기에서 중요한 것은 이 시기의 최제우의 포교활

이상향을 찾아가고자 하는 것이 그 시대의 사회상이었다. 이런 바탕 위에서 최제우는 다시 개벽이 도래한다는 것을 사람들에게 알렸던 것이다.
[23] 『남원 동학농민혁명 연구용역』, 50쪽 참조.

동으로 인해 전라도 지역에 동학이 전파되기 시작했다는 것이다. 그러니까 전라도 지역의 동학 포교의 시발점은 남원이었다는 것이다.[24]

그러나 1864년 3월 최제우가 죽자 남원지역의 동학 포교활동은 어려운 지경에 이르렀을 것으로 판단된다. 그렇지만 이후 2대 교주인 최시형으로부터 도를 받은 임실의 최봉성이 1889년 남원에 거주하고 있던 그의 사위 김홍기를 입교시켰으며, 1892년에는 류태홍이 수백 명의 남원의 동학교도들을 이끌고 삼례 교조신원운동에 참석했다.[25] 여기에서 우리가 주목해야 하는 것은 이것을 통해 남원지역에 동학이 이미 뿌리내리고 있었다는 사실이다. 그리고 남원지역의 동학은 교도들을 중심으로 1894년 동학농민혁명 때 기포하게 된다.

그래서 남원지역의 동학은 당연히 동학농민혁명과 연관을 맺게 된다. 그 시기의 동학이 동학농민혁명과 연관되어 있듯이 말이다. 물론 동학과 동학농민혁명의 관계에 대해서는 3가지 설이 있다. 첫째, 동학의 혁명사상에 의거해 농민혁명(전쟁)이 일어났다는 '동학혁명설', 둘째, 동학은 농민혁명의 외피에 불과하다는 '동학외피설', 셋째, 동학과 농민혁명이 불가분의 관계에 있다는 '결합설' 등이 그것이다.[26] 그러나 1894년의 동학농민혁명은 동학의 조직뿐만 아니라 사상과 매우 밀접하게 연관되어 있다.

우선 동학농민혁명은 동학의 조직과 긴밀한 관계에 있다.[27] 동학 교단의 기본조직은 우리에게 알려져 있는 '접주제'다. 이것은 최제우

---

24) 『오하기문』에는 "최제우는....知禮와 김산(金山=金陵)과 호남의 珍山과 錦山 산골 짜기를 오가면서 양민을 속여 하늘에 제사지내고 계를 받게 하였다."는 글이 있다.(『남원 동학농민혁명 연구용역』, 51쪽 ; 『동학 1』, 181쪽)

25) 『남원 동학농민혁명 연구용역』, 53 · 55쪽 참조.

26) 신용하, 『동학과 갑오농민전쟁연구』, 일조각, 1993, 48쪽 참조.

27) 신용하, 앞의 책, 59~76쪽 참조.

가 최시형의 건의에 의해 1862년에 만든 것으로서 교도들을 관리하는 조직이다. 이후 최시형은 몇 개의 '접'들을 지휘하는 '包'를 두고, 각 포에는 그 책임자로 '대접주'를 두는 제도를 신설하였으며, 그 위에 '대도소'를 설치하였다. 이때부터 동학은 '포접제도'를 확립하면서 완전한 조직체계를 갖추게 되었고, 이러한 토대 위에서 1894년 동학농민혁명이 발생한다. 그런데 알려져 있듯이 1894년의 동학농민혁명은 정읍대접주 손화중의 포, 태인대접주 김개남의 포, 금구대접주 김덕명의 포가 연합하여 전봉준을 책임자로 한 남접도소를 설치하고 기포함으로써 발생한 것이었다. 그렇다면 당연히 동학농민혁명은 동학의 조직과 긴밀하게 연관되어 있는 것이리라.

다음으로 1894년의 동학농민혁명은 동학사상과 긴밀한 관계에 있다. 동학사상은 대개 至氣一元 사상, 天人合一 사상, 시천주 사상, 수심정기 사상, 人是天 사상, 평등사상, 후천개벽 사상, 지상천국 사상 등등으로 말해진다.[28] 그런데 이들 사상들 중 '사람이 곧 하늘', '모든 사람은 평등하다', '사람 안에 하늘님이 모셔져 있다'와 같은 것은 동학농민혁명 세력들의 마음을 움직일 수 밖에 없었을 것이다. 그와 같은 것은 고통스러운 삶을 살아가고 있던 그 당시의 동학농민혁명 세력들에게 다시 세상을 여는 개벽과 같은 것이었을 것이기 때문이다. 그래서 동학농민혁명은 이러한 동학사상을 기반으로 나타날 수밖에 없었을 것이고, 그 둘은 긴밀한 관계에 있었던 것이다.

그런데 여기에서 중요한 것은 지리산권 남원지역에서 발생했던 동학농민혁명도 위의 경우와 마찬가지로 동학의 조직 및 사상과 긴밀하

---

[28] 신용하, 앞의 책, 24쪽 참조. 박맹수에 따르면, 초기 동학사상은 대체로 시천주, 후천개벽, 보국안민, 유무상자 사상으로 요약할 수 있다.(박맹수, 『개벽의 꿈』, 모시는 사람들, 2011, 107쪽 참조)

게 연관되어 있었다는 것이다. 우선 1894년 동학농민혁명 때 기포한 자들은 남원의 대접주 김홍기, 이기동, 최진학, 전태옥, 김종학, 이기면, 이창우, 김우칙, 김연호, 김시찬, 김선주, 임동훈, 이교춘, 강종실, 류태홍, 황내문 등이었다. 그리고 1894년 동학농민혁명이 발생하자, 최시형으로부터 '척왜척양', '포덕천하', '광세창생', '보국안민'의 동원령을 받은 임실의 최승우는 남원에 거주하고 있던 그의 매부 김홍기에게 연락하여 임실과 남원이 합동으로 기포(포명 신흥포)하였다.[29] 이 것은 바로 남원지역 동학농민혁명이 동학의 조직과 연관관계에 있음을 말해주는 것이다. 다음으로 동학교도인 그들은 이미 최제우가 설파했던 동학사상을 몸에 터득하고 있었기에 그 동학사상을 토대로 기포할 수밖에 없었다. 이를테면 평등사상과 시천주 사상 말이다. 따라서 지리산권 남원지역 동학과 동학농민혁명이 불가분의 관계에 있었던 것은 분명하다. 그리고 뒤에서 보겠지만 김개남 역시 마찬가지였다.

그러나 이 남원지역의 동학과 동학농민혁명이 지향하고 있었던 것을 한마디로 표현한다면 그것은 도대체 무얼까? 필자는 그것을 '이상적인 삶'에 대한 지향이라고 생각한다. 남원의 동학농민혁명군이 기포했을 때, 그들은 '이상적인 삶'을 위해, 즉 '잘 살기' 위해 일어났다는 것이다. 상식적으로 생각했을 때, 잘 살고 있는데 기포할 이유는 없기 때문이다. 그들은 그 당시에 자신의 삶을 자유롭게 선택해서 사는 것이 아니라 그 시기의 틀에 얽매여 그 틀에 따라 살아가고 있었다. 그러면서 자신의 삶을 옥죄는 그 틀을 보았다. 그리고 그들은 그 틀을 벗어던지고 새로운 세상에서 살기를 원했다. 그래서 그들은 기포했던 것이다.

---

29) 『남원 동학농민혁명 연구용역』, 58쪽 참조.

2. 남원지역의 동학농민혁명: 이상적인 삶을 위한 실천[30]

시작이 있으면 끝이 있는 법, 1894년에 발생했던 남원지역의 동학
농민혁명 또한 마찬가지였다. 그러나 남원지역의 동학농민혁명군은
이상적인 삶을 살기 위해 기포하였고, 그 기간 동안 잘 살다 사라졌
다. 그러니까 이상적인 삶을 실천했다는 것이다.

앞에서 보았듯이 1894년의 동학농민혁명, 이 동학농민혁명이 지리
산권 남원지역에서도 다른 지역과 마찬가지로 발생했다. 남원에서 김
홍기, 이기동, 최진학, 류태홍 등이 기포하였기 때문이다.[31] 그리고
그들은 곡성, 순창, 옥과, 구례, 장수, 진안, 용담 등을 석권하였고, 김
개남이 남원에 입성한 이후에는 김개남과 더불어 남원지역을 통치하
였다. 또한 김홍기는 김개남이 북상한 후인 1894년 11월 방아치(관음
치) 전투에서 박봉양이 이끄는 운봉 민보군과 치열한 전투를 전개했
으나 패하고 말았다.

그러나 역시 남원의 동학농민혁명에서 우리가 생각할 수 있는 최고
의 인물은 김개남이다.[32] 김개남은 1894년 6월 12일 경부터 태인 동학
농민혁명군을 이끌고 순창, 옥과, 담양, 창평, 동복, 낙안, 순천, 곡성

---

[30] 이 부분은 필자의 다음의 글 중 일부분을 부분적으로 수정보완하고 가져온 것이
다. 문동규, 「지리산권 남원지역 동학농민혁명의 원천 : '휴머니즘'과 '실존적 결
단」, 『동학학보』 제31호, 동학학회, 2014, 170~174쪽.

[31] 표영삼, 「남원의 동학혁명운동 연구」, 『동학연구』 5, 한국동학학회, 1999, 26쪽.

[32] 김개남의 가계, 김개남과 동학의 관련, 김개남이 동학농민혁명 때 활약했던 상황
에 대해서는 다음을 참고하기 바란다. 이진영, 「김개남과 동학농민전쟁」, 『한국
근현대사연구』 2, 한국근현대사학회, 1995. 그리고 표영삼에 따르면 김개남의 동
학 입도 시기는 1884년경이며, 이후 임실, 태인, 남원, 장수에서 포덕을 시작했으
며, 동학에 입도 시킨 대표적인 인물로는 김삼묵, 김연구, 유희도, 김한술, 유공
만, 김상흠, 김인배 등이다.(표영삼, 『동학 2, 해월의 고난 역정』, 통나무, 2005,
173쪽 참조)

을 거쳐 6월 25일에 남원성으로 들어와 남원 지역을 통치하였을 뿐만 아니라, 동학농민혁명 때 남원성 안에 전라좌도 동학 대도소가 설치된 남원의 대접주이기 때문이다.[33] 그리고 김개남은 집강소를 통해 남원 고을의 부자를 조사하여 많은 병력을 유지하기 위한 식량과 금전을 모집하였으며,[34] 동학의 포덕 사업에 힘을 기울이면서 동학농민혁명세력을 키웠기 때문이다. 물론 그는 이 포덕 사업 때 동학에 새로 입도한 사람에게 '새로운 세상이 열린다'는 '개벽'의 신념을 심어주었고, 인간의 인간다움을 스스로 깨우칠 수 있는 수행 또한 권장하였다. 그것은 사람이란 하늘님을 모시고 있고 그 하늘님이 자기 안에 있으므로 모든 사람은 하늘님처럼 존엄하다는 것, 사람 섬기기를 하늘님 섬기듯이 실천하자는 것, 모든 사람이 하늘님처럼 대접받을 수 있는 이상적인 세상을 열자는 것이었다. 말하자면 시천주를 통해 이상사회 내지는 이상적인 삶을 펼치자는 것이었다.

그런데 김개남은 왜 남원성으로 입성했을까?[35] 첫째, 동학농민혁명군이 전주성을 점령한 후 전봉준과 김개남은 전라감사 김학진과 타협하여 각 지역에 동학의 집강소를 설치하는 조건으로 전주성에서 물러났다. 그러나 전라감사가 각 군, 현에 동학의 집강소 설치를 시달하게 되면 일부관리들이 집강소 설치에 반발할 염려가 있어 전봉준과 김개

---

[33] 전라좌도 대도소의 영역은 금산, 진산, 용담, 진안, 무주를 포함하여 태인, 장수, 임실, 순창, 담양, 곡성, 구례, 창평, 옥과 순천, 광양, 낙안, 보성, 흥양(고흥) 등 19개 지역이었다.(표영삼, 앞의 글, 22쪽 참조)

[34] 김개남은 적어도 도소체제 전반기에는 각 면의 부자들의 집에서 전곡을 징출했지만, 백성에 대해서는 일호도 해를 끼치지 않았다. 그의 지도 아래 행해진 쌀과 금전 징발 활동은 부민에 한정된 올바르면서도 조직적인 '토재' 투쟁이었기 때문이다.(조경달 지음, 박맹수 역,『이단의 민중반란』(서울: 역사비평사, 2008), 238쪽 참조)

[35] 『남원 동학농민혁명 연구용역』, 85~86쪽 참조.

남은 여러 고을을 순회하기로 하였다. 그러면서 그 당시 김개남은 좌
도지역을, 전봉준은 우도지역을 맡아 동학농민혁명을 이끌기로 서로
합의하였다. 그래서 김개남은 좌도 지역의 중심지인 남원으로 입성한
것이다. 둘째, 사실 남원은 전라남북도뿐만 아니라 경상도와 연결되
는 교통의 요지다. 그렇다면 김개남이 남원에 입성한 것은 남원을 근
거지로 삼아 세력을 확장하고자 했던 것으로 짐작할 수 있을 것이
다.36)

이러한 남원지역 동학농민혁명에서 남원성 안에서 이루어진 일 중
하나는 7월 15일에 열린 '남원대회'인데, 이 대회는 전봉준과 더불어
열렸고, 그때 인원이 수만 명이었다고 한다.37) 남원에서 이 대회가 개
최된 것은 전라지역에서 가장 조직력이 강하고 교세가 강한 김개남
부대가 남원에 근거지를 두고 활동하고 있었기 때문이었을 것이다.38)
이후 김개남은 동학농민혁명군을 각지로 돌려보내고 임실 '상이암'으
로 갔다. 그 이유는 1894년 6월부터 가뭄이 심해 강물이 마르고 곡식
이 타주었는데, 수많은 동학농민혁명군을 남원에 주둔시키는 것은 쉬
운 일이 아니었을 것이며, 남원지역에 민폐를 끼치지 않기 위해서였
을 것이다.39)

---

36) 『오하기문』에 따르면 '개남'이란 이름은 '남조선을 연다'는 뜻에서 김기범이란 본
    명을 스스로 개명한 것이다. 또 비기에 남조선왕국설이 기재된 것을 차용하여
    '개남왕'을 자처하고 남원부에 근거지를 마련했다고 한다. 남원에 재입성한 후 49
    일간 머문 까닭도 비기에 따른 것이라고 기록되어 있다. (『남원 동학농민혁명 연
    구용역』, 84쪽)

37) 『오하기문』에는 "이달 望間에 전봉준과 김개남 등이 남원에 수만 인을 모아 대회
    를 가졌다"고 기록하고 있으며, "봉준은 각 읍에…집강을 세워 수령의 일을 수행
    하게 하니 호남의 군사권과 재정권은 모두 적(동학)이 장악하게 되었다"고 적고
    있다.(『梧下記聞』二筆 ; 표영삼, 앞의 글, 40~41쪽에서 재인용)

38) 『남원 동학농민혁명 연구용역』, 92쪽 참조.

39) 『남원 동학농민혁명 연구용역』, 97쪽 참조.

　　남원동학농민혁명군이 해산하자 7월 26일 운봉의 박봉양이 민보군을 조직하고 8월 초에 반기를 든다고 남원 대도소에 알려왔다. 그리고 8월 22일 부임한 운봉 군수인 이의경도 민보군에 협력했다. 그래서 동학농민혁명군 지도부는 우선 방아재 밑에 있는 釜洞 동학농민혁명군으로 하여금 민보군을 막게 하였고, 상이암에 있던 김개남도 8월 25일 주변 고을의 동학농민혁명군을 모이게 하여 대오를 짜고 깃발을 준비한 다음 다시 남원으로 돌아왔다. 물론 이때 부민과 유생들은 모두 도망가고 없었다. 남원으로 돌아온 김개남은 남원 관아를 차지하고 전라좌도 도회소라는 政廳을 설치하고, 군제 또한 五營으로 편제했다.[40] 한편 각 군, 현의 집강소 활동도 본격적으로 가동시켰고, 서기와 성찰, 집사, 동몽을 두어 업무를 보게 하였다. 그러자 그 도회소가 관청을 방불케 했다고 한다.

　　10월에 접어들자 김개남은 동학농민혁명군을 관아에 보관 중인 무기로 무장시켰다. 그리고 동시에 여러 고을에서도 많은 무기를 거두어들였다. 그러나 5천 명의 동학농민혁명군을 완전무장하기에는 태부족이었다. 그래서 아마 무기를 제작하기도 하였을 것이다. 또한 군수 물자의 확보, 특히 겨울옷을 마련하는 일은 매우 어려웠다. 더군다나 일부 보수 세력들의 비협조로 뜻대로 되는 일은 없었다. 어쨌든 10월 14일 김개남은 5천 병력을 이끌고 남원을 떠나 전주로 향했다. 그리고

---

[40] 물론 이러한 것을 항일전을 준비하기 위한 것이라는 이야기를 하는 자들도 있다. 맞는 말이다. 왜냐하면 김개남은 이후에 항일전을 위해 이곳을 떠나기 때문이다. 그리고 이 오영제에 대해 정석모의 건의에 의해 이루어진 것이라는 견해가 있는데, 표영삼에 따르면 그런 것이 아니라 김개남 동학농민혁명군이 스스로 만든 제도라고 한다.(표영삼, 앞의 글, 46쪽 참조) 이 오영에서 각 영의 병력 수는 5~6천 명씩이며, 각 영에는 일원장과 이원장이 있고, 그 밑에 군수군과 영군이 속해 있으며, 또한 각 영에는 성찰, 통찰을 수십 명씩 두었다고 한다.(표영삼, 앞의 글, 46쪽 참조)

남원토박이 동학군인 화산당 접주인 이문경, 오수 접주인 김홍기, 장수 접주인 황내문 등에게 서로 협력하여 남원성을 지키도록 했다.

김개남이 남원을 다시 떠나자, 10월 20일 남원에 살고 있던 운봉의 전 현감인 양한규가 운봉에 있는 박봉양을 부추겨 남원을 공격하자고 했다. 10월 24일 민보군 2천명을 동원하여 남원성에 도착했는데, 남원성이 비어 있어 그들은 싸우지 않고 남원성을 점령할 수 있었다. 그러나 운봉 민보군은 10월 27일 그곳을 스스로 떠났다. 유복만과 남응삼 등이 이끄는 동학농민혁명군 대병력이 몰려온다는 소식 때문이었다.[41] 이후 남원에 있던 동학농민혁명군과 운봉 민보군이 대대적으로 전투를 치른 것은 11월 14일이었다. 이날은 전봉준과 김개남의 동학농민혁명군이 공주에서 대패한 후였다. 『박봉양경력서』에 따르면 11월 13일에 관음치를 지키던 정두희가 '고개 아래 남원의 산동방 부동 마을 앞에 남원에서 나온 적들이 많이 모여 운봉을 침범하려 한다'[42]고 전하고 있는데, 이때 운봉 수성군은 경상도로부터 300정의 무기를 지원받아 14일 새벽 2시에 2천 명의 병력을 관음치 일대에 배치시킨 상황이었다. 그런데 동학농민혁명군인 남응삼, 김원석, 김홍기, 최승우 등은 군악을 울리며 수천 명의 병력을 산상으로 진격시켜 싸움이 벌어졌다. 결과는 동학농민혁명군의 패배였다.

이러한 상황에서 11월 28일 남원동학농민혁명군은 남원성에서 최

---

[41] 담양의 남응삼은 전량관의 소임 때문에 9월 30일 남원을 떠나 10월 1일에 담양에 도착하여 군수물자를 조달하였다. 그러나 운봉의 박봉양이 남원성을 점령했다는 소식을 받고 10월 24일 수백 명의 동학농민혁명군을 이끌고 남원으로 출동했을 것인데, 오는 도중 태인, 임실을 거쳐 동학농민혁명군을 증원한 다음 남원 동학농민혁명군과 합세하여 10월 27일에 남원성을 빼앗았을 것이다.(표영삼, 앞의 글, 64쪽 참조)

[42] 표영삼, 앞의 글, 64쪽에서 재인용.

후를 맞이한다. 11월 24일 김원집과 양상렬이 운봉으로 가서 동학농
민혁명군이 3천에 지나지 않으니 남원성을 공격하자고 박봉양을 부추
겼다. 그러자 11월 28일 박봉양은 운봉에서 남원으로 병력을 이끌고
출동했고, 우선 동학농민혁명군의 소집단을 공격한 후 남원성을 포위
해 들어갔다. 이때 성문은 이문경, 김홍기, 최승우가 지키고 있었다.
그러나 운봉 민보군이 신시(오후 3시-5시) 경 남원성 남문과 서문 두
곳에 나무 단을 쌓은 다음 기름을 부어 불을 질렀다. 남문과 서문이
불탄 것이다. 그러자 민보군이 성 안으로 밀려들었고 밀려드는 민보
군을 막을 길이 없는 동학농민혁명군은 북문으로 빠져나갔다. 민보군
이 승리하고 동학농민혁명군이 패배한 것이다.

　이상과 같은 남원지역의 동학농민혁명을 우리는 어떻게 생각해야
하는가? 앞에서도 말했듯이 그것은 이상적인 삶에 대한 실천이었다.
비록 그들이 운봉민보군에 패했지만, 그들이 기포해서 패할 때까지
그들은 이상적인 삶을 지향하면서 실천하고자 했던 것이다. 이미 열
린 세상을 뒤 엎고 다시 열린 세상에서 자신의 삶을 진정으로 누리고
자 했던 것이다. 왜냐하면 김개남이 남원성 안에서 포덕 사업을 할 때
동학에 입도한 사람에게 '개벽'의 신념을 심어줌과 동시에 인간의 인
간다움을 깨우칠 수 있는 수행을 권장했기 때문이다. 말하자면 그는
사람이란 하늘님을 자기 안에 모시고 있어 하늘님처럼 존엄하므로
하늘님처럼 대접받을 수 있는 세상을 열자는 것을 가르쳤기 때문이다.
이것은 바로 '시천주'를 통해 이상사회 내지는 이상적인 삶을 펼치자
는 것이었다. 그래서 남원지역의 동학농민혁명군은 그러한 지향 아래
서 그 지향을 실천하고자 했던 것이다.

Ⅳ. 맺는 말

　지리산권 남원지역은 동학과 동학농민혁명에 있어 매우 중요한 위치를 점유하고 있는 곳이다. 그래서 남원의 동학과 동학농민혁명의 위상에 대해서는 다음과 같은 결과가 있다.[43] 첫째, "최제우, 남원 은적암(덕밀암)에서 동학 사상체계를 완성하고 '동학'이라는 용어를 처음 사용하다." 둘째, "남원지역의 동학조직을 체계화한 김홍기 대접주, 남원의 동학농민군을 이끌다." 셋째, "김개남이 남원에 전라좌도 대도소를 설치하고 적극적인 폐정개혁활동을 전개하다." 넷째, "전봉준과 김개남이 남원에서 대규모 대회를 개최하여 동학농민군 중심지로 위세를 보여주다." 다섯째, "남원 동학농민군과 운봉 민보군이 방아치 전투와 남원성 전투를 벌이다." 여섯째, "동학과 동학농민혁명의 중심이 된 남원, '한국 민족운동의 성지'가 되다."

　이러한 결과, 즉 남원지역 동학과 동학농민혁명에 대한 위상의 결과는 그때의 상황을 '있는 그대로(?)', 아니 사료에 입각해서 매우 잘 정리한 것으로 보인다. 그래서 이 결과는 우리에게 남원지역의 동학과 동학농민혁명에 대해 숙고할 수 기반을 제공하고 있다는 것은 분명하다. 그러나 우리가 남원지역 동학농민혁명과 남원지역에서의 동학과 관련된 이야기들을 하기 위해서는 은폐되어 있는 것에 대해 더 주목해야 한다. 도대체 무엇인가? 앞에서 보았던 이상적인 삶에 대한 토대 제공과 그것을 실천하기 위한 행동이다. 남원지역에서 동학농민혁명이 발생할 수밖에 없었던 것은 동학의 조직과 사상이 제공하는 이상적인 삶에 대한 지향 이론 때문이었다는 것이다. 그리고 남원지

---

43) 『남원 동학농민혁명 연구용역』, 232~241쪽 참조.

역의 동학농민혁명군은 그것을 토대로 기포하였고, 기포해서 사라질 때까지 이상적인 삶에 대한 지향을 실천하였다는 것이다.

잘 살고자 하는 것은 모든 인간의 바람이다. 그런데 그 바람이 현실에서 쉽게 이루어지지 않는다는 것은 누구나 다 잘 안다. 그러나 이루기 어려운 그 이상적인 삶을 이루려고 노력하는 자와 그렇지 않는 자와의 차이는 대단히 크다. 그냥 자신을 옥죄는 현실을 그대로 받아들이면서 괴로운 삶을 살아가는 자와 그 현실을 뒤 엎고 새롭고 좋은 세상에서 삶을 살려고 하는 자와의 차이는 크다는 것이다. 그것은 정지와 운동의 차이와 같다. 정지란 무엇인가? 죽음 아닌가? 그렇다면 운동이란? 살아있음 아닌가? 따라서 지리산권 남원지역의 동학농민혁명이 동학을 기반으로 발생했을 때, 그것은 바로 '살아 있음'을 보여준 것이었다. 그것도 이상적인 삶을 향한 하나의 실천 말이다. 그런데 그 실천에 대한 토대는 어디에 있었는가? 그것이 비로 동학의 조직과 사상이었다는 것이다. 알려져 있듯이 동학의 다양한 사상 기저에 깔려 있는 것은 다시 개벽을 통한 이상적인 사회 건설 내지는 이상적인 삶에 있기 때문이다.

▌참고문헌

김영한, 「유토피아주의」, 『서양의 지적 운동 Ⅰ』(김영한 · 임지현 편), 지식산업사, 2004.
김용휘, 『최제우의 철학』, 이화여자대학교출판부, 2012.
김창수, 「동학혁명론, 동학혁명인가, 갑오농민전쟁인가」, 『동학학보』제3권, 동학 학회, 2002.
남원시 · 전북역사문화학회 편, 『남원 동학농민혁명 연구용역』, 2014.
문동규, 「지리산권 남원지역 동학농민혁명의 원천 : '휴머니즘'과 '실존적 결단'」, 『동학학보』제31호, 동학학회, 2014.
박맹수, 『개벽의 꿈』, 모시는 사람들, 2011.
박맹수 역, 『동경대전』, 지식을만드는지식, 2012.
박성주, 「수운 최제우의 남원행 재검토」, 『동학연구』제30집, 한국동학학회, 2011.
신용하, 『동학과 갑오농민전쟁연구』, 일조각, 1993.
윤석산, 『주해 동학경전』, 동학사, 2009.
이진영, 「김개남과 동학농민전쟁」, 『한국근현대사연구』2, 한국근현대사학회, 1995.
조경달 지음, 박맹수 역, 『이단의 민중반란』, 역사비평사, 2008.
조극훈, 「동학개벽사상의 역사철학적 의미」, 『동학학보』제27호, 동학학회, 2013.
표영삼, 「남원의 동학혁명운동 연구」, 『동학연구』5, 한국동학학회, 1999.
표영삼, 『동학 1, 수운의 삶과 생각』, 통나무, 2004.
표영삼, 『동학 2, 해월의 고난 역정』, 통나무, 2005.

동학농민전쟁에 대한 한일 학계의 연구동향
- 홋카이도대학의 동학농민군 지도자 두개골 발견 이후 연구를 중심으로

강효숙 | 원광대학교

Ⅰ. 들어가는 글

2014년은 동학농민전쟁 발발 120주년이 되는 해이다. 그동안 국내외적으로 동학농민전쟁에 대한 큰 인식의 변화가 있었고, 학계에서도 새로운 사료가 발굴되어 다양하고 세밀한 관점에서의 연구가 활발하게 진행되어 왔다.

한국학계의 경우, 100주년을 맞이했던 1994년에는 동학농민전쟁과 관련한『1894년 동학농민전쟁연구』라는 연구문헌 5책을 발간하여, 현재에도 끊임없이 관련 연구자들에게 기초 연구 자료로 활용되는 성과를 이루었다. 110주년을 맞이한 2004년에는 학계 차원을 넘어, 정부 차원에서의 동학농민전쟁에 대한 재평가가 이루어졌다. 즉, 같은 해 9월 17일 "봉건제도의 개혁과 일제의 침략으로부터 국권수호를 위한 동학농민혁명참여자의 애국애족정신을 기리고 이를 계승 발전시켜 민족정기를 선양하며, 동학농민혁명 참여자와 그 유족의 명예를 회복함을 목적"으로 한 「동학농민혁명참여자등의명예회복에관한특별법」 제3조 및 동법 시행령 제2조에 따라 국무총리 직속기관인 동학농민혁명참여자명예회복심의위원회(이하 위원회)가 설립되기에 이른 것이다. 그리고 2007년 1월에는 110년이나 경과된 세월의 흐름을 근거로 특별법을 일부 개정하여 유족의 범위를 손자에서 현손으로 확대시켰다. 그동안 역사와 현실 속에서 "반도(역적)", "폭도" 등 불명예스러운 호칭 속에 존재해 왔던 동학농민전쟁 참여자들은 110년이 지난 후에야 비로소 특별법이 제정되고 위원회가 설립되어 그 명예가 회복되기에 이른 것이다. 그러나 그 또한 5년간의 활동으로 제한·만료되어 2009년 12월 31일 위원회는 해산되었고, 현재는 동학농민혁명기념재단(이하 재단)에서 그 뒤를 이어 기념, 행사를 중심으로 활동하고 있는 것이 현재 상황이다.

일본학계의 경우, 1995년에 일본 홋카이도(北海道)대학 고가강당(古河講堂)의 골판지 박스 속에서 전라남도 진도의 동학농민군 지도자의 두개골이 발견된 것을 계기로 1997년에 홋카이도대학의 이노우에 가쓰오(井上勝生) 교수가『古河講堂「旧標本庫」人口問題報告書』[1]를 발표한 이후 동학농민전쟁과 일본군과의 관련을 중심으로 한 연구가 지속되어 오고 있다.

본고는 동학농민전쟁 발생 120주년을 맞이하여, 홋카이도대학 고가 강당에서 동학농민군 지도자의 두개골이 발견된 이후 진행되어 온 한 일 학계의 관련 연구의 동향과 그에 관한 몇 가지 시사점을 제시하고 자 한다. 시기를 홋카이도대학 고가강당에서 동학농민군 지도자 두개 골 발견 이후로 한정한 까닭은, 이후 일본 측 사료가 새롭게 발굴, 공 개되어 연구 내용 및 범위가 확대되어 가는 모습을 보여주고 있고, 더 불어 한국학계의 연구 동향도 보다 구체적인 형태로 치밀성이 두드러 지고 있기 때문이다.

다만 본고에서는 한국학계의 기존 연구 성과의 주제와 중복되는 연 구는 모두 제외하고, 이 시기 새로운 성격을 지니는 연구로 한정하였 다.[2] 따라서 본고는 이 시기에 일본 측 자료를 중심으로 한 연구 성과 를 주 대상으로 삼아 분석한 까닭에, 동학농민전쟁의 제2차 봉기의 성 격인 대외투쟁, 항일투쟁을 중심으로 기술됨을 밝히고 시작하고자 한 다.[3] 이는 한국사라는 일국사적 관점에서 탈피하여 보다 넓은 관점에

---

[1] 井上勝生·古河講堂「旧標本庫」人骨問題調査委員会,『古河講堂「旧標本庫」人口問題報告書』, 北海道大学文学部, 1997.

[2] 특히, 동학농민전쟁의 사상과 관련한 연구 현황에 대해서는 2013년에「동학농민 전쟁의 사상적 기반에 대한 연구현황과 과제」(배항섭,『史林』45, 수선사학회, 141~182쪽)가 발표된 바 있어, 이 분야 연구 동향을 살피는데 많은 도움을 주고 있다. 최근, 제2차동학농민전쟁 연구 동향에 대한 연구도 있었지만 선행 연구 내 용을 마치 본인이 모두 읽어 비판한 것처럼 기술한 기본적인 문제점을 안고 있 어 본고에서는 굳이 소개를 피하기로 한다.

[3] 물론 제1차 동학농민전쟁 당시 제2차 동학농민전쟁의 성격이 동반된 적도 있고, 제2차 동학농민전쟁 시기에는 제1차 동학농민전쟁의 운동이 동시 다발적으로 전 국에서 전개되었기 때문에, 제1차·제2차를 명확하게 시기 구분하는 것에는 다 소 무리가 있다. 따라서 필자는 일본군 및 청일전쟁과의 관련 속에서 제1차 및 제2차적 성격이 강하게 드러나는 시기로써 구분하고 있는데, 일본군과의 직접적 인 충돌과 싸움을 기준으로 삼았다.

서 관련 연구를 지향해야 할 시사점을 제시하기 위한 방법론의 하나라고 할 수 있고, 향후 한국 측 사료에서 나타나는 동학농민군(이하 농민군)과 일본군과의 관계를 종합적으로 비교, 연구하는데 작은 단초로 제공될 것으로 기대되기 때문이다.

한편, 2004년의 동학농민혁명참여자등의명예회복에관한특별법 제정은, 이 역사적 사건에 대한 호칭을 법제적으로 동학농민혁명이라 한정해 버렸지만, 필자는 법제적 호칭에서 벗어나 연구사적 차원에서, 다음과 같은 이유로 동학농민전쟁이라 칭하여 왔다. ① 독일의 농민전쟁과 일본의 서남전쟁 등의 '전쟁' 용어와의 비교 상, ② 조직적이고 무장투쟁적인 성격, ③ 청일전쟁과의 관련 속에서 1년 4개월을 넘는 투쟁 기간과 거의 전국에 걸친 투쟁 공간이 주는 시공적 범위의 광대함, ④ 일본의 청일전쟁 선전포고문 초고 4건에서 확인되는 '일 · 청 · 조戰役' · '전쟁'이라는 표현, ⑤ 당시 농민군을 탄압한 일본군의 수많은 기록에서 확인되는 '일 · 청 · 조戰役' · '사건' · '전쟁'이라는 기록 및 자료집의 제목, 그리고 농민군 탄압에 대한 '전투' 및 '포로'라는 용어, ⑥ 당시 일본 내 일반 잡지 표지 및 기사에 나타난 '일 · 청 · 한전쟁기' 내지 '일 · 청 · 조전역'이라는 표현, ⑦ 또한 혁명이란 개념이 대내적인 성격이 강조되는 한편, 전쟁이라 칭했을 때는 대내외적 전쟁과 더불어 대내적 성격인 혁명의 성격 또한 포용할 수 있는 개념이라고 판단되기 때문이다. 참고로 '동학'이라는 뜻에는 동학교도라는 뜻 이외에 동학교도가 아닌 일반 농민이나 다른 신분층이 동학의 이름이나 조직을 이용했다는 의미도 포함하고 있어, '동학 · 농민전쟁'이라 칭하는 것이 보다 타당성 있는 호칭일 것이다. 그러나 필자는 이러한 개념을 포함하여 '동학농민전쟁'이라 칭하기로 한다.

앞의 7개 항목에서도 나타나듯이, 동학농민전쟁은 기본적으로 청일전쟁과 깊이 관련된 당시의 국제관계 속에서 발생한, 농민군과 일본군의 전쟁이라 할 수 있다. 조선에 파견된 일본군은, 당시 근대적인 우수한 무기를 지니고 근대적 정규 군대의 훈련을 받은 부대였다. 특히 "동학당 토벌대"라 명명되어 조선에 파견된 독립후비보병 제19대대의 경우는 메이지(明治)정부에 반기를 들었던 에도(江戶)시대의 정서가 그대로 남아있던 무사계급에 대한 탄압을 십년 가까운 세월에 걸쳐 펼쳐온 경험을 지닌 부대로, 처음 파견된 지역이라 할지라도 그 지역의 특성을 재빨리 파악하여 탄압할 수 있는 요령을 최고의 수준으로 유지하고 있던 부대라 할 수 있다. 따라서 이와 같은 근대적 정규 부대인 일본군과 일반 농민들을 중심으로 구성된 비정규군의 농민 부대의 전투였던 제2차 동학농민전쟁은 거의 일본군에 의한 일방적인 탄압 및 학살의 성격이 강하다고 할 수 있다.

이러한 제2차 동학농민전쟁의 특성은 당시 일본군 사료가 친절하게 보여주고 있듯이 청일전쟁과 당시의 국제관계 속에서 종합적으로 살펴봐야만 제대로 그 역사적 위상을 정립시킬 수 있는 특성을 강하게 지니고 있다. 달리 말하면 그 규모나 조직, 항일투쟁기간, 사상적인 측면, 주변 열강들과의 관계 속에 나타나는 동학농민전쟁은 세계 역사적어도 아시아사에 있어 그 유례가 없는 위상을 지닌 사건이었음에도 불구하고, 종래 지나치게 한국사적 관점에 발목 잡히어 우리 스스로 그 위상을 축소시켜온 감이 적지 않다고 필자는 종래 주장해 왔다.

따라서, 본고는 특히 2000년 이후, 한일학계의 관련 연구 동향의 변화를 통해, 동학농민전쟁의 위상을 당시의 국제관계 적어도 청일전쟁과의 관련 속에서 재조명하고자 하는데 그 목적을 두었다.

Ⅱ. 일본학계의 연구 동향

사실, 일본 측 사료를 이용한 일본군과의 관련 속에서 연구된 제2차
동학농민전쟁 연구는, 1997년『古河講堂「旧標本庫」人口問題報告書』
가 발표되기 이전에 이미 이루진 바 있다. 구양근과 박종근의 동학농
민전쟁 연구가 이에 해당한다. 구양근은 1975 · 1976년에「農民軍の戦
鬪課程の檢討 -第二次蜂起と日本軍との交戰を中心に-」과 「農民軍の
第二次蜂起と日本軍の部署」를 통하여, 동학농민전쟁 당시의 일본 신
문기사를 중심으로, 농민군 탄압에 중심 역할을 하였던 독립후비보병
제19대대의 존재와 삼로 분진의 농민군 토벌책 그리고 황해 · 평안도
지역 농민군 탄압 등을 연구대상으로 삼아, 제2차 동학농민전쟁과 일
본군과의 관계 해명에 선구적인 연구 성과를 발표한 바 있다. 박종근
의 경우는 1982년에 단행본『日淸戰爭と朝鮮』을 통하여 일본외교문서
와 신문, 그리고 일본 방위연구소 도서관의 사료를 처음으로 사용하
여 삼로분진 토벌책이 「러시아를 의식한 서남으로 몰아부치기 작전」
이었음을 밝힌 바 있다.[4] 이 두 연구자의 연구는 이후 관련 연구에 기
초와 방향성을 제시하는데 큰 역할을 하였다고 볼 수 있다.

2000년대의 관련 연구 동향을 살피기 전에 먼저, 한일 양국 학계에
서 동학농민전쟁과 일본군과의 관련성을 본격적으로 연구하게 된 배
경에 대해 기술하고자 한다. 왜냐하면 이 배경이야말로 동학농민전쟁
의 위상을 한국사라는 일국사적 관점 및 범위에서 벗어나 최소한 한
일 관계 속에서, 나아가 한 · 중 · 일이라는 관계 속에서 살펴 볼 수 있

---

[4] 姜孝叔, 「第2次東学農民戰爭と日淸戰爭」, 『歷史学研究』762, 靑木書店, 2002.5,
   18쪽; 「청일전쟁에 있어 일본군의 농민군 진압」, 『인문학 연구』제6집, 원광대학
   교 인문학연구소, 2005.6.

도록 그 계기를 마련해 주었고, 이를 계기로 이후의 관련 연구의 범위
와 내용이 전적으로 확대, 발전하였다고 판단되기 때문이다.

1995년 7월 26일, 홋카이도대학 문학부의 고가강당 1층에서 골판지
박스에 들어있던 두개골 6체가 발견되었다. "오로크 민족" 3체, "일본
남자"가 2체, 그리고 "한국 동학당 수괴자의 수급이라고 한다. 사토 세
지로로부터"(韓国東学党首魁ノ首級ナリト云フ 佐藤政次郎ヨリ)라는
글이 쓰여 있는 두개골 1체가 신문지에 둘둘 싸여 발견되었다. 그리
고 1997년에 홋카이도대학 이노우에 가쓰오 교수 등에 의해 농민군
두개골과 관련한 조사, 연구 보고서인『古河講堂「旧標本庫」人口問題
報告書』가 발표되었다.

농민군 두개골에는 다음과 같은 글이 동봉되어 있어, 그 두개골이 진
도지역 농민군 지도자의 것임을 알 수 있고, 또한 당시 일본군에 의해
자행된 진도지역 농민군 탄압 실태를 일부나마 확인할 수 있게 되었다.

> 촉루(명치 39년 9월 20일 진도에서)
> 위는, 명치 27년에 한국에서 동학당이 봉기하였는데, 전라남도 진도
> 는 그 가운데 (동학당이 - 필자) 가장 창궐한 곳으로, 그곳이 평정될 때,
> 그 주창자 수백 명을 죽여 (길에 버려, 그 시신이 - 필자) 길을 가로지르
> 기에 이르렀다. 수괴자는 효수하였는데, 위는 그 가운데 하나이다. 해당
> 섬을 시찰하였을 때 채집한 것이다.
>
> 사토 세지로[5]

---

5) 髑髏(明治 三十九年 九月 二十日日 珍島ニ於テ)
右ハ, 明治二十七年韓国東学黨蜂起スルニアリ. 全羅南道珍島ハ彼レカ最モ猖獗ヲ極
メタル所ナリシカ, 之レカ平定ニ帰スルニ際シ, 其首唱者数百名ヲ殺シ, 死屍道ニ横
ハルニ至リ. 首魁者ハ之ヲ梟ニセルカ, 右ハ其一ナリ. 該島ハ視察ニ際シ採集セルモノ
ナリ. 佐藤政次郎(원문, 일본 아사히(朝日)신문 디지털 제공. http://www.asahi.com/
area/hokkaido/articles/MTW20140304011190001.html).

진도지역 농민군이 일본군에게 현장에서 바로 학살당하거나 생포 후 처리된 일자는, 당시 일본군의 1월 17일자 및 27일자 기록에 나타나는, 일본 쓰쿠바(筑波) 함대와 소코호(操江号)의 육전대가 해남 지방에서 진도·제주도로 도망하는 농민군을 추격하였다는 내용에 비추어 볼 때, 대체적으로 1895년 1월 17일 이후로 추정된다.[6]

이 사료와 앞의 두개골에 첨부되어 있던 사료 내용을 종합하여 분석하면 다음과 같이 정리할 수 있다. 즉, 쓰쿠바와 소코호 함대의 육전대[7]는 1895년 1월 17일 이후, 진도를 중심으로 한 주변 도서 지역에서 일방적인 농민군 탄압을 실시하였고, 그 결과 진도의 경우 수백 명의 농민군이 그들에 의해 학살당한 후 그대로 길가에 방치되었으며, 그 주모자는 효수 당하였다. 그리하여, 1895년 2월 26일 부산 영사의 보고에 따르면, "주경공사는 筑波操江 2함대에게 명령하여 전라 경상의 제도를 모두 순항케 하여, 그 어떤 곳일지라도 정밀하게 (진압-필자)하여 적도 잠입의 형적이 없는" 상태가 되기에 이르렀다.[8] 이로 보아 진도뿐만이 아니라 전라·경상도 남해 지역의 모든 섬은 일본 해군의 육전대에 의해 진도와 비슷한 형태의 농민군 탄압, 학살이 자행되어, 1895년 2월 26일 경에는 거의 농민군의 흔적을 찾을 수 없는 상태가 된 것으로 보인다.

그렇다면 사토 세지로는 어떠한 경위로 진도 농민군 지도자의 두개골을 삿포로(札幌)까지 가지고 가기에 이르렀을까. 사토 세지로는 홋카이도대학의 전신인 삿포로농학교 출신의 농업기술자로, 러일전쟁 직후에 "한국통감부권업모범장 목포출장소"에 근무한 것으로 확인되

---

[6] 姜孝叔, 앞의 논문, 2002, 18쪽; 앞의 논문, 2005.
[7] 현, 한국 해병대에 해당.
[8] 앞의 글.

고 있다. 그는 1906년 9월 20일 진도의 棉花採種圃에서 행한 한국 소
작인에게 장려금을 지급하는 행사에 출석한 바 있는데, 이때 일본군
이 효수하여 버린 진도지역 농민군 지도자의 유골을 "채집"하였고, 후
에 모교인 홋카이도대학에 보낸 것으로 일본학계에 발표되었다.[9]

사실 홋카이도 자체는 일본 제국주의 시기 일본인 사이에서 일반적으
로 일본 내 식민지로 인식되어 있었고, 홋카이도대학은 일본 내에서
보통 식민지대학이라 칭하여졌을 뿐 아니라 일본의 식민지학 연구가 시
작된 대학이기도 하다.[10] 일본 제국주의 시기 일본정부가 자국 민족의
우생학 사상을 강조하기 위한 국가적 사업의 일환으로, 전술한 러시아
사할린 지역의 오로크(Orok, オロック) 민족, 홋카이도 원주민인 아이누
민족 등의 두개골을 수집하여 연구한 곳이 바로 홋카이도대학이다.

홋카이도에는 원래 원주민인 아이누 민족이 거주해왔던 지역이다.
오로크 민족은 사할린 동북부지역과 남부지역에 거주하는 소수민족
인 윌타(UILTA) 민족을 가리키는 옛 명칭으로, 지역적으로는 홋카이
도와 그다지 멀지 않아 두 지역의 일부는 상호 교역을 한 것으로 알려
져 있다.[11] 그런데 이들 아이누 민족과 오로크 민족의 두개골과 함께,
명확하게 "한국 동학당 수괴자의 수급이라고 한다"라고 써진, 한국 전
라남도 진도지역 농민군 지도자의 두개골이 홋카이도 삿포로에 위치
한 홋카이도대학에서 발견된 것이다.

한국의 MBC 방송국에서는 1996년에 이와 관련한 다큐멘터리 형식

---

9) 井上勝生, 「北大で發見された농민군(甲午農民戰爭)指導者の遺骨調査と返還につ
　　いて」, 『歷史地理教育』 577, 歷史敎育者協議会 編集, 1998.4; 中塚明・井上勝生・
　　朴孟洙, 『学農民戰爭と日本』, 高文研, 2013.
10) 北海道大學의 천황제・메이지유신・식민지학・강제동원 등 관련 연구 활동은 국
　　내외 학계에서 높이 평가되고 있다.
11) 저팬 위키피디아 참고(http://ja.wikipedia.org).

의 방송을 내보냈고, 홋카이도대학에서는 진도지역 농민군 지도자의 두개골이 어떤 과정을 통해 홋카이도대학에 보내져 보관되기에 이르렀는가를 조사하는 팀이 이노우에 가쓰오 교수를 중심으로 구성되어, 1997년에 전술한 『古河講堂 「旧標本庫」人口問題報告書』를 발표하였다.[12] 이 과정에 원광대학교 박맹수 교수가 합류하여 활동하였고, 이후 두 학자는 연계하여 관련 연구와 활동을 지속적으로 전개하고 있다.

이노우에 가쓰오 교수는 원래 일본 천황제를 전문적으로 연구한 학자로, 홋카이도대학 고가 강당의 농민군 지도자 두개골 발견을 계기로 동학농민전쟁에 깊은 관심을 갖게 되었고, 이후 일본 측 관련 사료를 조사, 수집하여 공개하는 동시에 한국에 파견되었던 일본군[13]의 고향 답사 등을 통한 연구 결과를 매년 한일 학계에서 발표하고 있다. 그러한 연구 결과는 보다 치밀한 내용으로 구성되어 다음에 기술하는 성과물로 재탄생되었다.

① 「甲午農民戰爭(東学農民戦争)と日本の彈壓」(『近代天皇制の形成・確立に関する基礎的研究』, 北海道大学 文学部, 1999)
② 「甲午農民戰爭(東学農民戦争)と日本軍」(『近代日本の内と外』, 吉川廣文館, 1999)
③ 「甲午農民戦争 日本軍による最初の東アジア民衆虐殺 -東学農民戦争 清算されない加害責任-」(『世界』 693, 岩波書店, 2001. 10)
④ 『札幌農学校・北海道帝国大学における植民学の展開にかんする基礎的研究』(北海道大学, 2003)

---

12) 이후 진도 농민군지도자 두개골 반환과 관련한 운동이 전개되었고, 이와 관련하여 井上勝生, 앞의 논문이 발표되었다.
13) 일본군은 동향인으로 한 부대를 이루어, 지연과 선후배 관계 속에서 매우 철저한 명령 체제가 운용된 성격을 지니고 있다. '동학당토벌대'라 칭해진 독립 후비보병 제19대대의 경우 야마구치현(山口縣) 출신으로 구성되어 있었다.

⑤『甲午農民戰爭と鎭壓日本軍に關する基礎的硏究』(北海道大学, 2006)
⑥ 「東学農民軍包囲懺滅作戦と日本政府・大本営 -日清戦争から「韓国併合」100年を問う-(「韓国併合」100年を問う)」(『思想』1029, 2010. 1)
⑦『明治日本の植民地支配 ： 北海道から朝鮮へ』(岩波現代全書 011, 岩波書店, 2013)
⑧『学農民戦争と日本 ： もう一つの日清戦争』(中塚明・井上勝生・朴孟洙 著, 高文研, 2013)

①・②의 연구는 일본 방위연구소 소장 사료를 중심으로 일본군의 농민군 탄압 관계를 간단히 살펴 본 것으로, 일본 메이지정부의 근대적 천황제 성립 관점에서 다루었다는 특징을 지니고 있다. ③의 연구는 동학농민전쟁 당시 자행된 일본군의 농민군 탄압을, 일본군에 의한 최초의 아시아민중 학살로 규정한 사실과 가해자 책임문제를 제기한 점을 평가할 수 있다. ④의 연구는 식민지대학이라 칭하여지고 있는 홋카이도대학의 일제강점기를 중심으로 한 식민지학 연구에 해당하는데, 고가 강당에서 발견된 진도지역 농민군 지도자의 두개골과 관련한 일본의 한국식민지에 관한 내용이 언급되어 있다. 이와 관련하여 일본제국의 조선 식민지통치는 바로 홋카이도에서 시작되었다는 점을 시사하고 있는 연구가 ⑦에 해당한다. ⑥의 연구는 일본군의 농민군 탄압정책을 일본정부와 대본영과의 관계 속에서 다루었으며, ⑧은 동학농민전쟁을 단지 한국사 근대이행기 속에서 발생한 민중운동으로 파악한 것이 아니라 청일전쟁과의 관련 속에서 동학농민전쟁을 바라 본 것으로, 한국사라는 일국사적 관점에서 벗어나 최소한 청일전쟁과의 관련 속에서 바라본 연구라는 점에서 높이 평가할 수 있다.
이와 같이 이노우에 가쓰오 교수의 연구는, 일본사의 관점에 입각하여, 동학농민전쟁을 청일전쟁과의 깊은 관련 속에서 연구해 왔을

뿐만 아니라 일본정부의 조선 식민지화 과정 속에서 살펴 온 것을 알 수 있다. 이노우에 가쓰오 교수가 이처럼 일관된 주장을 펼치는 까닭은 일본 측 사료 자체가 제공하는 관련 내용이 동학농민전쟁을 결코 한국사라는 일국사에 만 머무르게 하지 않기 때문으로 파악된다.

일본학계에서의 동학농민전쟁에 관한 사상사적 연구는 지바(千葉)대학 趙景達 교수를 중심으로 이루어져 왔다. 조경달 교수의 관련 연구는 한국사 관점에 입각하여 대체적으로 민중사상 혹은 민중사 및 민중운동사 연구 차원에서 동학 및 동학농민전쟁을 바라보고 있으며, 아시아민중운동사의 비교 연구사적 성격이 강하다고 볼 수 있다. 즉, 1994년에는 「近代東アジア民衆運動における「連続」と「転換」-中国・朝鮮の比較研究」를 통해 동학농민전쟁을 한국사에 있어 근대이행기의 민중운동으로 보고 중국의 민중운동과 비교, 연구하였고,[14) 1998년에는 단행본인 『異端の民衆思想』을 통해, 특히 일본군과의 전투에서 중심을 이룬 농민군부대 중의 하나였던 전봉준부대의 동학사상을 동학으로서는 "이단사상"이었다고 평하여,[15) 이후 한일 학계에 동학과 이단에 대한 담론이 형성되기도 하였다. 2002년에는 『朝鮮民衆運動の展開 : 士の論理と救済思想』을 통해 조선말기의 농민・민중운동의 사상적 메카니즘을 '士'사상을 통해 살펴보았다.[16) 이후 조경달 교수의 동학농민전쟁에 관한 연구는 한일병탄문제로 발전하여 갔고, 최근에는 이와 관련하여 『近代朝鮮と日本』과 『近代日朝関係史』를 발간하기에 이르렀다.[17) 이외 다수의 관련 연구

---

14) 趙景達, 「近代東アジア民衆運動における「連続」と「転換」-中国・朝鮮の比較研究」 (文部省科学研究費補助金研究成果報告書), 千葉大学, 1994.

15) 趙景達, 『異端の民衆思想』, 岩波書店, 1998.

16) 趙景達, 『朝鮮民衆運動の展開 : 士の論理と救済思想』, 岩波書店, 2002.

17) 安田常雄・趙景達 編, 『近代日本のなかの「韓国併合」』, 東京堂出版, 2010; 趙景達, 『近代朝鮮と日本』, 岩波書店, 2012; 『近代日朝関係史』, 有志舎, 2012.

를 굳이 열거하지 않아도, 조경달 교수의 동학농민전쟁 관련 연구는 자연스럽게 일본제국주의 팽창을 동반하는 연구로 발전해 가고 있는 모습을 보여주고 있다.

한편, 구양근, 박종근의 선행연구 및 홋카이도대학의 『古河講堂「旧標本庫」人口問題報告書』를 기초로 하여, 일본 방위성 방위연구소 소장 사료를 중심으로 한 서울 이남 지역의 제2차 농민군 전쟁에 관한 연구가 일본군 및 청일전쟁 관련 속에서 이루어져, 2002년 강효숙에 의해 동학농민전쟁은 "또 하나의 청일전쟁"이었다고 일본 학회에서 발표된 바 있다.[18] 이 연구에서는 동학농민전쟁이 사전에 일본 측이 계획한 의도된 전쟁이었음을 일본군 사료를 통하여 확인하였고, 당시 일본군이 작성한 사료를 종합적으로 정리, 분석하여 서울 이남 농민군 탄압에 투입된 일본군 수를 3,371명이라고 구체적으로 밝힌 바 있다. 이후 이 논문을 기반으로 전국에 걸친 제2차 동학농민전쟁과 일본군 및 청일전쟁에 대한 총체적인 규명이 이루어져 2005년 일본 지바(千葉)대학의 박사학위 논문으로 통과되었다.[19] 이는 1894년 당시의 일본군 사료를 근거로 하여 제2차 동학농민전쟁을 일본군 및 청일전쟁과의 관련 속에서 총체적으로 다룬 최초의 연구 성과물이라 평가할 수 있다.

이처럼 홋카이도대학 고가 강당의 농민군 두개골 발견 이후 일본학계에서 이루어진 동학농민전쟁 관련 연구의 중심은 일본사 관점이든 조선사 관점이든 일본과의 관계 속에서 청일전쟁, 한일병탄 및 일본정부의 식민지통치와 관련하여 확대, 발전해 가는 새로운 모습을 보여주고 있는 점이 그 특징이라고 말할 수 있다.

---

[18] 姜孝叔, 앞의 논문, 2002.
[19] 姜孝叔, 「第2次東学農民戦争と日清戦争 -防衛研究所図書館所蔵史料を中心に-」, 千葉大学 박사학위논문, 2005.

Ⅲ. 한국학계의 연구 동향

2014년 9월 25일 현재 국립중앙도서관 홈페이지의 검색창에 "동학"만을 써넣고, 발행연도를 2001~2020년, 주제를 역사·사회과학·철학·종교, 언어를 한국어로 제한하여 검색할 경우 역사 475건, 사회과학 3,079건, 철학 196건, 종교 134건이 검색된다. 이 가운데 2001년~2010년 사이에 발간된 건수는 총 3,116건으로 나타나고, 2011년 이후의 건수로는 768건이 확인된다. 이처럼 한국 학계의 동학 관련 연구는 감소 경향 없이 활발하게 이루어지고 있는 모습을 볼 수 있다.[20] 이는 한일 양국 역사학계의 민중사상 및 민중운동사 연구가 전반적으로 감소하고 있는 경향과는 다른 모습이라 할 수 있다.

이와 같은 현상은, 일본학계의 관련 연구가 민중사상 및 민중사·민중운동사, 민중사학 속에서 비교 연구되거나 식민지학 속의 일부로서 이루어지고 있는 것과는 달리, 한국 역사학계의 관련 연구는 "동학농민전쟁(동학농민혁명)"이라는 확실하게 주어진 독자적인 연구 틀 하에서 이루어지고 있기 때문으로 분석할 수 있다. 이와 더불어 현재 한국 역사학계의 관련 연구는 실질적으로 지역의 관련 연구 행사가 크게 영향을 미치고 있다고 볼 수 있다. 2004년에 위원회가 설립된 이후 매년 각 관련 지역에서 동학농민전쟁이 발생한 시기를 즈음하여 기획되었던 연구 행사, 그리고 2009년 12월 위원회 해산 이후 설립된 재단에서 각 지방의 유족회, 각 지방관청, 각 학회 등과 연계하여 전개한 지속적인 조사, 연구 및 행사 활동의 영향이라 할 수 있다. 이러한 현상은

---

[20] 연도 2001~2020년, 언어 한국어로만 제한할 경우는 문학, 예술, 기술과학, 자연과학, 총류, 어학, 기타를 모두 포함하여 총 6,370건으로 검색되어 매우 다양한 분야에서 동학과 관련된 연구가 진행되고 있는 것 또한 알 수 있다.

2000년 이후의 한국학계 관련 연구의 특징이라 말할 수 있을 것이다.

위원회 설립 이후 관련 연구가 각 지역의 구술 조사를 통한 실체적이고 구체적인 모습으로 접근해가거나 종래의 연구 성과에 대한 문제점 제기 등 새로운 관점으로의 방향 전환을 이루어 보다 객관적이고 종합적인 연구를 향하여 발전해 가는 모습으로 나타나고 있다. 다만, 동학농민전쟁 기념일 제정을 둘러싸고, 일부 지역에서는 동학농민전쟁의 세계사적 위상으로의 재정립과는 역방향인 지엽적 성향으로 향하고 있는 경향을 보여주고 있어, 자칫 동학농민전쟁의 위상을 종래보다 더욱 축소시키는 위기감을 키우고도 있다. 그러나 이러한 움직임이 한편으로는 그동안 고착되어 있던 관련 연구에 대한 긴장감을 불러일으켜, 새로운 관점에서의 연구를 시도하게 하는 계기로 작용하고 있는 부분도 있다고 평가할 수 있을 것이다.

한편, 한국학계의 일국사적 관점에서 벗어난 관련 연구는, 위원회가 설립되기 전인 2002년에 동학농민혁명기념사업회에서 『동학농민혁명의 동아시아적 의미』[21]를 발간하여 동학농민전쟁의 위상을 한국사에서 동아시아사로 확대시키려고 시도한 바 있고, 2009년에는 동북아역사재단에서 『청일전쟁기 한·중·일 삼국의 상호전략』[22] 등이 발간되어 동학농민전쟁을 한중일 삼국의 관계 속에서 보려는 연구가 시도되기도 하였다. 그 가운데 「청일전쟁기 일본군의 조선민중 탄압 -일본군의 '비합법성'을 중심으로-」는 동학농민전쟁 당시 일본 측에 의해 자행된 비합법적 성격을 일본 측 사료를 통하여 살펴본 것으로, 특히 일본

---

21) 동학농민혁명기념사업회 편, 『동학농민혁명의 동아시아적 의미』, 동학농민혁명기념사업회, 2002.

22) 왕현종 외 4인 지음, 『청일전쟁기 한·중·일 삼국의 상호전략』, 동북아역사재단, 2009.

측 사료를 중심으로 일본군의 조선 병참화 과정, 선전포고문 초고, 농
민군 탄압 본질적 배경, 농민군 탄압 정책, 생포한 농민군 처리 방법
등을 분석하여 당초 일본정부는 초기에는 청일전쟁을 조·청·일전쟁
으로 계획하였던 것을 밝혔다. 뿐만 아니라 일본군의 농민군 학살을
일본군의 해외침략사에 있어 최초의 해외민중학살로 규명하여, 중일전
쟁 당시 일본군의 三光작전 중 하나였던 '모두 죽여라'의 殺光이 원점
이 바로 제2차 동학농민전쟁이었음을 밝히기도 하였다. 이상의 내용은
더욱 충실하게 보충되어, 2013년 7월 24일에 개최되었던 "제5회 역사
NGO세계대회"에서 「동학농민전쟁 당시 일본 측의 비문명·비합법적
책동」23)이라는 논문으로 발표되었다.

　대체적으로 2000년대 중반 이후 한국학계에서 일본 방위성 방위연
구소에 소장되어 있는 일본군 자료를 중심으로 한 일본군 및 청일전
쟁과의 관련 속에서 동학농민전쟁을 재조명하고자 하는 의도가 뚜렷
하게 나타나고 있다. 이는 한국학계 연구에 있어 일본 사료를 보완하
는 측면에서 매우 중요하다. 필자의 관련 연구가 이에 해당된다.24) 필
자의 관련 연구는 일본 근대사 관점에 입각하여 주로 청일전쟁과 국
제관계 속에서 동학농민전쟁의 위상을 조명한 것으로, 일본 측 자료

23) 강효숙, 「동학농민전쟁 당시 일본 측의 비문명·비합법적 책동」, 『제4차 동북아
평화의 광장을 만들어가는 평화순례와 역사포럼』, 동학민족통일회, 2013.7.
24) 강효숙, 「청일전쟁기 일본군의 조선병참부」, 『한국근현대사연구』 51, 한국근현대
사연구회, 2009; 「황해·평안도의 제2차 동학농민전쟁」, 『한국근현대사연구』 47,
한국근현대사연구회, 2008; 「제2차 동학농민전쟁 시기 일본군의 농민군 진압-서울
이남 지역을 중심으로-」, 『한국민족운동사연구』 52, 한국민족운동사학회, 2007;
「제2차 동학농민전쟁과 일본군-일본군의 생포농민군 처리를 중심으로-」, 『전북
사학』 30, 전북사학회, 2007; 동, 앞의 논문, 2002; 앞의 논문, 2005; 「일본 방위성
방위연구소 도서관에 소장된 청일전쟁 당시의 한국관련 사료 해제」, 국사편찬위
원회 연구비 지원에 의한 해제 작업, 2003 등.

가 보여주는 그 위상을 정리한 것이다.

동학농민전쟁은, 앞에서 동학농민전쟁 개념을 정리한 7개의 항목에서 대략 나타나듯이 농민군이 진짜 농민군이었든, 유사 혹은 가짜 농민군이었든, "동학"을 통하거나 이용한 조직력과 사상을 기본으로, 1894년 1월 고부봉기부터 청일강화조약이 체결된 1895년 4월 말경으로 한정하더라도 최소한 1년 4개월에 걸쳐 거의 전국에서 발생한 대내적 악습과의 투쟁이었고 대외적 항일투쟁이었다. 이것을 일본근대사적 관점에서 정리하면 일본의 본격적인 첫 해외침략이었다. 즉, 일본군의 농민군 탄압은 일본 근대사에 있어 일본군의 첫 번째의 해외민중학살이었고, 이는 이후 중일전쟁 당시 殺光의 원점이 되었던 것이다. 또한 청일전쟁과의 깊은 관련 속에서 이루어진 '또 하나의 청일전쟁'이었고, 청일전쟁 선전포고문 초고 3건에서 확인되었듯이 동학농민전쟁 자체가 '조·청·일전쟁'에 해당되었던 것이다. 이러한 성격과 위상을 지니고 있는 동학농민전쟁에 참여한 사람들은 이제 국가, 정부에 의해 공식적으로 그 명예가 회복되었으니, 대내외적으로 모두 '의병'이었고 항일운동가라 칭해도 부족함이 없을 것이다[25]

---

[25] 다만 2004년 관련특별법이 제정될 때, 고부봉기와 그 참여자들이 동학농민혁명 속에서 제외되어 그 명예회복이 여전히 이루어지지 않은 상태이다. 교조신원운동은 1893년 3월 보은 집회를 통해 고종으로부터 인정을 받아 그 명예가 회복되었고, 1894년 3월 무장봉기 이후 동학농민혁명에 참여한 사람들의 명예가 회복된 상태에서, 그 중심에서 발생한 1894년 1월의 고부봉기와 그 참여자들은 여전히 역사 속의 '반도, 폭도'로 남아있는 현상에 대해서는, 관련 기념일 제정과는 별도의 담론이 필요하다고 생각된다. 왜냐하면 자연 현상이나 과학적인 모든 논리가, 그 시작이 아무리 미미하다 할지라도, 시작없이 전개되는 것은 존재하지 않기 때문이다. 또한, 고부봉기가 동학농민전쟁의 시발점이었다는 사실에 대해서는 당시의 국내외 사료가 고증해주고 있고, 연구자들 역시 이를 인정하고 있는 부분이다. 더불어 특히 2차 동학농민전쟁의 발생지는 종래의 학설과는 달리 확인되고 있어, 기념일 제정은 전라도에서 발생한 봉기에만 한정되어서는 안 되기 때문이다.

2009년 전북사학회와 정읍시가 연계하여 발간한『동학농민혁명의 기억과 역사적 의의』중「일본인의 동학농민전쟁에 대한 인식」은, 조선과의 항해 교류가 많았던 일본의 오사카(大阪)와 모지(門司) 지역의 신문을 중심으로 동학농민전쟁에 대한 일본 민중의 인식을 살펴본 것으로, 당시 신문을 통해 조성된 조선탄압과 침탈정책의 정당화 과정은 이후 일본의 해외침략을 향한 일본민중의 심적 일체화를 위한 기틀이 되었다고 평하였다. 한편「프랑스혁명 기념하기」와「독일농민전쟁과 기념사업」은 프랑스혁명과 독일농민전쟁과의 비교를 통해 동학농민전쟁의 기억과 기념일 제정에 있어 신중을 요하는 내용이 포함되어 있어 시사해 주는 바가 크다.[26]

일본 측 사료를 중심으로 일본군의 농민군 탄압을 지역 중심으로 다룬 연구로는 신영우 교수의「1894년 일본군 중로군의 진압책과 동학농민군의 대응」과「1894 일본군의 동학농민군 학살」을 들 수 있다.[27] 박맹수 교수의 경우는「동학농민전쟁기 일본군의 무기 -스나이더 소총과 무라타 소총을 중심으로-」[28]를 통하여 일본군의 무력과 농민군의 무력을 비교하여, 동학농민전쟁을 농민군이 실패한 전쟁이라 판단하기에는 많은 문제점을 안고 있었음을 말하여 주고 있다. 이외 일본인의 동학농민전쟁과 청일전쟁에 대한 왜곡된 기억이 주는 현재적 의미에 대한 연구와 동학농민전쟁 당시 재조일본인 및 일본군의 조선에

26) 전북사학회 편,『동학농민혁명의 기억과 역사적 의의』, 전북사학회·정읍시, 2011.
27) 신영우,「1894년 일본군 중로군의 진압책과 동학농민군의 대응」,『역사와 실학』33, 역사실학회, 2007;「1894 일본군의 동학농민군 학살」,『역사와 실학』35, 역사실학회, 2008 등.
28) 박맹수,「동학농민전쟁기 일본군의 무기 -스나이더 소총과 무라타 소총을 중심으로-」,『한국근현대사연구』17, 한국근현대사학회, 2001.

서의 정보·첩보 활동에 대한 연구로서, 「19세기 말 동아시아 전쟁에 대한 일본인의 '왜곡된' 기억 -동학농민전쟁과 청일전쟁을 중심으로-」, 「동학농민혁명기 재조일본인의 전쟁협력 실태와 그 성격」, 「동학농민 전쟁기 일본군의 정보수집활동」 등이 발표되기도 하였다.[29]

일본학계의 대표적 관련 연구자인 이노우에 교수와 조경달 교수의 경우는 거의 매년 한국의 여러 단체에서 연구 성과를 발표하고 있으나 대체적으로 발표문 내지 발표 자료집 형식으로 끝나 관련 목록 및 내용을 구체적으로 조사하기에 다소 어려움이 있어 향후 연구동향 조사의 과제로 남겨두기로 한다.

Ⅳ. 향후 연구 과제

1. 한일 관계 속에서

전술하였듯이 2000년 이후 한일학계의 관련연구는 일본 측 사료를 이용한 일본군과의 관련 속에서 동학농민전쟁을 재조명하고자 하는 의도가 뚜렷하게 나타나 있고, 일본인들의 對조선 및 동학농민전쟁에 대한 인식으로까지 그 범위가 확대되어 가고 있다. 이는 국내 자료의 한계점을 보완하는 측면에서 매우 중요하다.

앞서 기술한 식민사학과 아시아 민중사 차원의 연구와 구체적인 지역

---

29) 박맹수, 「19세기 말 동아시아 전쟁에 대한 일본인의 '왜곡된' 기억 -동학농민전쟁과 청일전쟁을 중심으로-」, 『역사와 현실』 51, 한국역사연구회, 2004; 「동학농민혁명기 재조일본인의 전쟁협력 실태와 그 성격」, 『한국독립운동사연구』 36, 독립기념관 독립운동사연구소, 2010; 「동학농민전쟁기 일본군의 정보수집활동」, 『역사연구』 19, 역사학연구소, 2010 등.

별 연구 및 일본군과의 관련 속에서의 연구는 사실 이제 시작되었다고
할 수 있다. 여전히 한국학계는 국내 소장 관련 자료의 한계점과 이미
조사, 수집된 일본 측 자료의 일반 공개 작업이 이루어져 있지 않은 상
태여서, 기존의 관련 연구자를 포함하여 관심을 갖고 연구를 시작한 신
진 연구자들에게는 큰 어려움으로 남아 있다. 그렇다고는 하지만 이미
수집되어 있는 자료만으로도 많은 성과를 얻을 수 있다고 보여 진다. 중
요한 것은 수집 자료의 공개와 번역 작업이 동반되어져야 할 것이다.

　이상은 주로 한일관계를 중심으로 한 관점이다. 실제 1894년 당시 일
본 측 여러 자료들은 청일전쟁이 아닌 "조·청·일 전쟁"이란 표현을 쓰
는 것을 주저하지 않았다.[30] 일본의 히야마 유키오(檜山幸夫) 교수는
『日淸戰爭』[31]에서 청일 개전을 위한 일본군의 경복궁 무력점령을 "조선
전쟁"이라 칭한 바 있다. 그리고 동학농민전쟁을 청일전쟁과의 관련 속
에서 "또 하나의 청일전쟁"이라고 논한 논문이 전술한 바와 같이 이미 한
일학계에서 발표된 바 있고,[32] 이 주장은 이미 일본의 일부 청일전쟁 관
련 연구자 사이에서는 받아들여져 있기도 하다.[33] 박맹수 교수와 나카즈
카 아키라(中塚明) 교수의 『東学農民戰爭と日本』[34]이라는 책자를 통해
2013년 일본에서 다시 한 번 주장되기도 하였다.

　일본군과의 관계는 현재 홋카이도대학 이노우에 교수를 통해, "동
학당 토벌대"라는 이름으로 조선에 파견된 후비보병 독립 제19대대를

30) 강효숙, 「청일전쟁기 일본군의 조선민중 탄압 -일본군의 '비합법성'을 중심으로-」,
　　『청일전쟁기 한·중·일 삼국의 상호전략』, 동북아역사재단, 2009.
31) 檜山幸夫, 『日淸戰爭』, 講談社, 1997.
32) 姜孝叔, 「第2次東学農民戰爭と日淸戰爭」, 『歷史学硏究』 762, 靑木書店, 2002.5 :
　　강효숙, 앞의 논문, 2007.
33) 原田敬一, 『日淸·日露戰爭』, 岩波新書, 2007.
34) 中塚明·井上勝生·朴孟洙, 『東学農民戰爭と日本』, 高文硏, 2013.

중심으로 치밀하게 이루어지고 있다. 일본군은 한국과는 달리 한 지역 출신들이 한 부대를 이루었다. 19대대에 속했던 군졸들의 그 후의 행적에 대한 연구는 이노우에 교수 등의 현지답사를 통해 한국 측에 소개가 되고 있다. 제19대대의 경우, 일본 메이지유신 직후 신정부에 반발한 무사계급을 오랜 기간에 걸쳐 탄압한 부대였는데, 대대장이었던 미나미 고시로(南小西郎)는 1868년부터 1875년까지 무사계급의 막부복고운동을 탄압한 인물이다. 19대대는 이러한 경험을 바탕으로 조선에서의 농민군 탄압이 이루어진 것이다. 농민군 탄압에 가담했던 한성수비대의 경우는 다음 해인 1895년 8월 명성황후 시해 사건의 당사자임은 필자에 의해 2002년에 밝혀진 바 있고,[35] 2013년 박맹수 교수에 의해 그 구체적인 자료가 일반에 공개되었다.

　이상 살펴 왔듯이 동학농민전쟁과 관련된 일본군과 일본 측 인물에 대한 연구의 경우는 거의 이루어져 있지 않은 상태임을 알 수 있다. 또한 서울 이남의 농민군 탄압에 참여한 일본군의 규모는 이미 구체적으로 밝혀졌지만, 서울 이북의 농민군을 탄압한 일본군 규모에 대한 연구는 아직 없는 상황이다. 반면 서울 이북 일본군 병참부에 대한 연구는 있지만 서울 이남의 일본군 병참부에 관한 연구는 야마무라 겐(山村健)씨가 극히 일부를 소개한 바 있고,[36] 미야우치 사키(宮內彩希)에 의해 청일전쟁에 동원된 조선인 인부 관련 논문이 발표된 바 있다.[37] 농민군 탄압과 관련하여 병참총감 가와카미 소로쿠(川上操六), 제19대장 미나미 고시로, 이노우에 가오루(井上馨) 등에 대한 연구 또한 거의 없으며, 당시 일본 내각 및 육군성의 동학농민전쟁을 향한

35) 姜孝叔, 앞의 논문, 2002; 앞의 논문, 2005.
36) 山村健,「日淸戰爭期韓国の對日兵站協力」,『戰史研究年報』6, 방위연구소, 2003.
37) 宮內彩希,「日淸戰爭朝鮮人人夫動員」,『日本植民地研究』22, 2010.

과정에 대한 연구 또한 청일전쟁 연구 속에서 언급되는 정도에 그치고 있다. 한편 동학농민군을 탄압한 한국 측 중심인물에 대한 연구도 거의 없는 상황이다.[38]

2. 국제 관계 속에서

일본 측 선전포고문과 일본군 자료 등을 통해 제2차 동학농민전쟁은 청일전쟁과의 관련 속에서 "조 · 청 · 일 전쟁"이라 주장되고 있기도 하다.[39] 이러한 논조는 동학농민전쟁을 한일 양국을 넘어선 한중일 삼국 속에서 재조명한 것이지만, 사실 중국 측 자료는 전혀 이용되지 않은 문제점을 안고 있다. 즉, 중국 측 자료로 보는 청일전쟁과 관련된 동학농민전쟁 연구는 향후 새로운 연구 과제라 할 수 있다.

또한 일본군의 농민군 토벌책이었던 "서남으로 몰아가기 작전"은 분명 러시아를 의식한 것이었다. 러시아가 일본군의 조선 파견 및 조선에서의 청일전쟁에 대해 중립적 자세를 취한다고는 했지만, 농민군이 일본군의 탄압을 피할 경우 청일전쟁 당사국인 청국으로 피할 리는 없고, 분명 러시아 국경 쪽으로 피할 것이라는 예측 아래, 러시아와의 접경지역과는 정반대인 서남으로 몰아 부쳐가는 전술이었던 것이다. 그럼에도 불구하고 당시 조선을 둘러싼 러시아의 인식이나 동학농민전쟁과 관련된 러 · 일 관계 및 조 · 러 관계에 관한 독립된 연구는 미약한 상태이다.

---

[38] 강효숙, 「특집논문 : 인물을 통해 본 동학사상의 계승 ; 동학농민군 탄압 인물과 그 행적 -미나미 코시로(南小四郞), 이두황, 조희연, 이도재를 중심으로」, 『동학학보』22, 동학학회, 2011; 「제19대대장 南小西郞의 경력서; 제2차 동학농민전쟁기 일본군에 의한 동학농민군 진압 기록」, 『역사연구』19, 역사학연구소, 2010.

[39] 강효숙, 앞의 논문, 2009 등.

영국과 관련된 연구 역시 마찬가지이다. 당시 영국의 조선, 청국, 일본에 대한 인식 비교에 대한 연구는 거의 없는 상태이다. 특히 청일개전을 앞두고 일본과 최초의 평등 조약인 영일통상항해조약을 체결하여 일본을 서구 열강의 제국주의 대열에 끼워준 배경에 대해서는 수많은 논문 속에서 조금씩 언급은 되고 있지만 구체적인 연구는 이루어져 있지 않다. 영국은 1885년에 당시 집권의 중심에 있었던 민씨정권의 친러정책을 견제하기 위해 거문도를 불법·무력적으로 거의 1년간 점령한 바 있었고, 청일전쟁과 러일전쟁 당시 일본정부에 청국과 러시아에 대한 정보 제공을 거쳐, 고종 황제의 을사늑약의 무효 주장과 독립국가 유지를 위한 헤이그 밀사 파견 등 외교 활동에 대해 일본 측 대변인이 되어 지속적으로 조선정부의 활동을 방해하는 작업을 전개한 바 있으나, 이에 대한 연구도 향후 과제로 남겨져 있는 상태이다. 이와 관련하여 영자(英字)저널에 나타나는 당시의 조선 혹은 동학농민전쟁에 관한 인식에 대한 연구 역시 필요하다.

3. 국내 관점

위원회와 재단 설립의 영향으로 현재 각 지역에서의 구술조사와 현지답사를 통한 보다 구체적이고 실증적인 연구가 진행되고 있고, 또한 많은 유적지 등이 확인되고 있다. 이는 지역 동학의 특성과 보편성을 비교할 수 있는 근거가 될 뿐 아니라 총체적 연구의 기초가 될 것이다.

전쟁 상태 속에서도 민중의 일상은 어떠한 형태로든 이루어진다. 동학농민전쟁 당시 민중의 일상과 참여자 유족들의 그 후의 일상에 대한 연구는 향후 "전쟁과 일상"이라는 큰 주제의 소주제가 되기에 충분할 것이다. 동학농민전쟁에서 전래되는 지역의 가사나 노래에 대한 연구도 앞으로 추구해야 할 연구 분야이다.

한편, 동학농민전쟁 당시 일본군에 의해 이루어진 도로 측량, 철도 길 측량, 전선 연결, 전신국 설치, 전선 수비대, 병참선로 등은 각각이 관련 연구에 있어 반드시 기술해야만 하는 시작 부분인데 이에 대한 연구 또한 현재 거의 이루어져 있지 않은 상태이다.

V. 나가는 글

이상 살펴보았듯이 한국사라는 일국사적 관점에서 벗어날 때 갖게 되는 동학농민전쟁이 지니는 역사적 위상은 이처럼 다양하고 폭넓게 풍부한 연구의 장을 제공해 주고 있다. 치밀한 한국사적 차원의 연구 와 일본을 중심으로 한 주변 국가의 관련 자료를 중심으로 국제관계 속에서 살펴보는 동학농민전쟁 연구야말로 2014년에 새로이 맞이한 "갑오년, 甲午歲"를 계기로 향후 우리 연구자들이 나아가야 할 방향이 라고 본다.

앞에서 제기한 시사점 및 문제점은 지엽적 경향을 벗어난 치밀한 지역사 연구와 더불어 한일 양국의 연구 성과를 토대로 한 주변 국제 관계사 관점에서 종합적이고 총체적인 연구를 필요로 하고 있음은 말 할 필요가 없다.

이를 위해서는 관련 자료의 번역, 공개되어 연구자들이 공유하는 것이 전제되어져야 할 것이다.

▌참고문헌

강효숙, 「동학농민전쟁 당시 일본 측의 비문명·비합법적 책동」, 『제4차 동북아
　　　평화의 광장을 만들어가는 평화순례와 역사포럼』, 동학민족통일회, 2013.7.
_____, 「동학농민전쟁에 있어 고부봉기의 위상 -사발통문과 일본 측 자료를 중심
　　　으로-」, 『정읍지역 동학농민혁명의 재인식 발표 자료집』, 한국민족운동사
　　　학회, 2013.7.
_____, 「일본인의 동학농민전쟁에 대한인식」, 『동학농민혁명의 기억과 역사적
　　　의의』, 전북사학회·정읍시, 2011.
_____, 「특집논문 : 인물을 통해 본 동학사상의 계승 ; 동학농민군 탄압 인물과
　　　그 행적 -미나미 코시로(南小四郎), 이두황, 조희연, 이도재를 중심으로-」,
　　　『동학학보』 22, 동학학회, 2011.
_____, 「청일전쟁기 일본군의 조선병참부」, 『한국근현대사연구』 51, 한국근현대
　　　사연구회, 2009.
_____, 「황해·평안도의 제2차 동학농민전쟁」, 『한국근현대사연구』 47, 한국근현
　　　대사연구회, 2008.
_____, 「제2차 동학농민전쟁 시기 일본군의 농민군 진압 -서울 이남 지역을 중심
　　　으로-」, 『한국민족운동사연구』 52, 한국민족운동사학회, 2007.
_____, 「제2차 동학농민전쟁과 일본군 -일본군의 생포농민군 처리를 중심으로-」,
　　　『전북사학』 30, 전북사학회, 2007.
_____, 「청일전쟁에 있어 일본군의 농민군 진압」, 『인문학 연구』 제6집, 원광대
　　　학교 인문학연구소, 2005.6.
_____, 「일본 방위성 방위연구소 도서관에 소장된 청일전쟁 당시의 한국관련 사
　　　료 해제」, 국사편찬위원회 연구비 지원에 의한 해제 작업, 2003.
박맹수, 「동학농민전쟁기 일본군의 무기 -스나이더 소총과 무라타 소총을 중심으
　　　로-」, 『한국근현대사연구』 17, 한국근현대사학회, 2001.
_____, 「19세기 말 동아시아 전쟁에 대한 일본인의 '왜곡된' 기억 -동학농민전쟁
　　　과 청일전쟁을 중심으로-」, 『역사와 현실』 51, 한국역사연구회, 2004.
_____, 「동학농민혁명기 재조일본인의 전쟁협력 실태와 그 성격」, 『한국독립운

동사연구』36, 독립기념관 독립운동사연구소, 2010.

_____, 「동학농민전쟁기 일본군의 정보수집활동」,『역사연구』19, 역사학연구소, 2010.

신영우, 「1894 일본군의 동학농민군 학살」,『역사와 실학』35, 역사실학회, 2008.

_____, 「1894년 일본군 중로군의 진압책과 동학농민군의 대응」,『역사와 실학』 33, 역사실학회, 2007.

왕현종 외 4인 지음,『청일전쟁기 한·중·일 삼국의 상호전략』, 동북아역사재단, 2009.

동학농민혁명기념사업회 편,『동학농민혁명의 동아시아적 의미』, 동학농민혁명 기념사업회, 2002.

井上勝生,『明治日本の植民地支配 : 北海道から朝鮮へ』, 岩波書店, 2013.

_____, 「東学農民軍包囲懺滅作戦と日本政府・大本営 -日清戦争から 「韓国併 合」100年を問う-(「韓国併合」100年を問う)」,『思想』1029, 2010.

_____,『甲午農民戦争と鎮圧日本軍に関する基礎的研究』, 北海道大学, 2006.

_____,『札幌農学校・北海道帝国大学における植民学の展開にかんする基礎的 研究』, 北海道大学, 2003.

_____, 「甲午農民戦争 日本軍による最初の東アジア民衆虐殺 -東学農民戦争 清算されない加害責任-」,『世界』693, 岩波書店, 2001.

_____, 「甲午農民戦争(東学農民戦争)と日本軍」,『近代日本の内と外』, 吉川廣 文館, 1999.

_____, 「甲午農民戦争(東学農民戦争)と日本の彈壓」,『近代天皇制の形成・確立に 關する基礎的研究』, 北海道大学 文学部, 1999.

_____, 「北大で發見された농민군(甲午農民戦争)指導者の遺骨調査と返還につ いて」,『歷史地理教育』577, 歷史教育者協議會, 1998.

井上勝生・古河講堂「旧標本庫」人骨問題調査委員会,『古河講堂「旧標本庫」人口 問題報告書』, 北海道大学文学部, 1997.

趙景達,『近代朝鮮と日本』, 岩波書店, 2012.

_____,『近代日朝関係史』, 有志舍, 2012.

_____,『朝鮮民衆運動の展開 : 士の論理と救済思想』, 岩波書店, 2002.

_____,『異端の民衆思想』, 岩波書店, 1998.

_____, 「近代東アジア民衆運動における「連続」と「転換」-中国・朝鮮の比較研究」

(文部省科学研究費補助金研究成果報告書), 千葉大学, 1994.

中塚明・井上勝生・朴孟洙 著,『学農民戦争と日本』, 高文研, 2013.

安田常雄・趙景達 編,『近代日本のなかの「韓国併合」』, 東京堂出版, 2010.

姜孝叔,「第2次東学農民戦争と日清戦争 -防衛研究所図書館所藏史料を中心に-」, 千葉
　　大学 박사학위논문, 2005.

山村健,「日清戦争期韓国の對日兵站協力」,『戦史研究年報』6, 방위연구소, 2003.

姜孝叔,「第2次東学農民戦争と日清戦争」,『歴史学研究』762, 青木書店, 2002.

檜山幸夫,『日清戦争』, 講談社, 1997.

■「동학농민전쟁에 대한 한일 학계의 연구동향- 홋카이도 대학의 동학농민군 지
도자 두개골 발견 이후 연구를 중심으로」,『남도문화연구』제26집, 순천대 남도
문화연구소, 2014. 6.

찾아보기

저자소개

박맹수(朴孟洙)

한국학중앙연구원 한국학대학원과 일본 홋카이도대학 대학원에서 각각 박
사학위를 취득하였다. 현재 원광대학교 원불교학과 교수, 한살림 모심과살
림연구소 이사장으로 재직하고 있다. 저역서로는『1894년, 경복궁을 점령
하라』,『사료로 보는 동학과 동학농민혁명』,『동경대전』,『개벽의 꿈, 동아
시아를 깨우다』,『생명의 눈으로 보는 동학』,『일본의 양심이 보는 현대일
본의 역사인식』등 다수가 있다.

김양식(金洋植)

단국대학교 대학원 사학과에서 박사학위를 취득하였다. 현재 동학농민혁
명기념재단 참여자조사위원이며 충북발전연구원 충북학연구소장으로 재
직하고 있다.
저역서로는『지리산에 가련다』,『근대한국의 사회변동과 농민전쟁』,『새야
새야 파랑새야』,『근현대 충북의 역사와 기억』등과 그밖에 다수의 논문이
있다.

김봉곤(金鑰坤)

전남대학교 국사교육과를 졸업하고 전남대학교 대학원에서 석사학위, 한
국학중앙연구원에서 박사학위를 취득하였다. 전남대학교, 순천대학교 등
에서 강의하고 있으며, 국사편찬위원회, 순천대학교 지리산권문화연구원
HK연구교수로 재직 중이다.
저역서로는『지리산과 인문학』(공저),『섬진강 누정산책』(공저) 등이 있으

며, 「노사학파의 형성과 발전」, 「19世紀 畿湖學界의 學說分化와 論爭」, 「嶺南地域 蘆沙學派의 成長과 門人鄭載圭의 役割」, 「조선후기 호남지역 사족의 정치, 사회적 동향 - 17세기 광주 순천박씨가문의 성장과 노론으로서의 활동을 중심으로」, 「崔溥의 中國漂海와 儒學思想」, 「노사학파의 군정개혁책」, 「한말지리산권근대학교설립운동」, 「지리산권(남원, 함양)사족의 혼인 관계와 정치 사회적 결속」, 「16세기 지리산권유학사상(1)」, 「서부경남지역의 동학농민혁명 확산과 향촌사회의대응」, 「19세기 후반 고창지역 유학사상과 동학농민혁명」 등 다수의 논문이 있다.

조은숙(曺銀淑)

전남대학교 대학원 국어국문학과에서 박사학위를 취득하고 현재 전남대학교 기초교육원 강의교수로 재직하고 있다.

저서로는 『송기숙의 삶과 문학』, 『호남문학과 근대성1』(공저), 『호남문학과 근대성2』(공저) 등이 있으며, 「동학농민전쟁의 소설화 전략 비교 연구-송기숙의 『녹두장군』과 한승원의 『동학제』를 중심으로」, 「『녹두장군』과 설화의 상호텍스트성」, 「송기숙 소설의 토포필리아 연구」, 「문순태 소설 『타오르는 강』의 서사전략-광주학생독립운동의 역사성을 중심으로」 등 다수의 논문이 있다.

성주현(成周鉉)

한양대학교 대학원에서 박사학위를 취득하고 현재 청암대학교 재일코리안연구소 연구교수로 재직하고 있다.

저서로는 『동학과 동혁혁명의 재인식』, 『일제강점기 종교와 민족운동』, 『일제하 민족운동 시선의 확대』, 『손병희』, 『광고, 시대를 읽다』(공저), 『여행과 관광으로 본 근대』(공저), 『조선총독부의 교통정책과 도로건설』(공저) 등이 있으며, 「1930년대 이후 한글신문의 구조적 변화와 기자들의 동향」, 「아나키스트 원심창과 육삼정의열투쟁」, 「동학농민혁명의 격문 분석」 등의 논문이 있다.

문동규(文銅桂)

건국대학교 철학과를 졸업하고 동 대학원에서 박사학위를 취득하였다. 현재 순천대학교 지리산권문화연구원 HK연구교수로 재직하고 있다. 저역서로는 『지리산의 종교와 문화』(공저), 『사유의 사태로』(공역) 등이 있으며, 「깨달음과 초연함」, 「지리산신제 : 신과 인간의 이상적인 만남」 등 다수의 논문이 있다.

강효숙(姜孝叔)

일본 메이지(明治)대학 대학원 석사, 지바(千葉)대학 대학원에서 박사학위를 취득하였다. 진실화해위원회, 한양대학교 동아시아연구소 연구교수 등을 역임했으며, 현재 원광대학교 사학과 시간강사로 근무하고 있다.

저역서로는 『동학농민혁명의 기억과 역사적 의의』(공저), 『관동대지진과 조선인학살』(공저), 『청일전쟁기 한·중·일 삼국의 상호전략』(공저), 『일본신문 안중근기사집 Ⅱ』(번역 자료집), 「동학농민전쟁에 있어 고부봉기의 위상 -사발통문과 일본 측 자료를 중심으로-」, 「제2차 동학농민전쟁 시기 일본군의 농민군 진압 -서울 이남 지역을 중심으로-」, 「청일전쟁기 일본군의 조선병참부」, 「제2차 동학농민전쟁과 일본군 -일본군의 생포농민군 처리를 중심으로-」, 「일본인의 동학농민전쟁에 대한 인식 -오사카마이니치신문(大阪每日新聞), 모지신보(門司新報)를 중심으로-」, 「간도영유권에 대한 재 고찰」 등 다수의 논문이 있다.